BERND R. HOCK

Immer im
RAMPENLICHT

Mit Gott auf der Bühne
und hinter den Kulissen

SCM

Stiftung Christliche Medien

SCM Hänssler ist ein Imprint der SCM Verlagsgruppe, die zur Stiftung Christliche Medien gehört, einer gemeinnützigen Stiftung, die sich für die Förderung und Verbreitung christlicher Bücher, Zeitschriften, Filme und Musik einsetzt.

© der deutschen Ausgabe 2021
SCM Hänssler in der SCM Verlagsgruppe GmbH
Max-Eyth-Straße 41 · 71088 Holzgerlingen
Internet: www.scm-haenssler.de; E-Mail: info@scm-haenssler.de

Soweit nicht anders angegeben, sind die Bibelverse
folgender Ausgabe entnommen:
Die Heilige Schrift, übersetzt von Hermann Menge. Neuausgabe.
© 1949, 2003 Deutsche Bibelgesellschaft, Stuttgart
Weiter wurden verwendet:
Lutherbibel, revidiert 2017, © 2016 Deutsche Bibelgesellschaft, Stuttgart
Neues Leben. Die Bibel, © der deutschen Ausgabe 2002
und 2006 SCM R.Brockhaus in der SCM Verlagsgruppe GmbH, Witten/
Holzgerlingen

Lektorat: Christiane Kathmann, www.lektorat-kathmann.de
Umschlaggestaltung: Sybille Koschera, Stuttgart
Bilder Innenteil: privat
Coverfoto und Bild 1.1 im Bildteil: ©2020 Tom Pingel Fotografie
www.tompingel.de
Bildrechte Bildteil, wenn nicht anders vermerkt privat.
Bild S. 6 im Bildteil unten: © Hartmut Streckenbach
hartmut@streckenbach.eu
Bilder Seite 8 des Bildteils: © Walter Rennert (walter.rennert@arcor.de)
Satz: typoscript GmbH, Walddorfhäslach
Druck und Bindung: Drukarnia Dimograf
Gedruckt in Polen

ISBN 978-3-7751-6016-2
Bestell-Nr. 396.016

MEINER GELIEBTEN EHEFRAU KERSTIN,
MEINEN WUNDERVOLLEN KINDERN ANNIKA UND DAVID
UND MEINEN GROSSARTIGEN ELTERN

.

INHALT

VORWORT

Vielleicht sterbe ich schon morgen. Vielleicht sogar noch heute. Oder ich eifere Johannes Heesters nach und habe mit meinen fast 53 Jahren gerade mal die Hälfte meiner Lebenszeit erreicht. Möglicherweise liegen die spannendsten und wertvollsten Lebensjahre noch vor mir. Eventuell habe ich sie schon hinter mir gelassen. Ich weiß es nicht.

Fakt ist: Ich habe in dem halben Jahrhundert, in welchem ich auf dieser Weltbühne agiere, ganz schön viel erlebt. Genug für ein Buch. Für dieses Buch. Fakt ist auch, dass meine letzten zehn Lebensmonate enorm wertvoll für mich waren. Auf meiner Lebensstraße habe ich in jüngster Vergangenheit nicht nur durch die Windschutzscheibe nach vorne geblickt, sondern auch intensiv und lange in den Rückspiegel. Habe mich an vieles aus meinem Leben erinnert und es aufgeschrieben. Daraus wurde schnell mehr als ein einfaches Zurückblicken und Notieren. Ich erkannte die Chance, meine Vita genauer unter die Lupe zu nehmen.

Diese Selbstreflexion entwickelte eine Eigendynamik, die für mich immer bedeutungs- und eindrucksvoller wurde. Ich wollte mehr erfahren, wollte die psychischen und seelischen Prozesse, die in mir ablaufen, erkennen und verstehen. Deshalb habe ich mir Zeit genommen, um immer wieder in mein Innerstes, in meine Psyche, in meine Seele hineinzuschauen. Ich tat dies mit der Hoffnung, Antworten zu finden auf zahlreiche Fragen, die mich immer wieder beschäftigen:

- Was macht mich aus?
- Was lässt mich so sein, wie ich bin?

- Warum reagiere ich so, wie ich reagiere?
- Wie viel Übereinstimmung gibt es zwischen dem, was ich rede, und dem, wie ich handle?
- Warum tue ich immer noch so viele Dinge, die mir nicht guttun?
- Was tut mir überhaupt gut?
- Warum fällt es mir manchmal so schwer, zu vertrauen?
- Wem oder was vertraue ich überhaupt?
- Welche verschiedenen Bernds leben in mir und sind wann wie und warum aktiv?

Dabei entwickelte ich das immer stärker werdende Bedürfnis, mein Seelenleben konkreter und deutlicher wahrzunehmen. Deshalb habe ich versucht, es zu personifizieren, eine gängige Methode in der psychotherapeutischen Beratung, die ich auch in meiner Praxis als Heilpraktiker für Psychotherapie anwende.

Was manch einer oder manch einem auf den ersten Blick vielleicht vorkommt wie irgendein komischer spiritueller oder vielleicht sogar okkulter Kram, ist bei genauerem Hinsehen ziemlich sinnvoll. Gerade die Methode, das Seelische in uns zu personifizieren und anzusprechen, ist ja keineswegs neu. Schon König David wandte sie vor etwa 3000 Jahren an, wie wir in den ersten beiden Versen von Psalm 103 nachlesen können:

> Lobe den HERRN, meine Seele,
> und all mein Inneres seinen heiligen Namen!
> Lobe den HERRN, meine Seele,
> und vergiss nicht, was er dir Gutes getan!

Der Dichter spricht seine Seele nicht nur an, er ermahnt sie förmlich! Gedankenstopp nennen wir dies heute in der Psychotherapie, und in meiner Tätigkeit als Heilpraktiker für Psychotherapie übe ich dies immer wieder mit Patientinnen und Patienten ein. Wenn wir negativen, destruktiven Gedanken Einhalt gebieten wollen, müssen wir lernen, sie anzusprechen und abzuweisen.

»Nun reiß dich einmal zusammen, Seele! Hör auf, ständig zu jammern und alles düster zu sehen. Erinnere dich lieber einmal daran, was du alles Gutes erlebt hast, daran, was Gott dir Gutes getan hat!«, ruft David sinngemäß aus.

Auch ich möchte mich daran erinnern, was Gott mir Gutes getan hat, und mein Seelenleben besser kennenlernen. Damit sich mir alles besser erschließt, habe ich diese inneren seelischen Prägungen und Schutzmechanismen in einem »inneren Wächter« zusammengefasst und mich in Gedanken mehrfach mit ihm getroffen und unterhalten. Immer wieder habe ich so eine Reise in mein Innerstes unternommen. Diese Reisen wurden zu einem intensiven Nachdenken über mich selbst und über mein bisheriges Leben.

Dies half mir, zu erkennen, wie viel Unnötiges und Unsinniges sich über die Jahre in meinem Inneren angesammelt hat. Lebenslügen konnten sich nicht mehr länger verschleiern und Wahrheiten fingen an, neu zu glänzen. Auch entwickelte sich diese Form der Selbstreflexion immer mehr zu einem »Glauben-TÜV«, der dringend fällig war. Wie stand, wie steht es um mich als überzeugter Christ? Wie viel ist noch echt und authentisch und wie viel hat die geistliche Routine über die Jahre in Automatismen verwandelt?

Dies alles hat mir enorm geholfen und vielleicht können auch Sie, liebe Leserin, lieber Leser, etwas davon profitieren.

Vor allem aber erzähle ich in diesem Buch aus meinem Leben, von vielen schönen Begebenheiten und auch manchen weniger schönen. Bestimmt können Sie an manchen Stellen über meine Erlebnisse als behinderter Mensch herzlich lachen. Bitte tun Sie dies auch!

Applaudieren müssen Sie beim Lesen jedoch nicht. Es sei denn, wir treffen uns einmal bei einer öffentlichen Lesung. Dort freue ich mich selbstverständlich über Ihren Beifall, denn da bin ich ja wieder – mitten im Rampenlicht!

Bernd R. Hock

Im August 2020

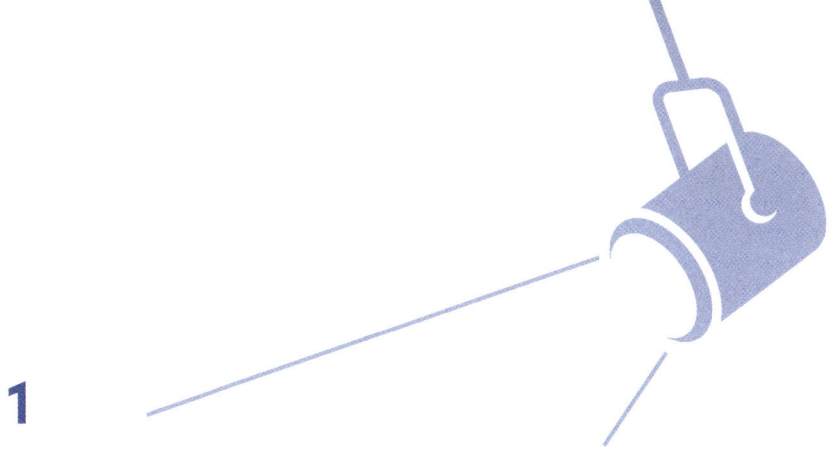

1

BÜHNE FREI
FÜR MEIN ERSTES MAL

»Ist es dein erstes Mal?«, fragt sie mich und holt ihre Maske aus der Plastiktüte. Sie wartet keine Antwort ab: »Das muss klappen hier, hörst du?! Du darfst nicht versagen, darfst dir keine Fehler erlauben. Die da draußen sind gnadenlos!«

Ich nicke – ungewohnt schüchtern.

»Ist das deine komplette Verkleidung oder ziehst du dich noch um?«, fragt sie weiter und mustert mich dabei von oben bis unten. Verunsichert betrachte ich mich im Spiegel. Ich trage das, was ich immer trage, weil es bequem und trotz meiner Körperbehinderung – meinen kurzen Armen, krummen Händen und den wenigen kleinen, deformierten Fingern – selbstständig für mich handelbar ist: Schuhe, Socken, eine dunkelblaue Jogginghose und ein rotes Sweatshirt. Ganz wichtig: ein Sweatshirt ohne Bündchen am unteren Ende. Bündchen sind etwas ganz Schreckliches für Menschen mit kurzen Armen! Sie verhindern nämlich, dass das Kleidungsstück von alleine, also nur von der Erdanziehungskraft geleitet, am Körper hintergleitet. Pullover mit Bündchen müssen heruntergezogen werden.

Dazu braucht man eigene lange Arme oder freundliche Helfer. Mit meinem roten bündchen-freien Sweatshirt kann ich beides entbehren. Das ist Freiheit!

Corinna zieht ihre Latex-Maske über den Kopf. Ihre Stimme klingt nun gedämpft: »Mit so einer Maske auf dem Kopf bist du ganz weit vorne, musst aber auch echt Profi sein. Du musst ganz konzentriert atmen, sonst kippst du aus den Latschen, weil dir die Luft ausgeht!«

Ich weiß nicht, ob ich lachen oder weinen soll. Ich habe Corinna vor circa einer Stunde kennengelernt. Wir teilen uns eine Garderobe im Backstage-Bereich, denn wir haben beide heute Abend im Rahmen einer großen Faschingsveranstaltung einen Auftritt.

»Jetzt sieht sie saudämlich aus in diesem Hühnchen-Kostüm«, denke ich. Auch die Hühnerkopf-Latexmaske reißt es nicht raus. Wie »Bibo« aus der Sesamstraße in billig! Ich finde es gar nicht witzig, sondern einfach nur peinlich.

»Na? Wie findest du mich in dem Kostüm!«, fragt sie, tänzelt mit riesigen Hühnerfüßen aus Gummi um mich herum und wackelt mit ihrem auffälligen Kunstfeder-Hintern.

»Richtig gut! Total lustig! Das wird bestimmt der Brüller, wenn du gleich auf die Bühne gehst!«, lüge ich.

»Als verrücktes Huhn trete ich schon seit fünf Jahren auf. Hier in der Rhein-Mosel-Halle in Koblenz bin ich allerdings zum ersten Mal. Das ist die beliebteste Faschingsveranstaltung in der ganzen Gegend. Wenn du hier auftrittst, wird über dich geredet. Richtig fette Promo. Die nehme ich natürlich gerne mit.«

Tausendfünfhundert Menschen! Wo ist das nächste Tier-Kostüm?! Ich will hinein, um mich darin zu verstecken.

Die Garderobentür wird geöffnet und Bettina, die zierliche, selbstbewusst wirkende Regieassistentin, steckt ihren Wuschelkopf herein: »Corinna! Du bist gleich dran. Bist du so weit?«

Corinna präsentiert sich mit einer Bewegung wie ein »Nummern-Girl« aus dem Varieté, entlockt Bettina allerdings überhaupt keine Regung. Stattdessen wendet sie sich an mich:»Bernd, nach Corinnas Hühnchen-Darbietung wird das Motto-Lied mit dem Publikum gesungen und danach bist du dran! Du kannst dich also auch gleich auf den Weg zur Bühne machen.«

Corinna hat sich schon an uns vorbeigeschoben und ist weg. Bevor auch Bettina wieder verschwindet, schaut sie mich etwas gedankenversunken an. Wie oft in solchen Augenblicken glaube ich, ihre Gedanken lesen zu können:»Ob das richtig war, den zu engagieren? Der hat keine Bühnenerfahrung, ist offensichtlich behindert – und dann hier in so einer bedeutenden Sitzung. Das geht nicht gut.«

Doch Bettina verschwindet ohne ein weiteres Wort. Ich schaue mich noch einmal im Spiegel an: platte Frisur, viel zu große Brille und viel zu großer Bauch. Mit einem Achselzucken und einem leichten Kopfschütteln verlasse ich meine Garderobe und gehe durch einen schmalen Flur. Je näher ich der Bühne komme, desto lauter wird die Musik – und ein lautes Gackern vom Band. »Okay, Corinna zieht gnadenlos durch!«, schießt es mir durch den Kopf.

Ich gelange an den Bühnenrand, von wo aus ich im Schutz des Seitenvorhangs das Geschehen genau verfolgen kann. Die Halle ist ausverkauft. Über 1 500 Menschen in Feierlaune warten, nein, nicht speziell auf mich, aber anscheinend mehr auf gute Satire als auf flache Gags.

Ich treffe erneut auf die Regieassistentin, die mir letzte Anweisungen gibt:»So, Bernd, nach dem Lied werden wir deinen Tisch in die Mitte der Bühne tragen und du wirst angesagt. Dann gehst du bitte direkt auf deine Position und lieferst den Beitrag ab!«

Mein Lampenfieber schießt in schwindelerregende Höhen. Ich bin der einzige Neuling in der Szene an diesem Abend und werde nächsten Monat gerade mal zwanzig Jahre alt. Okay, ich parodiere

hobbymäßig Promis aus Politik, Sport und Showbusiness, für meine
Begriffe aber mehr schlecht als recht. Alles bisher nur für den Haus-
gebrauch. Auf Geburtstagsfeiern – »Mensch, Bernd, mach doch mal
den Helmut Kohl!« –, auf Schul- oder Studentenfesten und immer vor
Publikum, welches mich kennt und mir wohlgesonnen ist. Niemals
vor Fremden und niemals vor so einer großen Masse. Warum habe
ich mich nur in dieses Engagement hineinquatschen lassen?

Corinna ist gerade dabei, sich unter verhaltenem Applaus zu verbeugen. Für meine Begriffe ist sie immer noch nicht unterhaltsam in
ihrem Kostüm, nur peinlich. Jetzt verlässt sie die Bühne und kommt
direkt auf mich zu: »Ein Scheiß-Publikum! Kein bisschen locker. Voll
bescheuert! Bin froh, dass ich es hinter mir habe. Zieh einfach professionell durch. Hörst du? Abhaken. Toi, toi, toi!«

Ich hoffe spontan auf Feueralarm oder Stromausfall oder etwas
anderes, das den sofortigen Veranstaltungsabbruch nach sich ziehen
würde. Noch befinde ich mich im Schutz des Seitenvorhangs.

Der letzte Refrain des geselligen Stimmungsliedes reißt mich aus
meinen Gedanken. Ich beobachte, wie zwei Bühnenarbeiter für meine Darbietung einen Tisch in die Mitte der Bühne tragen, einen Stuhl
dahinterstellen, ein Mikrofon aufbauen und mein Skript bereitlegen.

Im Saal wird das Licht wieder dunkler, auf der Bühne auch. Tisch
und Stuhl werden mit einem Spot ausgeleuchtet.

Irgendwie kriege ich jetzt Bock! Ganz plötzlich. Ich kann es nicht
erklären, aber von der einen auf die andere Sekunde sinkt mein Lampenfieber, als hätte man mir riesige, eiskalte Wadenwickel gemacht.
Ich bin bereit. Ich habe Lust. Ich will raus!

Nun sagt mich doch endlich an!

Endlich höre ich meine Stichworte:»Begrüßen Sie jetzt mit einem
donnernden Applaus …«, der Sitzungspräsident muss noch einmal
auf seinen Notizzettel schauen, ich laufe schon los.»… Bernd Hock!«

Ich gehe direkt zu meinem Tisch. Nicht schüchtern, nein, ich schreite festen Schrittes. Ich gehe nicht wie ein Anfänger in Trainingshose, ich trete auf!

Der Begrüßungsapplaus ist ganz und gar nicht donnernd. Kein Vorschuss, einfach Geklatsche halt. Wahrscheinlich hat das Publikum nicht mit einem »Behinderten« gerechnet.

Als ich am Tisch sitze, schaue ich ins Publikum, obwohl ich es aufgrund des Scheinwerfers gar nicht richtig sehen kann. Ich mache nichts, schaue nur. Mit mir zusammen haben an diesem Samstag, den 13. Februar 1988, 14 prominente Personen aus den Bereichen Politik, Sport, Show-Business, Kirche und Journalismus Platz genommen, die ich nun gleich in Mimik, Gestik und vor allem in ihrer Stimmlage parodieren und in meiner Satire agieren lassen werde, unter ihnen Ronald Reagan, Willy Brandt, Boris Becker und der Papst.

Die Aufregung, die ich jetzt spüre, ist gut, sie macht mich high. Gleichzeitig habe ich aber auch noch etwas Angst vor einem Texthänger oder davor, dass mir eine Parodie nicht so gut gelingen wird.

Ich beginne mit meiner Parodie der Journalisten-Legende aus dem WDR, Ernst-Dieter Lueg, und stelle alle Promis am Tisch einmal kurz vor. Die Stars parodiere ich jeweils, kurz nachdem Lueg sie vorgestellt hat, lediglich pantomimisch. Das kommt schon recht gut an und ich freue mich, dass das Publikum reagiert.

Als Ernst-Dieter Lueg stelle ich nun Helmut Kohl eine Frage. Für die Antwort ziehe ich mir eine entsprechende »Kohl-Brille« auf, modelliere mimisch das Kanzler-Doppelkinn, Zunge raus, Zunge rein und Ton zum Bild: »Also in aller Enchiedenheit, Herr Lueg…« Ich werde direkt von Applaus unterbrochen und das Orchester spielt drei Tuschs! Ich empfinde ein Glücksgefühl, welches ich in meinem späteren Leben immer nur auf der Bühne oder beim Sex empfunden habe.

»Ich krieg sie!«, denke ich. Ich bin dort, wo ich mich wohlfühle: im Mittelpunkt des Geschehens. Ich genieße die volle Konzentration des Publikums. Dass man diese Gabe professionell »Bühnenpräsenz« oder etwas deftiger ausgedrückt das »Rampensau-Gen« nennt, wusste ich damals noch nicht.

Jetzt komme ich in den sogenannten Flow, den jeder Künstler kennt. Ich koste die von mir deutlich überzeichneten Charakteristika der Promis bis ins Letzte aus, lasse mir Zeit und genieße es, dass meine Pointen und Wortspiele zünden.

Die Promis streiten miteinander und meine Überzeichnungen sorgen immer wieder für spontanen Zwischenapplaus und Tuschs. Mein Publikum geht total ab, ich fliege durch meine Nummer. Es herrscht eine ausgelassene Stimmung und Freude im Saal, dass ich es kaum fassen kann.

Ich bin ein Star! Bitte hol mich niemals jemand hier raus! Kein Defizit steht im Mittelpunkt. Man nimmt mich so wahr, wie ich gerne bin. Ich genieße es, dass ich angeguckt und beobachtet werde, weil so viel Positives rüberkommt. Ich fühle mich angenommen!

Das Schaumbad der Bewunderung ist eingelassen und ich tauche ganz tief ein und genieße. Nicht still, das bin ich nicht. Ich genieße laut. Ich gebe alles, verausgabe mich total. Schwitze wie ein Schwein und presse die verschiedenen Stimmen am Kehlkopfdeckel vorbei, bis ich im Verlauf der Nummer etwas heiser werde.

Das ist perfekt für meine abschließenden Parodien von Willy Brandt und Ronald Reagan, dem vierzigsten Präsidenten der USA. Danach mache ich den Sack zu und wünsche allen als Ernst-Dieter Lueg »eine gute Nacht!«.

Ich stehe auf und verbeuge mich. Setze mich wieder hin, denn ich muss mehrere Zugaben geben. Eine habe ich vorbereitet, dann folgen noch weitere vier, alle spontan. Als ich wieder aufstehe, um mich endgültig zu verabschieden, bleibt mein bündchen-freies rotes Sweatshirt nicht in der Position hängen, in die es durch meine gedrungene Sitzhaltung geschoben wurde, sondern fällt nach unten und verdeckt meinen untersten Rettungsring aus Fett. Perfekt! Ich trete ganz nach vorne an den Bühnenrand, die »Sau« tritt an die Rampe. Heraus aus dem grellen Licht des Scheinwerfers, der mir den Schweiß literweise aus den Poren treibt. Ich will dieses großartige Publikum sehen, mich bedanken bei den Menschen, die mich angenommen haben. Will mich suhlen im warmen Matsch der schnellen Anerkennung.

Ich kann es kaum fassen. Alle stehen auf! Standing Ovations! Die Menge jubelt mir zu. Publikum und Festkomitee feiern mich in einer Art und Weise, wie ich mir dies nicht hätte träumen lassen. Eine Applaus-Rakete nach der anderen wird gezündet.

Ich könnte weinen vor Glück. Vielleicht tue ich es auch ein wenig. Wie ein Staubsauger, an dessen Saugschlauch man bei vollem Betrieb das Rohr entfernt und der dann wild durch den Raum fliegt, versuche ich, den ganzen Zuspruch einzusaugen.

Nachdem ich mindestens eine Viertelstunde überzogen habe, gehe ich ab und trete zurück in den Schutz des Seitenvorhangs, der nun für mich kein Schutz mehr sein muss. Jeder darf mich sehen! Jeder!

Am Bühnenrand empfängt mich Corinna. Anscheinend hat sie meinen gesamten Auftritt von dort verfolgt, denn sie hat immer noch ihr Hühnchen-Kostüm an und hält die Latexmaske in der Hand. »Die sind bei dir ja richtig abgegangen!«, meint sie anerkennend, aber auch mit einer Portion Neid in der Stimme.

Von links kommt Bettina, die Regieassistentin, auf mich zu, umarmt mich und küsst mich. Ja, sie küsst mich! »Alter, das war ganz großes Kino! Richtig klasse! Du warst grandios! So war das Publikum noch nie dabei! – Machen wir nachher noch was zusammen?«

Ich spüre, wie Glückshormone tonnenweise in mir ausgeschüttet werden, und bin überzeugt, dass die Menge an Serotonin mich ab jetzt bestimmt jahrelang durch den Alltag tragen wird. Dass solche durch Beifall freigesetzten Hochgefühle nur eine Halbwertszeit bis zum nächsten Frühstück haben, werde ich erst am nächsten Morgen erfahren.

»Wie war ich?«, schießt es wie automatisiert aus mir heraus und ich registriere überhaupt nicht, welch selten dämliche Frage ich da gerade gestellt habe. Bettina wirkt für einen kurzen Augenblick völlig entgeistert. Kurz, sehr kurz friert ihr Gesicht ein, aber rasch entspannt sich ihre Mimik wieder und sie sagt, wohl in der festen Überzeugung, dass ich sie gerade hochgenommen habe: »Du bist echt ne coole Sau! Also nicht abhauen, hörst du. Ich will nachher noch mit dir feiern.«

Aus dem Augenwinkel heraus sehe ich, wie ein Bühnenarbeiter auf Hühnchen-Corinna zugeht. »Corinna! Du warst wieder sensationell!«, sagt er. Die beiden umarmen sich und beginnen zu tuscheln. Der Arbeiter blickt in meine Richtung und guckt unfreundlich. Er tuschelt weiter und ich habe das Gefühl, dass er sich abfällig über mich äußert. Während ich die beiden mit meinem Blick fixiere, laufen immer wieder Menschen an mir vorbei, die mich anlächeln, mir auf die Schulter klopfen oder mir mit wenigen Worten ihre Anerkennung ausdrücken. Ich bedanke mich beiläufig, meine komplette Aufmerksamkeit richtet sich jedoch auf den Dialog zwischen Corinna und ihrem Fan. Zu gerne würde ich mitkriegen, was die beiden jetzt über mich reden.

Plötzlich zerdrückt die eiskalte dunkle Hand der Angst meinen Magen und mein Herz kurzzeitig zu Brei. Ich meine, das Wort Behinderten-Bonus gehört zu haben. Ich will mich auf die beiden zubewegen, doch da wird der Bühnenarbeiter von hinten gerufen und Corinna marschiert Richtung Garderobe.

Hilfe suchend schaue ich mich um. Eine Dame mit Fotoapparat kommt auf mich zu, stellt sich als Redakteurin der hiesigen Lokalzeitung vor und meint: »Sie waren wundervoll! Hätten Sie gleich noch etwas Zeit für ein paar Fragen und ein Foto?«

»Natürlich!«, antworte ich und merke, wie ich wieder festen Boden in Form von Bühnen-Brettern unter die Füße bekomme. Bretter, die nur die Welt bedeuten! Aber in genau dieser Welt muss ich ein ganzes Leben lang zurechtkommen! Alleine!

Ich ahne nicht, dass Gott persönlich mich ziemlich genau drei Jahre später im Herzen ansprechen und beginnen wird, im »Rampen-Saustall meiner Gefühlsabhängigkeiten« aufzuräumen. Noch viel weniger ahne ich, dass dieses Aufräumen ziemlich lange dauern wird.

Gut gelaunt sehe ich noch einmal hoch zum Bühnenscheinwerfer, der gerade eine Gruppe junger Musiker anstrahlt. Ich schaue in dieses Scheinwerferlicht, in dessen Kegel ich mich getraut habe. Dick, mit kurzen Armen, in Trainingshose und mit Sweatshirt ohne Bündchen.

Der Spot bewegt sich, verfolgt das Bühnengeschehen. Ich blicke ihm versonnen nach. Das hat zwanzig Jahre früher schon einmal viel bewirkt, in einem Kreißsaal in Landau in der Pfalz.

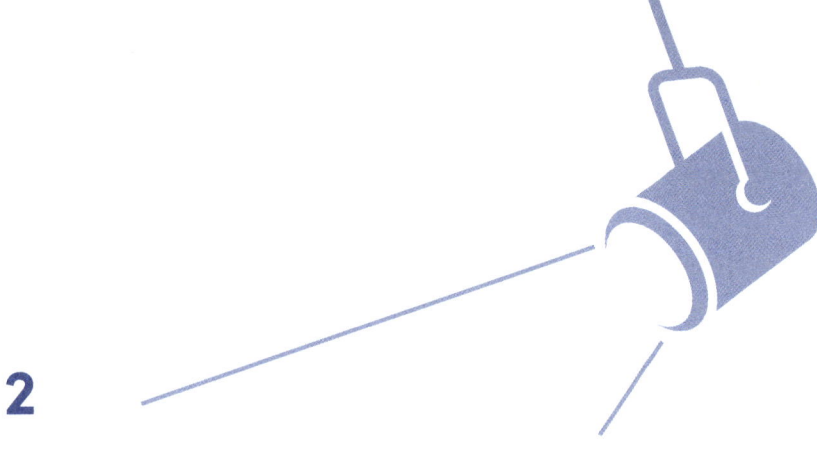

2

MEIN ERSTER BLICK
INS LICHT

Es gibt Geburtstage, an die kann man sich ein Leben lang erinnern. Der Fünfzigste zum Beispiel, der groß gefeiert wurde. Oder der Achtzehnte. Endlich volljährig! Oder meinetwegen auch der Dreiundvierzigste, weil man etwas ganz Unpassendes geschenkt bekommen hat, Tante Rosi sich ein Glas Rotwein über ihr nagelneues Satinkleid gekippt hat oder Onkel Harald und Onkel Franz sich am späten Abend ziemlich betrunken fürchterlich über Politik gestritten haben.

Wie ist es mit dem echten Geburts-Tag? Die persönliche Stunde null! Der Tag, an dem man das Licht der Welt erblickt hat!

Daran hat man keine bewussten Erinnerungen, man kennt ihn nur aus Erzählungen. Ich natürlich auch. Trotzdem glaube ich, ziemlich genau zu wissen, wie meine Geburt abgelaufen und was unmittelbar danach geschehen ist. Diese Sicherheit gründet sich auf intensive Gespräche mit meiner Mutter und ihre Erinnerungen an den 15. März 1968 und auf meine nicht logisch erklärbare Herzens-Überzeugung: »Genau so muss es gewesen sein damals, als Gott wollte, dass ich lebe!«

Ich bin splitternackt und es geht mir gut. Sehr gut! Ich habe alles, was ich brauche: Nahrung, Wärme und irgendwie rundherum gute Gefühle.

Obwohl? So ganz stimmt das nicht. Heute nicht. Heute fühlt es sich anders an, irgendwie unruhiger. Zumindest seit ein paar Stunden. Es rumpelt und gluckert um mich herum. Mehr als sonst. Gedämpft nehme ich aufgeregte Menschen da draußen wahr, die irgendetwas vorbereiten, was mit mir zu tun hat.

Der Herzschlag meiner Mutter, dem ich stets so nah bin, ist schneller als sonst. Schneller, wuchtiger, unregelmäßiger. Okay! Es ist etwas enger hier drinnen geworden in den letzten Wochen, aber das ist noch lange kein Grund umzuziehen! Warum denn auf einmal so ein Stress? Hoffentlich beruhigt sich die Lage gleich wieder!

»Herr Doktor, ich glaube Sie können sich schon einmal bereit machen. Bei der Frau Hock geht das jetzt langsam los«, höre ich dem Treiben zu und spüre, dass Veränderungen mit großer Tragweite wohl nicht mehr abwendbar sind. Auch mein Herz pocht jetzt heftiger als sonst.

Irgendetwas drückt massiv. Dann wieder diese Stimme: »Oh! Steißlage!« Mit heftigem Druck werde ich aus meiner wunderbaren Behausung, in der es mir die letzten neun Monate so gut ging, in einen viel zu engen Kanal gepresst.

Sag mal, packt mich da jemand am Hintern?! Wieder Druck. Panik! Was soll denn das alles? Kann es nicht einfach für immer so bleiben, wie es ist?

Danach geht es verhältnismäßig schnell und ziemlich brutal weiter. Ich bin nicht sicher, ob ich das alles überleben werde, was mir da gerade passiert: Stöhnen vor Schmerzen, Kommandos, Druckwellen, Herzrasen, Enge, heftiges Schaukeln, Schwindel, Panik, Atemnot, wieder Druck und plötzlich wird es verdammt hell. Hell und richtig kalt.

»Es ist ein Junge!«

Ich bin jetzt vollkommen schutzlos! Blut und andere glibberige Massen kleben überall, auch in meinem Mund und meinen Nasenlöchern. Ich will schreien. Es geht nicht.

Dass hinter mir meine total erschöpfte Mutter liegt, merke ich nicht. Dass vor mir eine Frau und ein Mann total erschrocken sind, nehme ich irgendwie wahr. Auch dass der Mann im weißen Kittel sehr schnell dafür sorgt, dass ich auf einen Untersuchungstisch gebracht werde, entgeht mir nicht.

»Was isch donn do los? Der kreischt jo gar net, der Bu!«, ruft meine Mutter sorgenvoll im Pfälzer Dialekt.

Der Gynäkologe, der ihr immer noch den Rücken zudreht, mich verdeckt und untersucht, antwortet: »Der kreischt glei, awwer er hot ebbes on de Ärm!« (»Der schreit gleich, aber etwas mit seinen Armen stimmt nicht.«)

Meine Mutter fragt zunächst nicht weiter nach, sie ist zu erschöpft. Fühlt sich kraftlos und hilflos. Die Untersuchungen mit dem Hörrohr während der Schwangerschaft meiner Mutter sind alle unauffällig gewesen. Niemand hat etwas Außergewöhnliches bemerkt – bis jetzt.

Ich bin immer noch unter Schock und immer noch so still wie später mein ganzes Leben nicht mehr. Ich werde sauber gewischt und es wird weiter an mir herumgedoktert. Ich bemerke eine gedrückte und traurige Stimmung im Kreißsaal und spüre, dass ich wohl der Grund dafür bin.

Endlich kann ich schreien und tue dies auch. Vielleicht aus Wut. Die Hebamme bringt mich frisch gesäubert und eingewickelt zu meiner Mutter und legt mich auf ihren Bauch. Meine allererste, kleine Bühne!

»Da bin ich, Mama! Wahrscheinlich nicht ganz so, wie du dir das vorgestellt hast, tut mir leid. Entschuldigt alle hier im Kreißsaal! Ich wollte euch bestimmt nicht erschrecken!«

Irgendwann am Abend sind meine Mutter und ich endlich ganz allein in einem Klinikzimmer. Nicht, weil meine Eltern sich den Luxus eines Einzelzimmers leisten können, sondern vielmehr deshalb, weil man andere Wöchnerinnen durch meine Anwesenheit nicht beunruhigen will.

Es ist so aber auch genau richtig für Mama und mich. Schön, dass wir beide jetzt endlich einmal allein sind! Sie legt mich an ihre Brust und ich beruhige mich. Angeschmiegt an warme weiche Haut ist es zwar nicht ganz so angenehm wie in der Gebärmutter, aber doch durchaus akzeptabel.

Ich glaube, meine liebe Mutter ist noch ziemlich aufgewühlt. Sie schaut mich an. Was sie wohl denkt? »Wie soll des donn alles werre? Wie solle ma donn des alles schaffe? Ma wääß jo noch gar net, was der Bu noch fer Behinnerunge hot?« (»Wie soll das bloß alles werden? Wie sollen wir das alles schaffen? Wer weiß, was der Junge vielleicht noch für Behinderungen hat?«)

Ich verfolge mit meinen glänzenden Augen wachsam ein flackerndes Deckenlicht. Kein Rampenlicht, wie es mich später in Koblenz und anderswo erwarten wird, einfach eine stinknormale, defekte Neonröhre. Mal flackert sie auf der einen, mal auf der anderen Seite. Da flackert plötzlich wohl auch etwas im Herzen von Mama auf, die mich beobachtet. Eine wohltuende Wärme breitet sich aus. Freude bricht sich Bahn. Endlich etwas Mutterglück. Sie bleibt mit ihren Gedanken im Heute, im Hier, im Jetzt. Dies ist spürbar für mich, denn Mama wird ruhiger. Ihre Ruhe überträgt sich über die Muttermilch auch auf mich. Die Nabelschnur wurde gekappt, eine neue Leitung ist gelegt.

Dankbar beobachtet meine Mutter meine interessierten Augen und weiß ganz plötzlich: »Also am Kopp hot der Bu nix!« (»Also eine geistige Behinderung hat der Junge nicht!«)

Das scheint Trost und Ermutigung genug. Genug für jetzt. Genug für diesen Moment. Genug für uns beide.

Mama streichelt meinen Kopf und gibt mir einen zärtlichen Kuss auf die Stirn. Die Deckenleuchte verliert an Bedeutung und ich schaue in das Gesicht meiner Mutter. Ich fühle mich geborgen. Sie schaut mich an. Sie nimmt mich an. Sie lächelt. Fürs Erste bin ich in Sicherheit. Vielleicht lässt es sich hier draußen doch leben?! Hier, auf dieser großen Weltbühne!

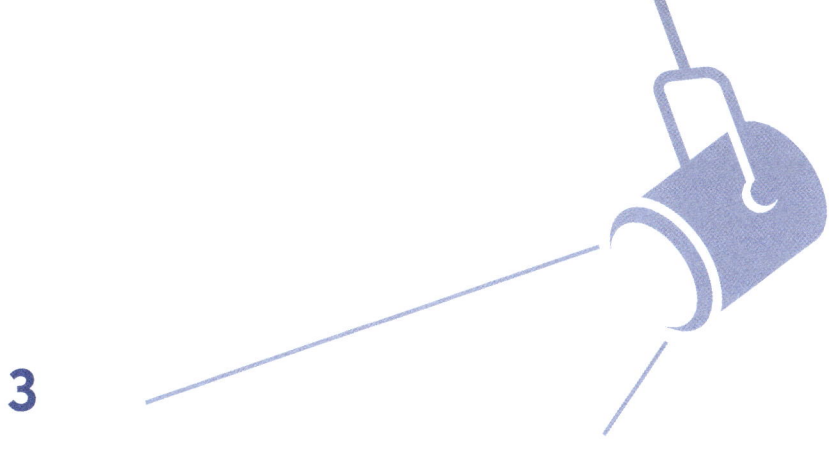

3

VERABREDUNG IM KELLER MEINER GEDANKEN

Irgendwie bin ich immer auf einer Bühne, immer auf irgendeinem Präsentierteller. Bin einfach nie inkognito, mit meiner besonderen Figur. Sobald ich mich in freier Wildbahn bewege, werde ich beobachtet. Mal verstohlen aus dem Augenwinkel heraus, mal direkt, mit weit aufgerissenen Pupillen wie bei einer Waldohreule. Unzählige Augen haben mich seit meiner Geburt vor über einem halben Jahrhundert beobachtet, manche angestarrt.

Lachende Augen, die mich ermutigt haben. Barmherzige Augen, die mich getröstet haben. Schöne Augen, die mich angezogen haben. Gierige Augen, die mich ausgezogen haben. Elektrisierende Augen, die mich gierig gemacht haben. Bedrohliche Augen, die mich in die Flucht geschlagen haben. Traurige Augen, die mich verunsichert haben. Unehrliche Augen, die mich wütend gemacht haben. Vielsagende Blicke ohne Worte. Leere Blicke mit vielen Worten.

Viele Augen-Blicke in meinem Leben habe ich nicht vergessen. Diese Beobachtungen machten und machen jede Alltagssituation zu einem kleinen Bühnenauftritt: Vorhang auf! Wir spielen heute das Stück: Bernd an der Supermarktkasse!

Das Bezahlen beim Discounter an der Kasse ist unter normalen Umständen ein recht unspektakulärer Moment. Es sei denn, man hat gerade sechzehn Leute hinter sich in der Schlange und einem selbst fällt das Portemonnaie aus der Hand und die Geldmünzen rollen munter auf dem Boden herum. Die Bühne ist bei mir nicht der Augenblick, der Moment, als solcher, sondern es sind die Augen-Blicke, die Augen, die aus der Schlange hinter mir heraus auf mich blicken. Diese Menschen, die mich beobachten, werden rasch zu Publikum. Meinem Publikum!

Wenn ich gut drauf bin und es mir zum Beispiel auf Anhieb gelingt, mit meinen drei Fingern mein Portemonnaie aus meiner Tasche zu holen, Cent für Cent aus dem Geldbeutel zu fummeln und das Münzgeld der Verkäuferin abgezählt hinzulegen, dann genieße ich den stillen Applaus des Schlangen-Publikums hinter mir in Form von anerkennenden Augen-Blicken: Beeindruckend, wie der das kann. Oft gab und gibt es auch lauten Applaus! Anerkennung! Lob! Ehrliche und tiefe Wertschätzung! Zahlreiche Augenblicke allerdings waren bedrohlich und einige, so erinnere ich mich, hatten nahezu Vernichtungspotenzial.

Genau vor diesen vernichtenden Blicken, vor diesen Bedrohungen, hat *er* mich in über fünf Jahrzehnten immer zuverlässig und sicher bewahrt. Keinen einzigen Tag hat er sich freigenommen, nie hat er wegen Krankheit gefehlt. Niemals hat er gestöhnt, dass ihm die Arbeit zu anstrengend sei. Stets hat er dafür gesorgt, dass ich mit meiner Situation leben konnte und in relativer Sicherheit war. So manches Mal hatte ich es ihm zu verdanken, dass ich überlebt habe. Er war immer zur Stelle, höchst effektiv und zu einhundert Prozent verlässlich.

Dabei kenne ich ihn gar nicht richtig. Genau genommen weiß ich noch nicht allzu lange, dass es ihn überhaupt gibt und was ich ihm alles zu verdanken habe. Und heute sind wir verabredet. Ich will ihn treffen. Will ihn kennenlernen. Nicht um mich zu bedanken. Nicht um mit ihm gemeinsam ein Dienstjubiläum zu feiern. Nein! Ich möchte ihn treffen, um ihn zu feuern! Rausschmeißen will ich ihn! Kündigen! Fristlos! Deshalb habe ich mich auf diesen Weg gemacht, um ihn zu treffen. Von seiner Existenz erfahren habe ich in einer psychotherapeutischen Sitzung.

Am Anfang kam mir das etwas komisch vor. Ich glaube an Gott! Ich glaube an einen liebenden Gott! Glaube an Jesus Christus, an die Kraft des Evangeliums! Da brauche ich doch nicht noch irgend so einen, so einen … so einen … Wächter. Wächter, ja, so haben wir ihn genannt in dem Therapiegespräch.

Mir ist mulmig zumute. Ich fühle mich, als würde ich einen kalten dunklen unterirdischen Gang betreten. Irgendwie tue ich das auch, wenn ich mich so ins Erinnern und Reflektieren begebe. Ich mache das immer öfter in letzter Zeit. Versuche, zu rekonstruieren, wo so manche Verhaltensweisen von mir herkommen. Will erkennen und verstehen, in welchen Situationen was, wie und durch wen genau in mich hineingeprägt wurde. Wo Verletzungen entstanden sind und wo ich fast unmerklich verschiedene Schutzmechanismen entwickelt habe, die in diesem inneren Wächter zusammengefasst sind. Ich steige sozusagen hinab in den Keller meines Unterbewusstseins.

Und das fühlt sich tatsächlich an wie ein dunkler Gang. Kühl ist es auch. Kalt wird mir ums Herz, wenn ich gedanklich zu weit vordringe. Manchmal wage ich es nicht, weiterzudenken, so wie man sich im Dunkeln auf einer Kellertreppe nicht weitertraut. Dann muss ich mich behutsam vortasten in meinen Gedanken. Das fällt mir mitunter ziemlich schwer. Genauso wie es mir im realen Leben schwerfällt, mich mit meinen kurzen Armen in der Dunkelheit irgendwo entlangzutasten.

Unsicherheit überkommt mich:»Warum habe ich mich auf diesen blöden Weg gemacht?«, rufe ich, um mich nicht ganz im Unterbewusstsein zu verlieren.»Weil es so nicht mehr weitergehen kann, Bernd!«, schießt es mir sofort durch den Kopf.

Mein Herz schlägt kräftig und schnell. Sehr schnell und unregelmäßig. Schweißperlen drängen auf meiner Stirn von innen nach außen, um sich ihren Weg an den Schläfen hinunter zum Hals zu bahnen. Ich habe Angst! Angst vor dem, was ich vielleicht da in meinem tiefsten Inneren finden werde.

Plötzlich sehe ich vor meinem inneren Auge ein Licht. Eigentlich ist es nur ein kleiner heller Schimmer. Wirklich nur ein klein wenig Helligkeit und ich weiß, dass ich noch weit abschweifen muss, bis meine Gedanken aus der Dunkelheit heraus dieses Licht berühren können. Soll ich meine innere Reise abbrechen oder mich weiter vorwagen?

Im Rückspiegel meines Lebens erkenne ich bei genauerem Hinsehen ganz deutlich, dass es mich und die Umstände um mich herum stets positiv verändert hat, wenn ich mich dafür entschieden habe, aus dem Dunkeln heraus ins Licht zu treten. Sichtbar zu werden. Unsichtbar ist nichts für mich. Für die Unsichtbarkeit bin ich nicht gemacht. Unscheinbar ist kein Adjektiv, welches mich zutreffend beschreibt. Daher bin ich lieber öffentlich, offensiv, angreifbar. Obwohl, ich bin mir gar nicht so sicher, ob ich das lieber bin. Aber hatte ich bisher eine Wahl?

Tatsache ist, dass das Leben am intensivsten wird, wenn man sich aus der Deckung wagt. Im Verborgenen regieren Tristesse und Langeweile. Man spürt nichts, irgendwann nicht einmal mehr sich selbst. Es gibt dann kein Feedback von anderen, mit dem man sich auseinandersetzen müsste. Doch in dem Moment, in dem ich mich aus der Deckung in die Öffentlichkeit wage, prasseln die Reaktionen der anderen auf mich ein wie Hagelkörner in einem heftigen Graupelschauer. Kleine Hagelkörner, die einfach so an mir abtropfen, aber auch größere Brocken, die Dellen verursachen. Zwischendurch gibt es aber auch wohltuende lauwarme Regenschauer der Bewunderung.

Eine Ausgewogenheit wäre schön. Eine Balance zwischen einem unbeachteten Leben und einzelnen Reaktionen von anderen.

Oh Mann, ist das alles kompliziert! Ich brauche jetzt erst mal Schokolade! Schokolade und Marzipan!

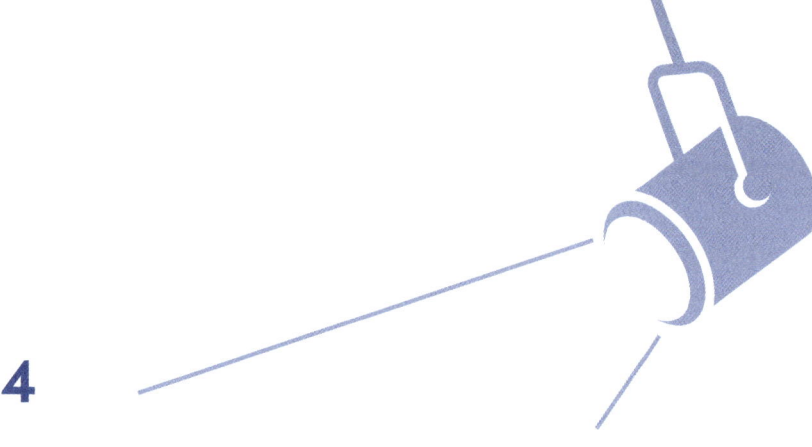

4

MITLEID, MARZIPAN
UND EINE HELDENTAT

Marzipan und Schokolade waren eigentlich immer genug da. Bis heute.

War ich als Kind noch auf die »Auslieferung der Ware« durch alte Menschen, die Mitleid mit mir hatten, angewiesen, so erhalte ich meine absolute Lieblingsschokolade Ritter Sport Marzipan heute an jeder Tanke.

Diese Schokoladentafel in ihrer rot glänzenden Hülle hat durchaus so ihre Tücken. Nicht dass ich etwa Schwierigkeiten hätte, die Leckerei aus der Verpackung zu lösen. Nein, das mit dem Knicken und Aufreißen bekomme ich locker mit zwei Fingern auf meinem Oberschenkel im Auto hin. Sogar angeschnallt. Das Durchbrechen der Schokoladentafel an der Sollbruchstelle verursacht jedoch Schokokrümel, die mir beim Essen unbemerkt überall hinfallen, vorzugsweise in die Brusttasche meines Oberhemdes, wo sie kleine braune Flecken auf dem Stoff erzeugen.

Ich passe einfach nicht genug auf. Ich esse dieses Zeugs viel zu hastig, fresse es regelrecht. Ach könnte ich Süßigkeiten doch mehr genießen und langsamer, ja achtsamer essen. So wie meine frühere Kommilitonin Anja.

Wir begannen unseren gemeinsamen Studientag Anfang der Neunzigerjahre nicht selten mit einem Käffchen und einem Schokoriegel. Bei schönem Wetter setzten wir uns vor dem Unigebäude auf die Treppe. Wenn Anja zum ersten Mal an ihrem Kaffee nippte, hatte ich meinen Riegel bereits komplett inhaliert. Kurz bevor wir zu unserer Vorlesung aufbrachen, packte auch Anja ihren Schokoriegel aus, betrachtete ihn und biss genüsslich ein Stückchen ab. Sie kaute lange, bevor sie die Köstlichkeit ihren Hals hinuntergleiten ließ. Die restlichen zwei Drittel wickelte sie wieder in das Papier, verstaute alles in ihrer Tasche und wir beide gingen studieren. In der Mittagspause packte Anja die Schokolade erneut aus, biss wieder ab, genoss und steckte das letzte Drittel abermals in ihre Tasche. Am Ende des Studientages, wenn wir erneut auf der Treppe vor dem Gebäude saßen, ließ sie das letzte Stück der Köstlichkeit auf ihrer Zunge zergehen. Menschen mit einem solch achtsamen Essverhalten haben meinen höchsten Respekt.

Ich hingegen verschlinge Schokolade, und dies meist heimlich. Genieße nicht im Licht, sondern fresse Süßes oft im Dunkeln. Süßigkeiten sind für mich nicht in erster Linie ein gelegentliches Genuss-, sondern eher ein schambehaftetes Suchtmittel und erfüllen unterbewusst Funktionen, die sich mir noch nicht bis ins Detail erschlossen haben, sondern vielmehr irgendwo in der hintersten Ecke vergraben sind. Nur ganz kurz, genau in dem Moment, in dem die Schokomasse meine Mundhöhle ausfüllt, genieße und entspanne ich für einen Augenblick. Danach quält mich sofort mein schlechtes Gewissen wieder – und mein starkes Übergewicht.

Eine große Rolle spielte Schokolade schon, als ich noch ein Kind war, besonders im Zusammentreffen mit alten Menschen – fast immer mit alten Damen, um präzise zu sein. Die Begegnungen liefen stets nach einem ähnlichen Schema ab: Eine alte Frau sah mich irgendwo in freier Wildbahn, entdeckte meine kurzen Arme, lächelte mich an und kippte fast unmittelbar und meist weinerlich einen Container Mitleid über mir aus. Ich wurde verlegen und unsicher, konnte die Traurigkeit meines Gegenübers nicht einordnen, spürte aber, dass ich sie einfach nur mit meinem Dasein ausgelöst hatte. Dies verunsicherte mich. Was nun? Sollte ich Trost spenden? Die alte Frau streichelte mir dann fast immer ungefragt über den Kopf, bevor ihre Hand in eine Lederhandtasche griff und eine Tafel Schokolade zum Vorschein brachte. Diese wurde mir fast immer mit den gleichen Worten übergeben: »Da, Biewel, hoscht e Schoklaad.« (»Hier, mein Junge, hast du eine Tafel Schokolade.«)

Ich begriff nicht, was sich da abspielte, bemerkte aber, dass sich im Moment der Schokoladenübergabe ein Happy End ankündigte und sich die Lage deutlich entspannte. Also verinnerlichte ich unbewusst. »Schokolade entspannt! Schokolade heilt! Schokolade macht alles wieder gut!« Meist bekam ich *Sarotti*, manchmal *Alpina* und selten *Lindt*. *Sarotti* mochte ich nicht, *Alpina* ging und *Lindor von Lindt* war das große Los.

Heute müssen Kinder bis zum 31. Oktober warten, sich übelst verkleiden, sich schreckliche Fratzen ins Gesicht schminken, allen Mut zusammennehmen, an Haustüren klingeln und Menschen mittels sinnfreier Reime zur Herausgabe von Süßigkeiten nötigen. Ich hatte manchmal sogar mehrmals täglich mein ganz persönliches, gruselig-süßes Straßen-Halloween, bekam Saures verpackt in Süßem.

Einem Kind mit einer offensichtlichen Körperbehinderung gibt man Schokolade. Einem geschwächten Igel gibt man Milch. Einem obdachlosen Bettler am Straßenrand gibt man nichts, der kauft sich sowieso nur Alkohol. Alle drei Thesen sind Bullshit!

Natürlich wurde ich nicht von Anfang an mit Schokolade ernährt. Als ich meinen holprigen Umzug von der Gebärmutter auf die Bauchdecke meiner Mutter erfolgreich hinter mich gebracht hatte, gab es erst einmal Muttermilch.

Für meine Ursprungsfamilie, meine Großeltern und besonders für meinen drei Jahre älteren Bruder Rainer war es mehr als eine schwere Herausforderung, als meine Eltern mit mir vom Krankenhaus nach Hause kamen. Da wurde nicht einfach das süße kleine Baby, der knuffige Nachwuchs, heimgebracht. Ich war nicht einfach der neue, der jüngste Hock, ich war auch ein Schock! Doch nach einer gewissen Zeit stellte sich so etwas wie Normalität ein. Wunden der Traurigkeit und Verzweiflung verheilten, Narben auf den Seelen blieben bis zuletzt. Teilweise sind sie heute noch da. Ich glaube, bei uns allen.

Im Großen und Ganzen entwickelte ich mich gut, wurde akzeptiert und geliebt. Nur der allererste Moment in der Begegnung von mir und anderen Menschen war halt immer anders. Man erschrak zunächst. Man wusste nicht so recht, ob einen nun das hübsche, meist fröhlich lächelnde Kindergesicht erfreuen oder die fehlgebildeten Arme traurig machen sollten. Auch heute noch stört es mich enorm, ängstigt und verunsichert mich, ja macht mich manchmal fast wütend, wenn ich das Gefühl habe, dass Leute bei meinem Anblick erschrecken.

Thomas Gottschalk moderierte 151-mal die Samstagabendshow *Wetten, dass…?*. In 357 Folgen spielte Larry Hagman den Bösewicht J.R. Ewing in der US-amerikanischen Serie *Dallas*. Seit über fünfzig Jahren betrete ich täglich, ja manchmal mehrmals täglich die Bühne der Ermutigung, wenn Menschen im Kontakt mit mir erschrocken und verunsichert sind, und spiele mein Einpersonenstück »Der fröhliche Bernd!«. Während dieses Einakters verliert mein Gegenüber seine Hemmung und nimmt nach kurzer Zeit mein äußerliches Anderssein nicht mehr wahr. Für meine Hemmungen und unklaren Gefühle gab und gibt es Schokolade. Schokolade und Marzipan!

Mein erstes Marzipan wurde mir mit knapp vier Jahren von meinen Eltern geschenkt. Irgendwie war es wohl als Trost gedacht, denn hinter mir lag eine der schlimmsten Wochen meines Lebens. Was sich in dieser Woche zugetragen hatte, war wohl auch für meine Eltern, besonders für meine Mutter, sehr belastend. Ich erinnere mich noch sehr genau an diese Situation. Eine blaue Strumpfhose trug ich damals und mein Gesicht war tränenüberströmt. In meiner großen Not schrie ich unbändig, als das Gitter hochgefahren wurde, unwiderruflich einrastete und ich Hilfe suchend meine kleinen Hände hindurchsteckte. Geholfen hat mir dies alles nichts!

Geholfen aber haben die vier kleinen Marzipanschweinchen, die ich eine Woche später bekam. Sie lagen in einem kleinen, mit künstlichem Stroh ausgepolsterten Körbchen und waren zusammen mit einem vierblättrigen Kleeblatt und einem kleinen Schornsteinfeger aus Plastik in Klarsichtfolie verpackt. Ein »Mitbringsel«, das Geschenk meiner Eltern, die ich zuvor eine Woche nicht hatte sehen dürfen. Eine ganze Woche!

Man hatte meiner Mutter und meinem Vater geraten, mich stationär in einer Klinik behandeln zu lassen. Unter anderem sollten die Beweglichkeit und der Einsatz meiner Füße und Zehen überprüft und trainiert werden.

So brachten mich meine Eltern also eines Tages in dieses Krankenhaus. Bekleidet mit einem Unterhemd und der bereits erwähnten Strumpfhose wurde ich in ein vergittertes Bettchen gelegt. Als das letzte noch offene Seitengitter hochgeschoben wurde, verstand ich die Welt nicht mehr. Ich registrierte, dass Mama und Papa sich nun von mir verabschiedeten, aber ich wusste überhaupt nicht, warum, und vor allen Dingen wusste ich nicht, für wie lange. Würde ich meine Eltern jemals wiedersehen? Ich hatte panische Angst!

Am Ende waren meine Mutter, eine Krankenschwester und ich alleine in diesem Raum und ich schrie um mein Leben. Ich streckte meine kleinen Ärmchen zwischen den weißen Gitterstäben hindurch, bei denen an zahlreichen Stellen der Lack abgeplatzt war und das nackte, kalte Metall so blank lag wie meine Nerven und bestimmt auch die meiner Mutter. Ich streckte mich Hilfe suchend nach Mama aus. »Mama, Arm!« Meine kleine Kinderseele konnte es nicht fassen, dass nun tatsächlich geschah, was nicht geschehen durfte: Meine Mutter musste das Zimmer verlassen und tat dies auch. Gefühlt habe ich noch Stunden jämmerlich geschrien und literweise Tränen vergossen, bis ich irgendwann total erschöpft einschlief.

Von der Notwendigkeit einer sicheren Bindungsentwicklung zwischen Kind und Eltern, von lebenswichtiger Feinfühligkeit, von Integration oder gar Inklusion wusste und hielt man damals ungefähr so viel wie von Mülltrennung oder einem Verbot betäubungsloser Ferkelkastration.

Die nächste Möglichkeit, meine Eltern wiederzusehen, die nächste Besuchszeit, war exakt eine Woche später um 15 Uhr. An das, was in der Zwischenzeit mit mir so alles gemacht wurde, habe ich nur brüchige und überwiegend unangenehme Erinnerungen.

Wir waren recht viele Kinder, alle mit einer ähnlichen Behinderung. Die meisten waren älter als ich und die Ursache ihrer Körperbehinderung waren fast ausnahmslos die Nebenwirkungen des Medikamentes Contergan mit dem Wirkstoff Thalidomid. Contergan war von 1958 bis 1961 ein beliebtes rezeptfreies Beruhigungs- und Schlafmittel, welches auch die morgendliche Übelkeit bei Schwangeren linderte. Als ernst zunehmende Vermutungen aufkamen, dass Thalidomid in der frühen Schwangerschaft Schädigungen in der Wachstumsentwicklung der Föten hervorruft, wurde das Medikament 1961 zunächst rezeptpflichtig und anschließend vom Markt genommen.

Die Ursache meiner Behinderung ist jedoch bis heute ungeklärt. Contergan hat meine Mutter niemals eingenommen.

Das Schlimmste war, dass manche Krankenschwestern und -pfleger uns überhaupt nicht emotional zugewandt waren. Es gab keine liebevolle Ansprache. Null Empathie. Fast ausschließlich schroffe Kommandos, Ermahnungen und Sanktionen. Wir hatten keine Lobby zwischen den Besuchszeiten. Tränen wurden nicht mit Taschentüchern, sondern mit eiskalten Worten weggewischt:»Hör jetzt auf zu heulen und zu schreien! Mama hört dich nicht.«

Besonders schlimm war es, wenn die eine ziemlich ruppige Pflegerin das kollektive Abduschen übernahm. Bruchstückhaft erinnere ich mich, wie sie mich an meinem rechten Arm gegen meinen Widerstand nackt durchs Badezimmer schleifte und viel zu heiß abbrauste. Das tat weh und ich schrie wie am Spieß. Über irgendetwas fluchend zog die Ruppige ihr Programm durch, agierte schroff und meist mit Zwang.

Das Gegenteil war ein junger Mann. Er hatte einen Bart und war wahrscheinlich so etwas wie ein Ergotherapeut. Vielleicht war er aber auch ein Engel. Er befreite mich manchmal aus den Fängen der Lieblosigkeit und dem Machtbereich der Ruppigen und half mir so, mein Heimweh eine Zeit lang zu vergessen. Mit ihm durfte ich in einer Sporthalle auf ein überdimensionales Trampolin steigen, eine riesige Freude für mich! Ich begann zu springen und der bärtige Engel gab am Rand auf mich acht.

Ich hüpfte und hüpfte. Höher und höher und höher. Ich sprang über zehn Meter hoch. Nein, über zwanzig, fünfzig, ja hundert, nein fünfhundert Meter sprang ich hoch hinaus. Gefühlt. Dabei juchzte ich, wie wenn ich von meinem Vater in die Luft geworfen und wieder aufgefangen wurde. Für Bruchteile von Sekunden verließ ich beim Springen den traurigen Boden der Klinik-Tatsachen und war dem Himmel nah. Dem Himmel und Gott, der dort ja wohnt, wie man mir erzählt hatte.

Wie nah Gott mir auch in dieser Zeit war, erfuhr ich erst viel später in meinem Leben. Heute jedoch weiß ich: Meine von Jubelschreien begleiteten fröhlichen Trampolinsprünge waren das Hochwerfen und wieder Auffangen durch meinen himmlischen Vater.

Auch das Malen mit den Füßen machte mir Spaß. Doch dazwischen rastete die Ruppige immer wieder aus und abends, viel zu früh, das Bettgitter ein. Die Nacht gehörte dem Heimweh, den Tränen und der Erschöpfung. Bis zu dem Tag, an dem die Eltern ihre Kinder besuchen durften.

Natürlich konnte ich die große, quadratische, analoge Uhr im Krankenhausflur noch nicht lesen, doch irgendwie verstand ich, dass der kleine Zeiger waagerecht rechts zu stehen hatte und der große Zeiger senkrecht oben stehen musste, damit die Frau mit der dunklen Hornbrille eine Woche später endlich die Glastür mit dem blauen Metallrahmen und den übergroßen, rechteckigen Holzgriffen öffnete. Auf der anderen Seite dieser Glastür standen zahlreiche Eltern, die ihre Kinder besuchen wollten, ganz vorne mein Papa und meine Mama! Doch zwischen uns dieses beschissene Glas. Im Gegensatz zum Zoo, wo eine solche Scheibe beispielsweise davor schützt, dass der Gorilla ein Kind munter durchs Gehege schleudert, hielt diese Glastür mich davon ab, mich endlich ganz dicht an meine Mama zu kuscheln. Egal wie stark wir Kinder bettelten, wie intensiv ich dieser Frau an ihrem weißen Kittel hing, in dem sie den Türschlüssel verborgen hatte, sie öffnete exakt um 15 Uhr und keine Sekunde früher.

Circa eine Stunde durften meine Eltern bei mir sein. Warum sie danach wieder gehen mussten, verstand ich selbstverständlich genauso wenig wie eine Woche zuvor. Kurz bevor sie aufbrachen, schenkten sie mir die bereits erwähnten Marzipanschweinchen. Unterbewusst versuchte ich, die Situation zu begreifen: »Ich merke, dass Mama und Papa mich nicht mitnehmen, sondern wieder alleine lassen werden. Ich spüre auch, dass Mama und Papa dies gar nicht wollen. Ich bin traurig, habe Angst und das alles tut sehr weh im Bauch! Mama und Papa helfen mir. Jetzt helfen sie mir gerade mit Marzipan!«

Somit wurde dieser Moment zur Geburtsstunde einer fundamentalen Festlegung: Gegen tiefe seelische Schmerzen, gegen Trennungsangst, tiefe Traurigkeit und Lieblosigkeit hilft Marzipan. Hilft Zucker!

Nach drei Wochen sollte ich aus der Klinik entlassen werden und meine Eltern kamen, um mich abzuholen. Auch diesen Moment kann ich noch gut erinnern. Ein Büro mit dunklen Eichenmöbeln, die Sitz- und Rückenflächen der Stühle waren mit gepolstertem dunkelgrünem Leder bezogen, welches an den Kanten mit zahlreichen goldenen abgewetzten Beschlägen am Holz festgenietet war. Meine Eltern und ich saßen vor einem mächtigen Schreibtisch, hinter dem der Herr Professor über meinen Fall dozierte. Ich habe ihn noch genau vor Augen. Er war eigentlich recht nett. Manchmal war ich einfach so mir nichts, dir nichts in sein Büro gelaufen, dann hatte er sich gefreut und sich mir freundlich zugewandt. In dem Gespräch mit meinen Eltern berichtete er von Verbesserungen und Fortschritten, die ich in den letzten Wochen gemacht hätte. Von meiner Angst und meiner Kinderseele, die so abgewetzt war wie seine Stuhlnieten, kein Wort. Am Ende riet der Professor meinen Eltern, meinen Klinikaufenthalt noch um ein paar Wochen zu verlängern, damit ich weitere Fortschritte machen könne.

Sofort bekam ich wieder Angst! In den vergangenen drei Wochen war mir nicht entgangen, welche Macht der Herr Professor besaß. Was nun? Ich hatte die Marzipanschweinchen doch bereits alle aufgegessen. Musste ich etwa noch weiter in dieser Klinik, getrennt von meinen Eltern, bleiben?

Stille. Meine Mutter war sehr unsicher. Nach einer kurzen Weile richtete sich mein Vater in seinem Stuhl auf und vollbrachte die erste Heldentat in meinem Leben, für die ich ihn noch heute liebe. Er fragte den Mediziner höflich:»Sind Sie jetzt fertig?«

Wenn überhaupt, dann hatte der Arzt höchstens mit der Frage, wie lange ich denn noch bleiben solle, gerechnet. Er schaute meinen Vater unsicher an und es war allen im Raum klar, dass die Gesprächsleitung gerade die Schreibtischseite gewechselt hatte. Mein Vater wartete keine weitere Reaktion ab:»Vielen Dank, wir nehmen den Jungen jetzt mit und fahren nach Hause!«

Circa zwei Stunden später saß ich als der glücklichste Mensch auf der ganzen Welt auf einem riesigen Schaukelpferd, meinem Willkommensgeschenk, im Schlafzimmer meiner Eltern in Landau. Als Mama und Papa mich an diesem Tag zum zweiten Mal nach meiner Geburt aus einer Klinik nach Hause brachten, war ich für niemanden mehr ein Schock, ganz im Gegenteil! Alle freuten sich, mich wiederzusehen.

Dass es mein Vater rein aus väterlichem Liebesinstinkt geschafft hat, sich der ärztlichen Autorität zu widersetzen und mich einfach mit nach Hause zu nehmen, kann ich ihm gar nicht hoch genug anrechnen. Seine innere Stärke hat meine Psyche damals vor schwerem Schaden bewahrt. Er hat sich später noch mehrfach erfolgreich für mich eingesetzt und mir dieses Durchsetzungsvermögen vererbt.

Als ich meine Eltern damals fragte, ob ich wieder einmal von ihnen getrennt in so ein Krankenhaus müsse, versicherten sie mir:»Nein! Jetzt bleibst du immer bei uns!«

Was soll ich sagen?! Mama und Papa haben Wort gehalten! Danke!

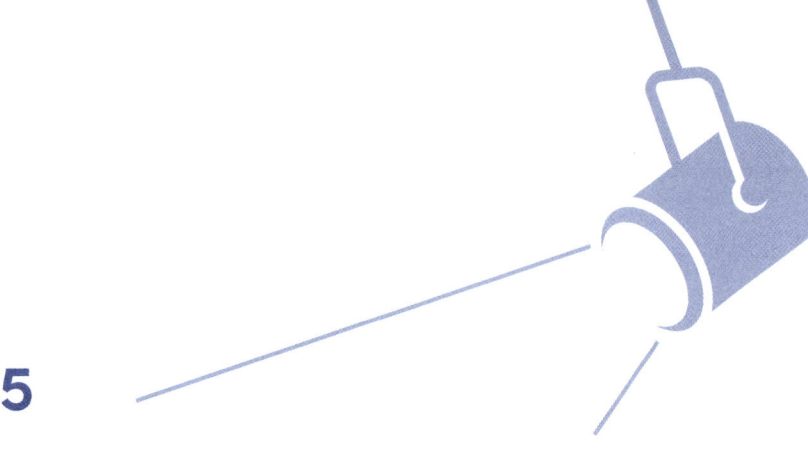

5

ARMER KERL – ICH?

Ich mag diese überdimensionalen Fahrstühle in Krankenhäusern, in die sogar ein ganzes Bett geschoben werden kann. Auf Knopfdruck setzen sie sich in Bewegung und bringen einen nach oben oder unten. Als Kind war ich unheimlich fasziniert davon, dass diese riesige Maschine sich genau dann in Bewegung setzte, wenn ich mit meinem kleinen Finger den entsprechenden Knopf drückte – eine schöne Metapher für mein Leben. Am liebsten habe ich es, wenn ich nur einen Knopf drücken muss und damit viel in Bewegung setze, mit wenig Aufwand hoch hinaus.

Einmal standen meine Mutter und ich in einem solchen Fahrstuhl. Ich war sechs, hatte gerade eine Blinddarmoperation überstanden und es ging mir gut, aber ich musste noch im Krankenhaus bleiben. Diesmal war ich nicht allein, meine Mutter schlief bei mir im Zimmer. Plötzlich öffnete sich die Fahrstuhltür und eine sympathisch wirkende Frau im weißen Kittel trat ein. Sie trug die gleiche Hornbrille wie vor Jahren die Pflegerin mit der Schlüsselgewalt über die Besuchertür in der Klinik.

Die Frau freute sich sichtlich, meine Mutter und mich zu treffen, und brachte dies lebhaft zum Ausdruck: »Ach Gott, Fra Hock, wie schä, dass ich Sie treff. Isch des de Biewel?! Ach Gott, bischt du en sauwrer Bu.« (»Ach Gott, Frau Hock, wie schön, dass ich Sie treffe. Ist das Ihr Sohn?! Was für ein hübscher Junge.«)

Es war die Hebamme, die mich »geholt« hatte. Ihre Freude war echt und sie griff auch nicht in irgendeine Tasche, um eine Schokoladentafel hervorzuzaubern. So wie die Hebamme aussah, aß sie die lieber selbst.

Wie schön, dass Gott mir in meinem Leben immer wieder Begegnungen geschenkt hat, die vorangegangene unangenehme Zusammentreffen ein wenig ausglichen. Frauen mit Hornbrillen in weißen Kitteln blieben in meinem Herzen nicht ausschließlich negativ besetzt.

Vom Tag meiner Geburt an hatte ich Menschen an meiner Seite, die mich liebten, die sich ein ganzes Stück für mich aufopferten und mir Mut machten. Bis heute war und bin ich durch solch wunderbare Menschen beschenkt. Es sind meine ganz persönlichen Helden! An erster Stelle stehen hier natürlich meine Eltern!

Nicht nur mein Vater, sondern auch meine Mutter hatte sich einem Facharzt widersetzt und damit eine Heldentat für mich vollbracht. Ungefähr sechs Monate war ich alt, als der Mediziner meinte, dass es fraglich sei, ob ich richtig laufen lernen könne. Daher riet er meinen Eltern dringend an, mich nachts in ein sogenanntes Gipsbett zu legen, um meine Wirbelsäule zu stabilisieren. Dieses Gipsbett war eine Schale, die exakt an meinen Körper und meine Gliedmaßen angepasst war. Dort wurde ich rücklings hineingezwängt und mit kleinen Lederriemchen an den Ärmchen und den Beinen festgeschnallt. Es gab keinen Bewegungsspielraum.

Nicht mal eine ganze Nacht habe ich in diesem Konstrukt verbracht. Ich habe so geschrien und geweint, dass es meine Mutter nicht übers Herz brachte, mich weiter dieser Fixierung auszusetzen. Sie entschied ganz eigenmächtig, einfach ihrem liebenden Mutterherz folgend, das Gipsbett in die hinterste Ecke zu stellen und mich ab sofort wieder in meinem ganz normalen Kinderbettchen schlafen zu lassen. Nach vier Wochen wurde mein Knochenbau erneut begutachtet. Meine Mutter traute sich nicht, dem Mediziner zu erzählen, dass sie sich seinen Anordnungen komplett widersetzt und das Gipsbett den Hausstaubmilben zum Fraß vorgeworfen hatte. Vermutlich war ihr ein wenig bang zumute.

Der Arzt betrachtete nachdenklich die Röntgenbilder und stellte schließlich stolz fest:»Sehen Sie, Frau Hock, wie gut, dass ich Ihnen das Gipsbett für Ihren Sohn verordnet habe. Seine Wirbelsäule hat sich vollkommen normalisiert!« Meine Mutter bedankte sich und wir drei verließen die Sprechstunde: Mama, ich und unser Geheimnis!

Dies ist kein Plädoyer dafür, sich medizinischen Ratschlägen zu widersetzen. Vielmehr will ich Eltern dazu ermutigen, bei allen Ratschlägen immer auch das eigene Mutter- oder Vaterherz zu befragen und Entscheidungen stets auf der Grundlage der tiefen inneren Überzeugung zu treffen, was jetzt gut ist und was nicht.

Ich wünsche jedem Kind auf dieser Welt Eltern, die aus einem solchen Holze sind! Eltern und auch Großeltern, wie ich sie hatte!

Besonders von Omi muss ich berichten. Omi war die Allerbeste! Sie war Gottes Ausgleich für die zahlreichen Halloween-Damen, die mir begegneten. Sie machte die schönsten Ausflüge mit mir und ich war sehr gerne mit ihr zusammen. Sie hat alles mitgemacht. In ihrer Wohnung durfte ich die Fransen ihres Teppichs kämmen, ich spielte an ihrer Tretnähmaschine Straßenbahn und als Zahnarzt durfte ich sogar mit ihrer Häkelnadel an ihrem Backenzahn rumfummeln, Behandlungsstuhl war der Fernsehsessel.

In Landau gibt es einen Tiergarten, den meine Mutter mit uns Kindern viele Jahre mehrmals die Woche besuchte. Seither gibt es kaum einen Ort, an dem ich mich besser entspannen kann als in einem Zoo. Betrete ich einen solchen, rieche den Mist und höre das

Trompeten von Elefanten und das Schreien von Pfauen, dann geht es mir sofort richtig gut. Der Zoo ist eine Bühne, auf der ich mich gerne und sicher bewege. Eine echte Heimspielstätte. Die Tiere und ich, wir sind ein Ensemble. Angestarrt werden gehört im Zoo zur Normalität, und Kamele, Löwen und Affen machen mir noch heute vor, wie man sich in einer solchen Situation entspannen kann.

Ein ganz besonderes Erlebnis war es für mich jedoch immer, wenn ich mit meiner Omi mit dem Zug nach Karlsruhe fahren konnte, um dort in den Zoologischen Garten zu gehen.

Im Vergleich zu Landau war Karlsruhe die große, weite Welt. Karlsruhe hatte Kaufhäuser, Karlsruhe hatte eine Straßenbahn, Karlsruhe hatte in der Vorweihnachtszeit viel mehr bunte Lichter und der Karlsruher Zoo hatte richtig große Tiere: Nilpferde, Elefanten und Giraffen.

An Omis Seite war ich mutig, manchmal sogar ein wenig übermütig. Als wir einmal etwas länger die Giraffen betrachteten, ich muss so um die fünf Jahre alt gewesen sein, blieb eine alte Frau – wie könnte es anders sein – neben uns stehen, betrachtete mich ganz genau und bedauerte mich: »Ach Goood, isch sella do jezed en armer Bu!« (Badisch für: »Ach Gott, ist das da jetzt ein armes Büblein.«)

Dieses Mal ließ ich mich nicht verunsichern. Ich war gerade überglücklich, war mit meiner allerliebsten Omi im Zoo und wir schauten uns Giraffen an. Arm? Ich? Nein! Noch bevor die alte Dame ihre Handtasche nach Süßigkeiten absuchen konnte, stellte ich mich ganz nah vor sie, versuchte, ihr in die Augen zu sehen, und entgegnete ziemlich laut und selbstbewusst:»Ich bin doch kä arm Biewel, Sie bleedi Kuh!«

Der Satz hallte durchs Giraffenhaus, die Frau schaute uns total perplex an, doch die beste Omi von allen sah keinen Grund zur Korrektur ihres Enkels und meinte nur: »Kumm, Berndl, ma gehn jetzt weiter zu de Affe!«

Aus dem Berndl, wie meine Familie mich stets liebevoll nannte, wurde der Bernd. Meine enorme Schlagfertigkeit ist jedoch bis heute geblieben und ich bin dankbar dafür. Ich kann wirklich sagen, dass mir nahezu in jeder Situation etwas Passendes und Originelles einfällt. Mal sorge ich mit dieser verbalen Schlagkraft für allgemeine Erheiterung und Fröhlichkeit, mal trägt sie zur Problemlösung bei, doch manchmal verschärft sie das Problem und verursacht Verletzungen bei meinem Gegenüber. Letzteres bedaure ich sehr. Zum Glück habe ich gelernt, mich zu entschuldigen. Meist bewirkt meine Schlagfertigkeit einen Befreiungsschlag. So wie in einem Linienbus in Mainz, Ende der Achtzigerjahre, Haltestelle Stadttheater.

Vorweihnachtszeit. Ein ungemütlicher, nasskalter Tag. Der Schnee, der morgens gefallen war, war zu Matsch geworden. Gefühlt zweihundert Menschen stiegen aus dem ankommenden Bus aus und mindestens achthundert Menschen stiegen ein. Darunter auch ich. Dennoch ergatterte ich einen Sitzplatz am Fenster. Eine junge Frau setzte sich neben mich, stand aber gleich wieder auf, um einer kleinen, alten Dame Platz zu machen.

Die Stimmung war angespannt, nahezu explosiv. Für jeden war dieses öffentliche Verkehrsmittel in diesem Moment ein unausweichliches Übel. Keiner wollte hier sein, jeder musste. Die Menschen standen und saßen dicht gedrängt, eingewickelt in Jacken, Schals und Mützen und beladen mit prall gefüllten Einkaufstüten. Fenster und Brillen beschlugen und keiner wusste, wo er hingucken sollte. Mobiltelefone zur Ablenkung gab es noch nicht. War es draußen viel zu kalt gewesen, war es im Bus viel zu warm. Es roch nach Schweiß, Parfum und nassem Hund. Mit einem Ruck fuhr der Bus an und jeder versuchte, Berührungen mit dem Nachbarn oder der Nachbarin zu vermeiden. Unmöglich.

Meine Sitznachbarin drehte sich mehr oder weniger zufällig zu mir, entdeckte meine kurzen Arme, erschrak und tat ihren Schrecken laut kund: »Oh Gott, wie furchtbar!« Ich starrte aus dem Fenster, um jeglichen Blickkontakt zu vermeiden.

Nun geschah etwas Unglaubliches. Die Frau begann zu weinen. Nicht zu schluchzen oder leise zu wimmern, nein, sie heulte unfassbar laut, so wie man sich ein Klageweib vorstellt. Ich mochte mich irren, aber das Heulen wirkte nicht echt. Nahezu alle Augenpaare im Linienbus waren auf uns, besonders auf mich, gerichtet. Auch die Augen des Busfahrers, wie ich in dessen Rückspiegel erkennen konnte. Die alte Dame wandte sich in einer Lautstärke an mich, als wäre sie auf der Bühne und nicht ich. »Können Sie denn überhaupt irgendetwas machen mit diesen kaputten Händen?«, fragte sie und erzeugte damit eine noch unangenehmere Atmosphäre.

Ich blieb konsequent von der Frau abgewandt und schaute nach links oben zu dem kleinen roten Hämmerchen, mit dem man im Notfall die Scheibe einschlagen soll. Dies hier war ein Notfall! Da gab es keine zwei Meinungen! Eindeutig! Ich war in Not und die anderen Passagiere auch, so unangenehm war die Situation.

In Gedanken spielte ich durch, ob es mir gelingen könnte, aufzuspringen und mit meinen drei Fingern das Hämmerchen aus der Halterung zu lösen. Würde meine Kraft ausreichen, um die Fensterscheibe zu zerschlagen? Wäre ich gelenkig genug, um zügig aus dem Bus zu klettern und zu fliehen? Spätestens beim letzten Punkt war der Plan zum Scheitern verurteilt und ich verwarf ihn wieder.

»Ich weiß ganz genau, wie Sie sich fühlen. Ich war im Krieg Rote-Kreuz-Schwester und habe ständig mit solchen Opfern, wie Sie eines sind, zu tun gehabt! Das ist so fürchterlich! Sie sind so ein jämmerlicher Mensch!«, schrie mich die Rentnerin weiter an. Der Linienbus steckte im Verkehrschaos fest. Normalerweise hätten wir schon längst an der nächsten Haltestelle sein müssen, die sich viele bestimmt herbeisehnten.

Jetzt wurde die angespannte Stimmung noch weiter angeheizt, indem die Krankenschwester außer Dienst ihre Frage noch einmal sehr laut wiederholte. Dabei schaute sie mich diesmal nicht direkt an, sondern wanderte mit ihrem Blick durch den ganzen Bus: »Können Sie mit diesen kleinen, komischen Händen auch irgendetwas machen?«

Jetzt konnte ich nicht weiter versuchen, die Eskalation um jeden Preis zu vermeiden. Nun musste ich meine verunsicherten Mitmenschen hier im Bus retten, und zwar sofort. Der Bühnenvorhang war bereits weit aufgerissen und ich trat an die Rampe. Sinnbildlich löste ich mein ganz persönliches Notfall-Hämmerchen aus der Halterung: meine unverwechselbare, wuchtige Schlagfertigkeit! Ruckartig drehte ich mich zu der Frau, schaute ihr direkt in die Augen und näherte mich mit meinem Gesicht dem ihren so sehr, dass sich unsere Nasenspitzen fast berührten. Die kurze Schrecksekunde hielt meine Sitznachbarin nicht davon ab, mir ihre rhetorische Frage ein drittes Mal ins Gesicht zu brüllen: »Können Sie mit diesen kleinen, verkrüppelten Händen auch irgendetwas machen?«

»Ja!«, skandierte ich messerscharf und für alle hörbar. »Alte Frauen würgen!«

Wie bei einem Menschen mit einem Asthmaanfall, bei dem sich die Atemwege wieder weiten, nachdem ihm ein Notfallmedikament verabreicht wurde, entspannte sich die Atmosphäre im Linienbus. Manch einer kicherte, andere kamen miteinander ins Gespräch und selbst der Busfahrer lächelte. Die Rot-Kreuz-Schwester war sichtlich beleidigt. Nicht traurig, eher in ihrem Stolz gekränkt. Sofort hörte sie auf zu weinen und murmelte »Unverschämtheit«.

Schillerplatz! Die Türen öffneten sich. Ich zwängte mich an der alten Frau vorbei, verbeugte mich innerlich vor meinem Publikum, verließ das »Linienbus-Theater« und beschloss, den Rest zu Fuß zu gehen.

6

ZÖGERN
ODER WEITERGEHEN?

Stufe für Stufe steige ich innerlich in meinen seelischen Keller hinab, bis ich vor der Tür stehe, durch die der Lichtschein strahlt. Auch wenn ich nur in meiner Vorstellung hier bin, frage ich mich, ob ich wirklich hindurchgehen soll. Wenn ich dies tue und mich meinen unbewussten Mechanismen stelle, wird das einiges verändern. Manche Tür, vor der ich im Laufe meines Lebens gestanden habe, hätte ich besser verschlossen lassen sollen, während ich mich bei manch anderer durchaus schneller hätte entschließen sollen, sie zu öffnen und durchzugehen.

Gern hätte ich auf dieser inneren Reise einen Begleiter. Conny wäre toll! Sie hätte ich jetzt gerne an meiner Seite.

Und während ich an Conny denke, höre ich sie förmlich schnaufen. Schnaufen und schmatzen.

Conny hatte in meiner Kindheit meiner Tante gehört und ich hatte diese Boxerhündin sehr gemocht. Ich bin generell ein großer Hundefreund, und wenn ich mir jemals einen anschaffen sollte, dann wird es tausendprozentig ein Boxer sein. Da ist sie wieder:

die Prägung. Das asthmatische Schnaufen, das ständige Schmatzen und auch das Sabbern dieser Hunderasse sind in meinem Inneren absolut positiv besetzt.

So wie Conny sich freute, wenn mein Vater und ich sie besuchten, um mit ihr spazieren zu gehen, konnte sich kein weiteres Lebewesen auf diesem Planeten freuen. Hunde wedeln ja bekanntlich mit dem Schwanz, wenn sie sich freuen. Doch früher wurden bei Boxern und anderen Hunden Ohren und Schwänze kupiert. Gott sei Dank ist dies heute nicht mehr so! Weil also Conny keinen Schwanz zum Wedeln hatte, wedelte ihr ganzer Körper! Trotz ihres Übergewichts bewegte sie sich wild, drehte sich um ihre eigene Achse, hüpfte auf und ab und schnaufte, schmatzte und sabberte dabei, dass es eine wahre Pracht war.

Als Kind musste ich immer lachen, wenn ich mir vorstellte, dass Menschen sich wie Hunde begrüßen und sich gegenseitig am Po beschnuppern würden. Wie unangenehm! Eine solche Begrüßungs-form wollte ich um keinen Preis aus dem Tierreich ins menschliche Leben übernehmen. Absolut keine Alternative zum Handgeben oder Sichanlächeln!

In puncto Freudezeigen-Können allerdings wäre Conny heute noch als Vorbild für uns Deutsche geeignet! Es täte unserer gesamten Nation unheimlich gut, wenn wir regelmäßig unsere Freude so zum Ausdruck bringen würden wie eine übergewichtige Boxerhündin.

Meine Gedanken wandern zu anderen Hunden, die in meinem Leben wichtig waren. Mein Umgang mit Hunden war generell immer sehr unerschrocken und ich hatte stets einen guten Draht zu den Vierbeinern. Sie waren meine guten Freunde.

Der erste Hund in meinem Leben war Buzzo, eine tiefschwarze Schnauzermischung aus dem Tierheim, ein Hund von großartigem Charakter. Er gehörte unseren Nachbarn, einem kinderlosen Künstler-Ehepaar, bei dem ich mich sehr gerne aufhielt. Sie war Malerin und er Schriftsteller und ich erhielt von den beiden Inspirationen für mein Leben, von denen ich später noch etwas mehr berichten werde. Haus und Garten waren voller Tiere, ein Paradies für mich. Enten, Schildkröten und eben immer ein schwarzer Hund aus dem Tierheim. Buzzo durfte ich sogar alleine ausführen. Wenn ich ihn abholte und die Leine in die Hand nahm, sprang er mir vor Freude bis zum Kinn. Dann ging er mit mir spazieren und büxte regelmäßig aus. Buzzo war ein echter Casanova, der in zahlreichen Stadtteilen Landaus Welpen zeugte. Sein Herumstreunen brachte ihm leider irgendwann den Tod. Frühmorgens kam er einmal schwer verletzt nach Hause und von diesen Verletzungen erholte er sich nicht mehr.

Auf Buzzo folgte Tazzo, ein schwarzer Irish-Setter-Mix, der ebenfalls aus dem Tierheim kam. Mit ihm drängte es mich auf die Bühne. Tazzo war absolut zirkusreif. Er war äußerst gelehrig und ich studierte Kunststücke mit ihm ein, an denen er sichtlich Freude hatte. Ich veranstaltete mit Tazzo kleine Zirkusvorstellungen mit spektakulärer Akrobatik. Unsere Bühne war die Terrasse und unser Publikum waren Frauchen und Herrchen und deren Freundinnen und Freunde. Einmal stapelte ich drei Küchenstühle aufeinander und der schwarze Mischling sprang tatsächlich erfolgreich auf den obersten! Gott sei Dank ist nie was schiefgegangen! Für mich gab es Applaus und für Tazzo »Frolic«, das berühmte »Hunde-Leckerli«.

Dann schafften wir uns als Familie selbst eine Hündin an: Anka. Leider bekam ich zu der kleinen Münsterländerin keinen guten Draht, denn Anka war absolut auf meine Mutter fixiert und ließ niemand anderen richtig gelten.

Während meines Studiums lernte ich Axel kennen, einen Schäferhund-Collie-Mischling, der für mich aussah wie ein richtiger Wolf. Er war so groß, dass er aus dem ganz normalen Stand heraus seine Schnauze auf den Tisch legen konnte, ohne sich zu strecken.

Er gehörte dem Besitzer der Tankstelle, bei der ich einen Nebenjob hatte.

Ich liebte Axel! Und Axel liebte mich! In meiner Freizeit zeigte ich ihm die große, weite Welt. Ich holte ihn ab und fuhr mit ihm in die Natur. Erst durch mich lernte er Wald und Wiesen kennen. Der Geruch nach Tannengrün, Hasen und anderem Getier machte ihn sichtbar glücklich, kannte er doch sonst nur den Gestank von Benzin, Gummi und Frostschutzmittel.

Axel machte aber auch mich glücklich. Machte meine Arme in Situationen, in denen ich sonst viel unsicherer war, ein Stückchen länger. Gaffte jemand gar zu lange oder sprach mich komisch von der Seite an, dann knurrte Axel auch mal. Das half immer! Außerdem hatte der Mischling eine solch eindrucksvolle Figur, dass mich die Passanten nicht wie gewohnt wegen meiner Arme, sondern wegen des schönen Hundes ansprachen.

Mit einem Hund an meiner Seite war ich immer ein wenig mutiger als sonst, vielleicht habe ich mich deshalb gerade jetzt an diese beiden Vierbeiner erinnert. Doch so richtig feige war ich eigentlich nie. Kneifen gehört nicht zu meinem Verhaltensrepertoire und so gehe ich nun innerlich weiter auf die Tür im Keller meines Unterbewusstseins zu. Schritt für Schritt werde ich ein Stück entschlossener, ähnlich wie in Koblenz, in der Rhein-Mosel-Halle, als ich mich entschlossenen Schrittes aus der Deckung des Seitenvorhanges heraus auf die Bühne, mitten ins Rampenlicht, gewagt habe. Nur mit dem Unterschied, dass ich jetzt auf dem Weg hinter die Kulissen bin. Ich will einen Bereich betreten, von dem ich nicht genau weiß, ob es mir wirklich guttun wird, wenn ich mich dort genauer umsehe. Dieses unbekannte Terrain ist mir nicht geheuer, auch wenn ich sonst gerne immer wieder Neues erkunde und schon so viele Schritte in die Freiheit gewagt habe.

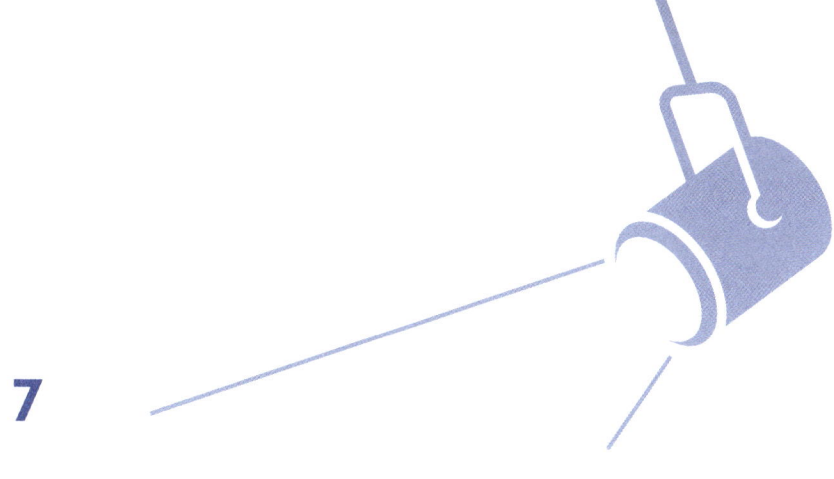

7

DER WEG
IN DIE FREIHEIT

Ich fühlte mich richtig gut, während ich den riesigen Opel Rekord
über die deutschen Autobahnen steuerte. Automatikgetriebe, elekt-
rische Fensterheber und eine flexible Lenkhilfe am Lenkrad – so war
es mir von Amts wegen her erlaubt, den Führerschein zu machen und
Auto zu fahren. Jetzt lenkte ich die goldbraune gebrauchte Limou-
sine, die schon 130 000 Kilometer auf dem Tacho hatte, gerade an
Alzey vorbei auf der A61 Richtung Landau. Hinten saß Martin, rechts
neben mir auf dem Beifahrersitz Martina. Wir drei Oberschüler vom
Landauer Max-Slevogt-Gymnasium fuhren von einem Informations-
tag der Mainzer Johannes Gutenberg-Universität zurück in die Heimat.

Ich war äußerst beschwingt, hatte ich doch die ganz große Freiheit in den letzten Stunden verbindlich für mich eingetütet und sogar
vertraglich vereinbart. Einen Studienplatz der Diplom-Pädagogik
hatte ich mir für das kommende Wintersemester gesichert und meine
Begegnung mit dem Leiter des Studentenwerks Mainz war so positiv
gewesen, dass dieser mir am Ende des Gesprächs sogar ein Einzel-

apartment im Studentenwohnheim »Inter II« auf dem Campusgelände zugesichert hatte. Behinderte wurden hier bei der Vergabe bevorzugt. Warum nicht auch mal einen Vorteil abgreifen?

»Behinderte«, jawohl, so wurden Menschen wie ich damals noch genannt, und dies war überhaupt kein Problem für mich. Mein erster amtlicher Ausweis war ein »Schwerbeschädigtenausweis« und so wurde unsereins auch genannt: »schwerbeschädigt«. Nicht schön! Eine solche Beschreibung provozierte mich. Ich erinnere noch genau eine Situation, als ich an der Kasse eines Museums stand, die etwas ältere Kassiererin mich ansah und meinte: »Aha! Einmal schwerbeschädigt!« Darauf entgegnete ich wie aus der Pistole geschossen: »Nein, nur ein Materialfehler, aber machen Sie sich keine Sorgen, alles voll funktionstüchtig.«

Mit der Bezeichnung »Behinderter« kann ich dagegen gut umgehen. Es muss nicht der »Mensch mit Behinderung« oder »Inklusions-Hintergrund« sein.

Doch zurück auf die A61. Ich freute mich also unheimlich darüber, bald im Studentenwohnheim zu leben. Achtzehn Quadratmeter, eine eigene Toilette, eine eigene Dusche und eine Kochnische mit zwei Herdplatten, einer Spüle und einem Kühlschrank würde ich mein Eigen nennen!

Mit circa einhundert Stundenkilometern fuhr mein Schlachtschiff bei leichtem Nieselregen dahin und in Gedanken richtete ich mir nicht nur mein neues Apartment, sondern meine ganze neue Welt, meine neue Freiheit ein, die ab Herbst beginnen würde.

Ein paar hundert Meter vor uns Warnblinker. Ich nahm meinen Fuß vom Gas und ließ den Opel rollen. Die orangenen Lichter kamen näher. Martin, der eingenickt war, wurde wach, sah die Blinklichter vor uns, erschrak und schrie: »Pass auf, Bernd, das ist ein Stau!«

Nun erschrak auch ich. Unüberlegt und hastig stieg ich in die Eisen und trat das Bremspedal voll durch. Draußen war es deutlich kälter geworden und der feine Nieselregen auf dem Asphalt war zu einer gefährlichen Eisfläche gefroren. Mein Opel war nicht mehr zu halten und rutschte sofort quer über die Fahrbahn in Richtung Mittelleitplanke. Martina schlug sich die Hände vors Gesicht und Martin auf der Rückbank verstummte. Ich würde jetzt gerne davon berichten, wie ich sicher und souverän mein Fahrzeug bändigte, zurück in die Spur lenkte und langsam zum Stehen brachte. Das Gegenteil war der Fall. Ich hatte viel zu wenig Fahrpraxis für eine solche Situation. Ich fühlte mich komplett überfordert und sah uns schon alle gegen die Mittelleitplanke knallen.

Planlos riss ich das Lenkrad herum und mit ihm den ganzen Wagen, jetzt wieder über die Fahrbahn nach rechts. Ein Aufprall wurde somit zwar verhindert, doch nun drehten wir uns um die eigene Achse. Eine Bilderfolge aus Büschen, Katzenaugen, Regentropfen und Lichtfetzen zog rasend schnell an mir vorbei, und als sich der Wagen zum zweiten Mal um sich selbst drehte, sah ich einen großen LKW quer auf uns zurutschen. Mein Auto drehte sich weiter und jetzt gab es in beide Richtungen nur noch einen sehr begrenzten Zwischenraum. Nach vorne die stehenden Fahrzeuge und hinter uns der außer Kontrolle geratene LKW. Ich drehte weiterhin am Rad. Nervlich sowieso und eben auch buchstäblich am Lenkrad. Plötzlich schepperte, knallte und kratzte es. Rauch stieg aus der Motorhaube auf. Zum Orientieren blieb keine Zeit, schon gab es den nächsten heftigen Knall, lauter als das ganze Rumsen vorher. Der Lastwagen war krachend auf die stehenden Fahrzeuge aufgeprallt.»Moment mal, und wir?!« Nun erst realisierte ich, dass wir mit meinem Auto rechts neben der Fahrbahn in den Seitengraben gerollt und zum Stehen gekommen waren. Wir drei konnten ohne Mühe und unverletzt aus dem Fahrzeug aussteigen und mussten nur auf Hilfe warten.

Immer wieder krachte es. In diesem Stau knallten sehr viele Autos ineinander. Irgendwann kam die Polizei, nahm unsere Personalien auf und viel, viel später kam der Abschleppdienst. Vollkommen durchgefroren stiegen wir zu dem Fahrer ins Führerhaus, hinter uns auf der Ladefläche mein Opel Rekord und ein grüner, zusammengedrückter Blechhaufen. »Des war vor drei Stunde noch en VW Golf gewese!«, klärte uns der Mann vom Abschleppdienst auf und fügte hinzu: »Die Fahrerin hot net so viel Glick gehat wie ihr. Die is tot.« Wir waren entsetzt und dankbar zugleich. Dankbar dafür, dass wir lebten.

Ich wusste damals immer noch nicht viel von Gott, von seinem Schutz, von Bewahrung. Sonst hätte ich die Schutzengel um uns und das Auto herum vielleicht wahrgenommen. Die Situation war äußerst gefährlich gewesen, aber wir waren sanft in den Straßengraben gerollt. Wieder wollte Gott, dass ich lebe.

Der Schaden an meinem Opel belief sich auf 180 Deutsche Mark, das sogenannte Luftleitblech musste erneuert werden. Sonst nichts. Martina, Martin und ich, wir waren alle drei vollkommen unverletzt. Also, ich war immer noch behindert, aber keiner von uns war schwerbeschädigt.

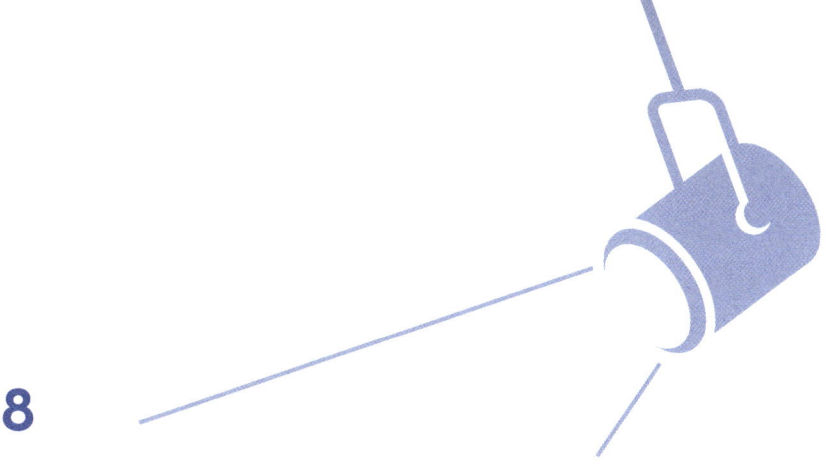

8

»DER BU MACHT
SEIN WECH«

Bevor ich den riesigen Opel durch die Lande steuerte, lenkte ich so
manch anderes Gefährt. Meine allererste eigenständige Fahrt auf
vier Rädern fand, wie könnte es anders sein, im Landauer Zoo entlang der heutigen Afrika-Anlage statt. Ich war überglücklich und trat
in die Pedale eines Kettcars. Ich durfte dieses Gefährt ausprobieren,
eroberte es im Sturm und war überglücklich, weil ich es ganz ohne
fremde Hilfe fahren konnte. Großartig! Der eigentliche Fahrzeug-
halter, Oliver, beobachtete mich geduldig. Ich wollte gar nicht mehr
absteigen und hätte am liebsten noch vor Ort meine Mutter mit der
Enteignung des Besitzers beauftragt. Oli und ich waren beide um
die dreieinhalb Jahre alt und wir begegneten uns an diesem Tag
zum ersten Mal.

Doch ich gab Oli sein Kettcar zurück und bekam später ein eigenes. Unsere Kettcars sind längst verschrottet, die Herstellerfirma
Kettler ist seit 2019 insolvent, aber meine Freundschaft zu Oli lebt
und besteht nunmehr seit fast 50 Jahren.

Für meine Eltern war es gar kein Thema, dass auch ich in den Kindergarten gehen würde. Ich ging zuerst in die Langstraße zu Tante Liesel und später in den Kindergarten am Schützenhof zu Tante Dagmar. Die Berufsbezeichnung »Kita-Fachwirt/-in« war noch lange nicht geboren, nicht einmal gezeugt und auch von Erzieherinnen und Erziehern wurde nicht gesprochen. Sogar die Bezeichnung Kindergärtnerin wurde selten gebraucht. Es waren schlicht die Kindergartentanten. Auch wenn allzu oft in den Rückspiegel geguckt und glorifizierend von den »guten, alten Zeiten« geschwärmt wird, wie gut, dass die Zeit nicht stehen geblieben ist. Wie wertvoll, dass aus den »Tante Liesels« und »Tante Dagmars« heute »pädagogische Fachkräfte« geworden sind. Sie waren das damals schon, aber heute werden sie auch so genannt.

Die gesellschaftliche Anerkennung gegenüber diesem Berufsstand hat sich, wenn auch viel zu wenig, durchaus positiv verändert. Dennoch fehlt mir der Glaube, dass ich eine wirklich angemessene Wertschätzung von Erzieherinnen und Erziehern, Kinderpflegerinnen und Kinderpflegern oder Krankenschwestern und Krankenpflegern in unserer Gesellschaft noch erleben werde. Es will mir einfach nicht in den Kopf, warum ein Mensch, der den ganzen Tag alte Menschen füttert, mit ihnen singt, sie wäscht und kämmt, oder ein anderer, der in seinem Arbeitsalltag kleine Kinder wickelt, mit ihnen die Welt erkundet, ihnen Toleranz und Nächstenliebe beibringt, am Ende des Monats so viel weniger verdient, als er wirklich verdient.

Dies gilt auch für die Erzieherinnen in meinen beiden Kindergärten. Besonders an meine Zeit im Schützenhof-Kindergarten habe ich gute Erinnerungen. Die zeitweise Trennung von meinen Eltern machte mir nichts aus. Oli war dort und viele andere Freundinnen und Freunde auch. Ich bespielte in dieser Zeit nicht allzu viele Bühnen, war einfach ein Kindergartenkind. Schön!

Nicht schön war die Begegnung mit Christoph, der eines Tages während des Freispiels zu mir auf einen Hügel im Außengelände des Kindergartens stieg und fragte: »Horch! Willscht e Ringkämpfel?« Christoph war berüchtigt und so sagte ich schnell »Nein!« zu seinem Ringkampf-Angebot. Ich habe dabei aber wohl nicht sehr selbstsicher gewirkt, denn ehe ich mich versah, hatte ich seine Faust im Gesicht, fiel zu Boden und kugelte wie ein Mitglied der Blechbüchsenarmee aus der Augsburger Puppenkiste den gesamten Hügel hinunter. Leider bemerkte keiner der Erwachsenen diesen Vorfall und man hörte mir auch nicht richtig zu, als ich unter Tränen schilderte, was passiert war. Dementsprechend war ich mit der fehlenden Sanktionierung von Christoph höchst unzufrieden.

Etwas später packte ich unbemerkt meine Sachen und es gelang mir, mich aus dem Kindergarten zu schleichen. Geduckt lief ich am Jägerzaun entlang, bis ich außer Sichtweite war. Ich richtete mich auf und ging schimpfend nach Hause. Obgleich ich eine sehr befahrene Straße überqueren musste, kam ich heil an. Ja, viele Engel waren und sind mit meinem Leben beschäftigt!

Ich möchte noch einmal daran erinnern, dass zur damaligen Zeit wirklich niemand an Integration oder Inklusion gedacht hat. Ich war einfach mit dabei. »De Bernd isch de Bernd!«, hieß es. (»Der Bernd ist halt so, wie er ist.«) Und dieses Konzept funktionierte, weil ich die Unterstützung erhielt, die ich brauchte.

So einfach war es allerdings bei der Einschulung nicht. Vertreter der frisch gegründeten Landauer Sonderschule besuchten meine Eltern und warben intensiv darum, mich in ihrer Einrichtung einzuschulen. Besonders meinem Vater behagte dies irgendwie nicht. Er wollte es gern erst einmal auf einer Regelschule versuchen. Dieses Unterfangen erschien nahezu aussichtslos, doch auch hier zahlten sich seine Stärke, sein Einfühlungsvermögen und seine Überzeugungskraft aus. Seine Idee traf tatsächlich auf offene Ohren und Herzen, besonders beim damaligen Schulrat von Landau. Und so wurde ich 1974 in der heutigen Thomas-Nast-Grundschule, die damals noch Horst-Schule hieß, eingeschult.

Soweit ich mich erinnern kann, war ich dort gut integriert, und hier begann auch meine Karriere als Entertainer. Ich punktete mit meiner Ausstrahlung, meinen Witzen und meiner starken Bühnenpräsenz, die so manches Mal das Klassenzimmer ausfüllte. Einmal musizierten wir als Klasse auf einem Sommerfest. Jedes Kind spielte irgendein kleines Instrument und wir probten regelmäßig. Ich war zunächst ziemlich traurig, dass ich kein Instrument bedienen konnte, deshalb bot mir die Lehrerin an, die Triangel zu spielen. Die Triangel? Ich? Alle paar Minuten nur ein einfaches »Bing«? Von dieser Idee war ich zunächst wenig begeistert. Der Triangel-Spieler erschien mir zu weit im Hintergrund.

Am Ende spielte ich dieses Instrument aber doch, allerdings ganz und gar nicht im Hintergrund. Schon rein äußerlich war ich mit der Triangel und wie ich sie hielt und bediente, ein Hingucker. Außerdem schlug ich das Metall sehr akzentuiert und das ein oder andere Mal auch durchaus ungeplant, stets aber mit einer solch sichtbaren Freude, dass mir die Herzen des Publikums zuflogen, als hätte ich ein Violinen-Solo von Schostakowitsch dargeboten.

Trotzdem brauchte ich natürlich im Schulalltag für vieles länger als die anderen und tat mich in vielen Bereichen deutlich schwerer. Heute gibt es sogenannte Integrationshelferinnen und -helfer (oder kurz: Schulbegleitungen), um behinderte Kinder in der Schule zu unterstützen. Damals kannte man das nicht und so kam meine Mutter beispielsweise unermüdlich regelmäßig zum Sportunterricht, um mich vorher und hinterher umzuziehen. Ohne diesen Einsatz wäre mein Besuch einer normalen Grundschule nicht möglich gewesen.

Deshalb machten meine Eltern sich immer wieder Sorgen, wie ich wohl meinen schulischen Weg weiter bewerkstelligen würde. Meine

Mutter äußerte diese Bedenken mehr als einmal an Elternsprechtagen gegenüber dem damaligen Rektor, der auch mein Klassenlehrer war. Voller Inbrunst und Überzeugung beruhigte er meine Mutter regelmäßig mit dem Satz: »Jo Fra Hock, machen Se sich doch kä Sorche. Der Bu macht sein Wech.« (»Ach Frau Hock, machen Sie sich doch keine Sorgen. Der Junge wird seinen Weg machen.«)

Geholfen hat diese pauschale Aussage meiner Mutter nur mäßig, recht hat er aber gehabt, der Herr Rektor, und gemocht habe ich ihn sehr.

Er war ein leidenschaftlicher Raucher, dieser Rektor. Daher gab er uns Viertklässlern mindestens einmal pro Unterrichtsstunde eine kleine Aufgabe und ging selbst vor die Tür auf den Flur, wo er sich oberhalb der Garderobe einen Aschenbecher auf ein Brett gestellt hatte. Er öffnete ein Fenster, rauchte eine Zigarette und kam zurück in die Klasse. Ich mochte den Geruch, der ihm anhaftete, eine Mischung aus Zigarettentabak und »Tabac Original«, einem Rasierwasser, welches damals viele Männer benutzten und das ich heute noch mag.

Da ist er wieder, dieser Dreiklang aus Duft, Erinnerung und bestimmten Emotionen, diesmal wieder sehr angenehm. Wenn ich jemals ein spezielles, individuelles und ganz persönliches »Bernd R. Hock-Wohlfühlparfum« kreieren sollte, müsste der Duft wohl am ehesten auf einem Jahrmarkt, am besten auf der »Landaacher Kerwe«, eingefangen werden.

In den beiden Wochen im Jahr, in denen die Landauer Kerwe stattfand, schlug mein Herz immer etwas schneller, immer etwas intensiver. Die Zeit für Hausaufgaben und fürs Lernen war knapper als sonst, da die Kerwe mich brauchte. Schon in der Woche davor lief ich jeden Tag über den Messplatz, um nachzusehen, welche Fahrgeschäfte diesmal aufgebaut wurden. Viele Schausteller kannten mich. Da war der dicke Besitzer des Süßwarenstandes, der während der Kerwe hinter seinen Süßigkeiten thronte, immer die gleiche Schiebermütze aufhatte und mir freundlich zulächelte. Kaufte ich bei ihm zwei Marzipankartoffeln, so packte er stets eine dritte mit in die Tüte. Hier das Ponyreiten, da der Autoscooter, im Pfälzischen einfach »Boxauto« genannt, und dort das Entenangeln. Auf der Kerwe fühlte ich mich besonders frei. Wurde nicht intensiver beachtet als die anderen auch. Schließlich waren damals die berüchtigte Dame ohne Unterleib oder kleinwüchsige Menschen, sogenannte Liliputaner, Kerwe-Attraktionen und ich fühlte mich eben auch als eine solche. Ich stellte mir vor, ein Teil dieser großen Jahrmarkt-Familie zu sein und mitzureisen. Ähnlich wie ich mit Begeisterung den großen Fahrstuhl im Krankenhaus per Knopfdruck in Bewegung setzte, hätte ich gerne auch die großen Fahrgeschäfte bedient und Menschen auf den Kopf gestellt und sie durch die Luft gewirbelt. Dabei hätte ich ohne Unterlass ins Mikrofon gesabbelt: »Kommen Sie herein! Fahren Sie mit! Hier können Sie was erleben!«

Da mir dies im realen Leben nicht vergönnt war, baute ich regelmäßig zu Hause aus Lego meine eigene Kerwe, bediente dort die Fahrgeschäfte und kommentierte alles in meinem fiktiven Kassenhäuschen. Der Jahrmarkt war eine ganz besondere bunte Bühne, auf der ich mich sicher und selbstbewusst bewegte, und das Wohlfühl-Parfum duftet heute noch nach gebrannten Mandeln, Popcorn, Gewürzen, Bratwurst, Pommesfrites-Fett, abgewetztem Reifengummi und Pferdeäpfeln. Schaustellerinnen und Schausteller genießen bei mir eigentlich immer einen Sympathie-Vorschuss und die, die ich persönlich kennengelernt habe, waren mir immer wohlgesonnen.

Eine Begebenheit beim Entenangeln auf der Kerwe ist mir noch sehr präsent. In einem speziellen Schaustellerwagen war eine Art Planschbecken aufgebaut, in dem unzählige Gummienten schwammen. Alle Enten hatten einen Metallknopf auf dem Kopf. Nachdem man einen bestimmten Betrag bezahlt hatte, bekam man eine Angel, ein Rohrstock, an dessen Ende sich ein Magnet befand. Mit diesem Magneten konnte man eine Ente wählen und sie herausziehen. Das Schausteller-Ehepaar griff sich die entsprechende Ente und zeigte die Unterseite. Die meisten Enten hatten einen schwarzen Punkt und waren somit eine Niete. Kein Preis. Die anderen Farben standen für die entsprechenden Preiskategorien. Eine einzige Ente schwamm in dem Becken, die einen goldenen Punkt auf ihrer Unterseite hatte. Der Hauptgewinn! Freie Auswahl!

Ich habe das Schaustellerehepaar noch genau vor Augen: Die Frau hatte eine starke Gehbehinderung und saß immer in einer schrägen Haltung auf einer Art Sitzkissen. Der Mann hatte eine sehr ledrige, faltige Gesichtshaut und trug genau wie der Besitzer des Süßigkeitenstandes eine Schiebermütze.

Die beiden mochten mich und ich angelte regelmäßig am Entenstand. Einmal wollte ich fast protestieren, denn als ich meine Angel so über den Enten hin und her bewegte, drückte der Schausteller diese plötzlich herunter. »Klick« – der Magnet haftete auf einer Ente, die ich gar nicht ausgewählt hatte. Trotzdem hob ich die Angel, der Schausteller nahm die Ente und zeigte mir ihre Unterseite. Der goldene Punkt! Freie Auswahl! Stolz wie Oskar ging ich mit meiner Mutter nach Hause. In meinen kleinen Ärmchen trug ich einen Stofftiger, der halb so groß war wie ich selbst.

Der Heimweg von der Kerwe führte unmittelbar am Max-Slevogt-Gymnasium vorbei, auf welches ich nach meiner Grundschulzeit kam. Genau wie der Leiter der Grundschule war auch mein neuer Direktor ein Raucher. Er rauchte aber ausschließlich Pfeife, und das nur in seinem Büro. Die roten, grünen und schwarzen Filzstifte auf seinem Schreibtisch waren alle an beiden Enden angekokelt und mit Ruß beschmiert, da der Direktor sie regelmäßig zum Nachstopfen seiner Pfeife nutzte. Dies weiß ich deshalb so genau, weil ich damals auf dem Max-Slevogt-Gymnasium in Landau relativ viel Zeit mit ihm in seinem Büro verbrachte. An den Nachmittagen, wenn das Schulgebäude schon weitgehend leer war, erklärte er mir nämlich sehr geduldig und effektiv Mathematik, ein Fach, mit dem ich niemals richtig warm wurde. Ohne seine Hilfe wäre ich damals beim Abitur wahrscheinlich an Mathe gescheitert und es hätte nicht zur Fünf minus im letzten Zeugnis gereicht. Sein Einsatz war keinesfalls selbstverständlich und ich bin ihm sehr dankbar dafür.

Überhaupt tat ich mich mit so manchem ziemlich schwer und war auf keinen Fall ein eindeutiger Gymnasialschüler. Real- oder Hauptschule kamen für mich aber nicht infrage, denn es war klar, dass ich niemals einen handwerklichen Beruf erlernen konnte. Deshalb sollte alles darangesetzt werden, »dass der Bernd sein Abitur schafft«.

Ich war einfach ein Spätzünder, obwohl man dies nicht so pauschal behaupten kann. Zum Beispiel erkannte ich sehr früh, früher als manch anderer, dass ich vieles, was man mir in der Schulzeit zu lernen aufzwang, niemals mehr im Leben brauchen würde. Seit ich denken kann, lasse ich mich nicht über Straßen führen, über die ich nicht rübermöchte. So habe ich auch nicht gelernt, was mir unsinnig erschien oder einfach nicht gefiel. Obgleich ich sehr literaturaffin bin, mochte ich beispielsweise »Effi Briest« überhaupt nicht. Nachdem ich zwanzig Seiten des entsprechenden Reclambüchleins gelesen hatte, sperrte sich alles in mir, und ich las keine Zeile weiter. Dass ich in der Deutsch-Leistungskurs-Klausur über das Werk von Theodor Fontane noch eine Vier minus bekam, fand ich persönlich beachtlich. Dafür verschlang ich den »Besuch der alten Dame« von Friedrich Dürrenmatt. Bis heute kann ich mit der Fabel dieses Buches viel anfangen und bis heute hat es mir nicht geschadet, »Effi Briest« nicht weitergelesen zu haben.

Geschadet allerdings hat mir, dass ich in der Oberstufe im Fach Französisch nahezu bei allen Klassenarbeiten hemmungslos abgeschrieben habe. Im Zeugnis bekam ich eine Zwei plus, aber ich kann in dieser Sprache nicht einmal nach dem Weg fragen oder mir im Restaurant ein Croissant und einen Milchkaffee bestellen.

Geschadet hat mir auch, dass ich mich bezüglich Kommasetzung beim Diktat in Deutsch auf das Husten von Annette verlassen habe. Damals fand Entertainer-Bernd seine Idee genial. Auch die allermeisten meiner Klassenkameradinnen und Klassenkameraden waren begeistert und die übrigen hielten wenigstens die Klappe. Annette war perfekt in Kommasetzung. Ich bat sie, während des Diktates bei jedem Komma laut und deutlich zu husten, und sie tat es. Besonders bei einem Relativsatz war die kurz vor der Pensionierung stehende Deutschlehrerin geneigt, Annette ein Hustenbonbon anzubieten. Einen Zusammenhang zwischen Hustenreiz und Kommata stellte sie aber nicht her. Bei diesen Diktaten stand nach der Korrektur bei mir regelmäßig unter der Note die Bemerkung »Satzzeichen sehr gut«! Heute setze ich nahezu jedes Komma falsch.

Als ich meine Deutschlehrerin nach ihrer Pensionierung einmal besuchte, erzählte ich ihr von dem Betrug. Ihre Reaktion war altersmilde und großherzig. Sie sagte nichts dazu, lächelte und goss mir einfach noch einen Tee ein.

Die Schule bereitete mir nur wenig Freude. Zumindest der Teil, für den die Lehrkräfte die Regie übernahmen. Ich bespielte aber die »Gymnasial-Bühne« so geschickt, dass mir neben dem lästigen Unterricht genügend Zeit für freudige Aktivitäten blieb.

Zum Beispiel übernahm ich die Betreuung des Schul-Aquariums, war ein aktives Mitglied der Schach-AG und gründete und leitete später die Bio-AG. Hier erkundeten wir gemeinsam die Natur, setzten uns mit Themen wie Tierschutz auseinander und beim Schulfest veranstalteten wir Rennen mit Weinbergschnecken, bei denen die Eltern jeweils eine D-Mark auf den Sieg einer Schnecke setzten. Diese Schneckenrennen schafften es in einen Bericht der regionalen

Presse und durch diesen Artikel wiederum wurde der Südwestfunk auf die Kriechtiere aufmerksam. So besuchte mich eines Tages die SWF-Redakteurin Judith Kaufmann und ich veranstaltete exklusiv für sie ein Schneckenrennen auf dem Küchentisch, über welches im Hörfunk berichtet wurde.

Zu diesem Zeitpunkt hielt ich zu Hause über vierzig Weinbergschnecken. »Guck bloß, dass die Deckel uff denne Aquarie richdich druff sinn. Wann dir die Viecher abhauen un an mein Salat drogehn, dann rabbelt's!«, kommentierte mein Opa regelmäßig mein Hobby. (»Pass bloß auf, dass die Deckel der Aquarien immer fest aufsitzen. Wenn die Schnecken abhauen und an meinen Salat gehen, dann kannst du etwas erleben!«)

Häufig schauten wir in meiner Bio-AG eine Folge der Nachmittagsserie »Ein Heim für Tiere«. Wir liebten diese ZDF-Fernsehproduktion mit dem Charakter-Schauspieler Siegfried Wischnewski, der den Tierarzt Dr. Willi Beyer spielte.

Als ich während eines privaten Berlinbesuches einmal aus einer Toilettenbox bei Burger King auf dem Ku'damm herauskam, stand genau dieser Siegfried Wischnewski an der Pinkelrinne. Ich war so fasziniert, dass ich ihn direkt ansprach und ihm von der Bio-AG erzählte. Ich fragte ihn frei heraus, ob wir denn nicht einmal Dreharbeiten der beliebten Serie in Berlin besuchen könnten. Tatsächlich fand der Schauspieler diese Idee interessant und schrieb mir wenig später einen handschriftlichen Brief, in dem er uns in die damals noch geteilte Stadt einlud.

Eine total verrückte Idee war geboren und das Unterfangen hatte im Leitungsgremium des Gymnasiums einige Gegner. Der Direktor allerdings war fasziniert und ich kümmerte mich um alles. Mein Bio-Leistungskurs-Lehrer ließ sich ebenfalls von der Idee anstecken und war bereit, die Exkursion als Lehrkraft zu begleiten. So flogen wir für drei Tage nach Berlin und hatten dort eine wunderbare Zeit mit dem

Filmteam von »Ein Heim für Tiere«. Meine wirklich umfangreiche und professionelle Organisation und Durchführung dieses Ausflugs wurde mir später im Grundstudium Pädagogik an der Universität sogar als Facharbeit anerkannt!

Mit besagtem Biologielehrer verstand ich mich überhaupt sehr gut. Er war ein großer Pädagoge, der es schaffte, mich durchgehend für die Themen im Bio-Leistungskurs zu interessieren. Okay, außer vielleicht für den Zitronensäurezyklus. Bei der Abifeier führten wir zusammen einen Sketch auf, in dem ich ihn und er mich parodierte. Ganz großes Kino!

Biologie war mir überhaupt wichtig, besonders der Natur- und Artenschutz der regionalen Flora und Fauna. Ich engagierte mich aktiv im »Vogel- und Naturschutzverband Südpfalz e. V.«, war dort Schriftführer und leitete sogenannte Vogelstimmenwanderungen oder Exkursionen zu Feuchtgebieten, bei denen wir Amphibien und Insekten beobachtete. Ich beriet Privatpersonen in der Region, wenn sie sich einen Gartenteich anlegen wollten, und sammelte unermüdlich Spenden für den Naturschutzverband. 1987 erhielt ich dafür den Umweltpreis der Stadt Landau.

Gerade im Bereich Naturschutz hatte ich sehr gute Lehrmeister, die mich mochten, mir unheimlich viel beibrachten und mir immer wieder die Bühne bereiteten, auf der ich mich austoben konnte. Ich glaube, ich habe meinen damaligen Lehrerinnen und Lehrern viel mehr zu verdanken, als mir heute bewusst ist. DANKESCHÖN!

Anstatt einhundert Prozent in die Abi-Vorbereitung zu investieren, nutzte ich mindestens zwei Drittel der Zeit dafür, ein Kabarettprogramm zu schreiben.

Im »Traumschiff« gingen die Lehrkräfte unseres Gymnasiums zusammen mit Politikern und anderen Prominenten, die alle von mir und einem Mitschüler parodiert wurden, auf die Reise, um viel Skurriles zu erleben.

Am Ende hatte ich in meinem Abitur gerade noch eine Zwei vorm Komma, hatte aber gelernt, Konventionen nicht ganz so ernst zu nehmen, und mich ein ganzes Stück weiter befreit aus Schubladen, in die ich schon lange nicht mehr hineinpasste.

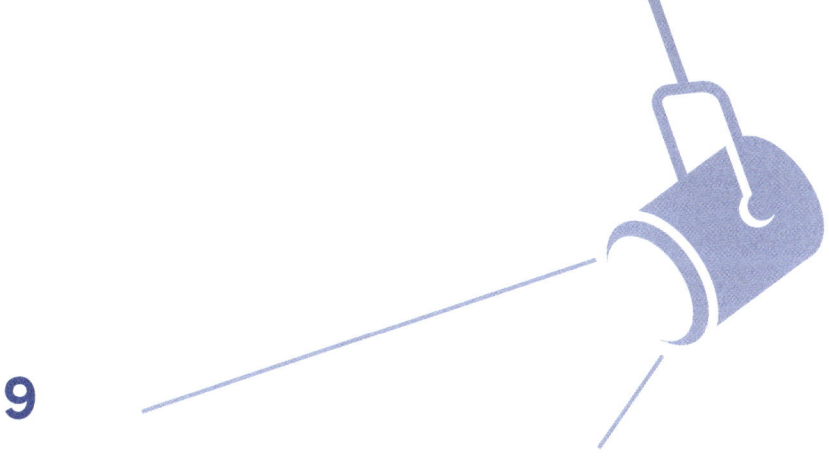

9

SIEGT AM ENDE
DER TOD?

Ich bin fest entschlossen, den Ort zu betreten, an dem ich mich meiner Vergangenheit und sozusagen dem Abgrund meiner Seele stellen werde. In Gedanken öffne ich die Tür in meinem Inneren, betrete einen weitgehend dunklen Raum und schließe die Tür hinter mir wieder.

Plötzlich erinnere ich mich an einen Moment, in dem ich eine Tür schloss und genau dieser Vorgang nicht so beiläufig, automatisch geschah. Es war eine Art Kühlhaustür und sie befand sich ebenfalls im Keller, nämlich im Untergeschoss des städtischen Krankenhauses in Landau in der Pfalz. Am dritten Tag eines Praktikums, es war 1987, musste ich zusammen mit zwei Krankenpflegern einen Verstorbenen in einen Kühlraum bringen. Wie festgefroren stand ich in diesem Raum, ziemlich überfordert mit der Situation. Die Krankenpfleger ließen mich gewähren, baten mich lediglich, die Tür fest zu verschließen, wenn ich gleich nachkommen würde, und gingen zurück auf Station.

Ich verweilte noch bei den beiden: dem leblosen Körper des Mannes und dem Tod. Dem Tod, der versuchte, mich heuchlerisch süß, fast behutsam und doch kalt zu berühren. Die Atmosphäre hatte überhaupt nichts Friedliches, vielmehr empfand ich sie eher entwürdigend. »Dein Leben, Bernd, welches einfach nur schön, wohlig und warm im Mutterleib begonnen und nach ein paar Presswehen eine nicht ganz einfache Wendung genommen hat, wird irgendwann genauso enden«, flüsterten meine Gedanken. »Egal, wie du dich anstrengst, was du im Leben auch erreichst, wie viel Geld du verdienst, wie viele gute Projekte du anstößt und wie viele bleibende Werte du erschaffen wirst – am Ende holt dich der berüchtigte Sensenmann. Am Ende siegt der Tod!«

Ziemlich verunsichert machte ich ganz unvermittelt einen großen Schritt zurück, damit mich diese Gedanken nicht weiter einnehmen konnten. Zurück ins Leben. Leben, welches im Moment hinter der Schwelle im Flur des Krankenhauskellers wieder begann. Ich knallte die Eisentür zu, überprüfte, ob sie auch richtig geschlossen war, und vergewisserte mich, dass ich alleine war. Den Tod hatte ich ja gerade aus meinem Leben aus- und im Kühlhaus eingesperrt. Zusammen mit diesen düsteren Gedanken.

Ich spürte ein Drängen in mir, musste etwas loswerden, und so sagte ich sehr bestimmt und recht laut, einfach in die Luft des Kellerflures hinein: »Wenn es eine Möglichkeit gibt, diesen brutalen, kalten und entwürdigenden Tod zu besiegen, dann will ich diese Möglichkeit kennenlernen!«

Ich erinnere mich so intensiv an diesen Moment, dass ich fast das Desinfektionsmittel, welches in Krankenhäusern fast überall in der Luft liegt, riechen kann. Ein ganz spezieller Geruch, der, wann immer er mir heute in die Nase steigt, eine leichte Bedrohung für mich darstellt. Seit meiner Zeit als Kind in der Klinik löst er ein krasses Unwohlsein in mir aus. Um dieses zu übertönen und weil ich generell jemand bin, der stark auf Gerüche reagiert, rufe ich mir angenehme Düfte in Erinnerung. Gerüche beispielsweise, wie man sie aus dem Zoo, vom Jahrmarkt und aus dem Zirkus kennt. Diese sind in meiner Psyche absolut positiv besetzt und erzeugen Glücksgefühle.

»Mmh! Die Düfte der bunten Süßwarenstände auf der Kirmes! Der Zimt der Marzipankartoffeln, das Lebkuchengewürz vom Magenbrot, der Geruch von gebrannten Mandeln. Lecker!«

Ich werde wieder ruhig und zufrieden. Das Kühlhaus ist weit weg, alles wird gerade viel heller und freundlicher.

Ein wenig verwundert bin ich schon, dass allein der Gedanke an Süßigkeiten so viel in mir auslöst. Es ist noch nicht so ganz griffig für mich, aber ich merke, dass ich mich auf meiner inneren Reise noch mit diesen Süßigkeiten werde beschäftigen müssen.

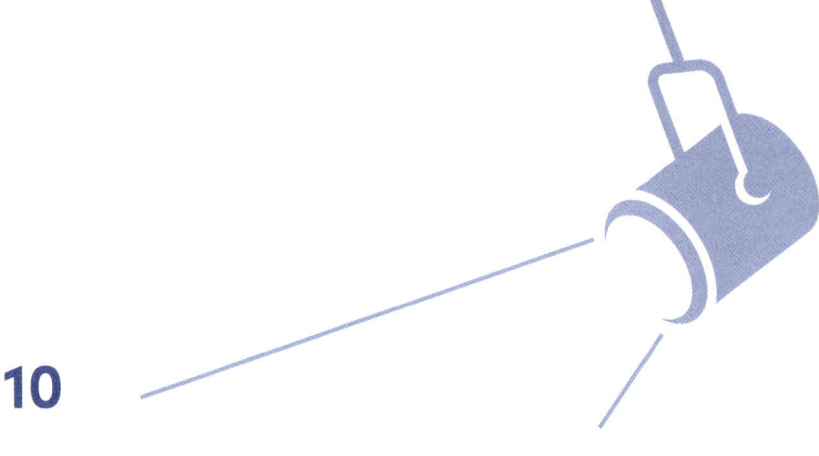

10

ALLE WERDEN
MICH LIEBEN

Die große Freiheit begann für mich in Mainz. In meinem Studentenapartment fühlte ich mich pudelwohl und dort erlaubte ich mir alles,
wofür ich bisher eine Erlaubnis hatte einholen müssen, als Erstes
ein Haustier. Eine Ratte sollte es sein. Ich hatte gehört, dass diese
Nager sehr intelligent und durchaus zutraulich seien. So zog ich los
und kaufte mir eine junge männliche Farbratte. Ich weiß absolut
nicht mehr, warum, aber sie erhielt den Namen »Doktor Renz«. Im
Bewusstsein eines Studentenlebens unbegrenzter Möglichkeiten
war ich der Überzeugung, Doktor Renz müsse binnen kürzester Zeit
zutraulich werden und sich in meiner Bude mit mir zusammen wohl-
fühlen, schließlich hatte ich ihn mit sehr hoher Wahrscheinlichkeit
vor dem schnellen Tod bewahrt, denn in aller Regel werden diese
Ratten als Futtertiere für Schlangen in Terrarien gezüchtet.

Ich griff also mit meiner rechten Hand in den Käfig, holte den
neuen Mitbewohner an seinem Schwanz heraus und versuchte,
ihn mir auf den Schoß zu setzen. Doktor Renz gefiel dies ganz und
gar nicht. Er zappelte wild herum, schaffte es irgendwie, mit sei-

ner Schnauze an meine linke Hand heranzukommen, und biss mir in den Finger. Erschrocken ließ ich ihn fallen. Meine Apartmenttür stand häufig einen Spalt offen, so auch jetzt. Die Ratte rannte sofort hinaus, ich hinterher.

Auf dem Flur schlug ich Alarm. Drei von sieben Mitbewohnern krochen aus ihren »Löchern«, doch als die beiden jungen Frauen Doktor Renz auf dem Boden entdeckten, verschwanden sie ruckzuck wieder in ihren Zimmern, schlossen die Tür und verbarrikadierten sie vermutlich auch. Mein direkter Nachbar Uwe, Psychologiestudent, fasste beherzt zu und brachte meinen neuen Mitbewohner zurück in seinen Käfig. Mein Finger blutete wie wild. Die Bisswunde war so tief, dass sie von einem Arzt versorgt und meine Tetanus-Impfung aufgefrischt werden musste.

Meine Vertrauensbeziehung zu Doktor Renz war dadurch so nachhaltig gestört, dass ich ihn am nächsten Tag gegen ein Kanarienvogelpärchen umtauschte, wobei ich noch etwas zusätzlich bezahlen musste. »Uccello« und »Inge« fühlten sich bald sehr wohl bei mir und durften die meiste Zeit frei in meinem kleinen Apartment umherfliegen. Uccello ist Italienisch und bedeutet Vogel. Die italienische Sprache faszinierte mich in dieser Zeit sehr, was besonders an der attraktiven Dozentin lag, die einmal pro Woche versuchte, mir diese schöne Sprache näherzubringen.

Eine hohe Sprachbegabung wurde mir immer wieder attestiert. Allerdings liebe ich auch hier meine Freiheit und lerne sehr ungern theoretische Grammatik oder Ähnliches. Daher genügte die Attraktivität der Italienisch-Dozentin auf Dauer nicht und ich blieb dem Kurs fern.

Ich lerne Sprachen gerne, indem ich engen Kontakt mit den Landsleuten habe. Dabei fällt es mir unglaublich leicht, in der entsprechenden Phonetik und Sprachmelodie zu singen. So kann ich neben Englisch, Französisch und Pfälzisch auch etwas Griechisch, ein paar Brocken Twi (eine Arkan-Sprache aus Ghana) und etwas Türkisch. Die paar Sätze, die ich in diesen Sprachen spreche, gelingen mir in Betonung und Melodie wohl so gut, dass Personen aus diesen Ländern schnell davon ausgehen, dass ich ihre Sprache perfekt beherrsche. Dies mache ich mir manchmal in der Fußgängerzone zunutze, wenn wieder einmal ältere türkische Frauen an mir vorbeigehen, meine halben Arme begaffen und auf Türkisch das laute Klagen beginnen. Ich trete dann immer ziemlich dicht an die Damen heran, schaue ihnen in die Augen, lächle und skandiere mit exakter Betonung: »İyi günler!«, was so viel wie »Ich wünsche Ihnen einen schönen Tag!« bedeutet. Sofort verstummen die Klagelieder und Peinlichkeit formt die Gesichtszüge unter dem Motto: »Onun hakkında söylediğimiz her şeyi şimdi anladı!« (»Der hat jetzt alles verstanden, was wir über ihn gesagt haben!«)

Zurück in mein Apartment, in dem also nun zwei Kanarienvögel herumflogen. Doch nicht nur in meinem Zimmer flatterte es farbenfroh, das ganze Studentenwohnheim war voller bunter Vögel, junge Studentinnen und Studenten aus dem Iran, aus China, aus Südamerika, aus Afrika, gefühlt von überall auf der Welt. Das Kennenlernen von Menschen aus anderen Ländern und anderen Kulturkreisen erlebte ich ausnahmslos und dankbar als eine riesige Bereicherung. Wir besuchten einander, halfen uns gegenseitig, wir aßen zusammen, wir tranken zusammen, wir organisierten Feste im Innenhof, wir feierten bis in die Morgenstunden und wir lernten zusammen bis tief in die Nacht.

Auch mein Studium liebte ich. Im Hauptfach studierte ich Pädagogik und in den Nebenfächern Soziologie, Psychologie, Philosophie und Kriminologie. Im Gegensatz zur Schulzeit wusste ich nun, wofür ich dies alles tat. Endlich stimmte, was man mir schon jahrelang zugerufen hatte: »Du lernst für dein Leben, Bernd!«

Ich genoss es, mit meinen Kommilitoninnen und Kommilitonen nächtelang über Texten von Habermas, Heidegger, Adorno oder Kant zu brüten. In diesen Lerngruppen waren wir davon überzeugt, dass wir die Welt zum Besseren verändern würden, wenn wir nur genug Kaffee tranken, genügend Zigaretten rauchten und am Ende die Texte durchdrungen hatten.

Am liebsten lernte ich mit Thomas, einem Kommilitonen, mit dem mich heute noch eine enge Freundschaft verbindet, auch wenn wir nur noch sehr selten Kontakt haben. Obwohl Thomas keine Körperbehinderung hat, war er immer mindestens so auffällig wie ich. Fast zwei Meter groß, lange Haare, die weit über die Schultern herunterhingen, und sein gesamtes Gesicht ist eigentlich nur Nase. Er übernachtete oft bei mir auf einer Isomatte auf dem Boden. Wenn er am Morgen erwachte, setzte er sich auf, griff neben sich zu seiner überdimensional großen Tabakdose, drehte sich eine riesige Zigarette und begann zu rauchen. Mich störte dies überhaupt nicht und die Kanarienvögel waren dankbar, dass ihr Käfig zu diesem Zeitpunkt noch zugehängt war.

Später stellte Thomas sein Leben vom einen Tag auf den anderen auf gesund um. Er tauschte die Tabakdose gegen einen großen Beutel H-Milch, den er direkt nach dem Aufwachen aufriss und ohne Absetzen komplett in seinen Schlund entleerte. Ob er danach rülpste, weiß ich heute nicht mehr, ich glaube, ja.

Thomas und ich, wir gehörten zusammen wie Dick und Doof. War einer von uns alleine auf dem Campus unterwegs, so wurde er sofort nach dem anderen gefragt. Obwohl Thomas irgendwann mehr wog als ich, war er keineswegs dick. Er hatte Bodybuilding für sich entdeckt und betrieb dies nahezu exzessiv, auch als Trainer. Er war ein einziges Muskelpaket. So etwas habe ich später in meinem Leben nie wieder gesehen.

Als Thomas und ich einmal auf Fehmarn Urlaub machten, bat er mich, mit ihm ein Fitnessstudio zu suchen, da er es sich nicht leisten konnte, über eine Woche nicht zu trainieren. Wir fanden ein solches Studio in Burg, einer typischen Touristen-Begegnungsstätte. Hier ein wenig Laufband, dort ein wenig Bauch-Beine-Po und nur wenige Leute auf den Hantelbänken. Irgendwann lag Thomas auf so einer Bank und stemmte die Gewichte mit einer unfassbaren Leichtigkeit. Die Fitnesstrainer hatten Mühe, genügend Gewichtscheiben für ihn heranzuschaffen, damit er sich wenigstens ein klein wenig anstrengte. Am Ende standen nahezu alle Menschen im Fitnessstudio um Thomas herum und staunten, als läge auf der Hantelbank nicht ein Student aus Rheinhessen, sondern der leibhaftige Klitschko.

Ja, und doof? Doof war keiner von uns beiden. Thomas schon gar nicht. Er war mindestens doppelt so intelligent wie ich, doch während ich die Alltags-Bühnen des Studentenlebens ganz vorne an der Rampe laut bespielte, hielt Thomas sich weitgehend leise, fast schüchtern in der Garderobe auf. Ich möchte hier nicht beurteilen, ob seine Zurückhaltung für ihn richtig oder falsch war. Der Welt allerdings wurden dadurch leider viele kluge Erkenntnisse nicht weitergegeben.

Irgendwann beschlossen wir beide, als Kabarett-Duo aufzutreten. Ich nutzte meine Erfahrungen vom Auftritt in Koblenz und schrieb ein Bühnenprogramm. Wir nannten uns »Die Elfen« und waren mit unserem Debüt-Kabarett »Die Mentalverhütung! – Die Pille für den Geist!« für unsere Verhältnisse ziemlich erfolgreich.

Teilweise probten wir bei Thomas in Alzey im Fitnessstudio vor den Spiegeln, da Thomas mich in einer Nummer komplett schultern und von der Bühne tragen musste. Ich wog damals über 120 Kilo. Das Proben in seiner Wohnung hatte uns seine damalige Freundin irgendwann verboten. Zu oft übten wir eine Nummer über den gerechten, kalten, totalen oder wie auch immer gearteten Krieg, die mit einer lauten Hitler-Parodie meinerseits endete. Der höfliche Rausschmiss von Thomas' Freundin war ein sinnvoller Präventivschlag gegen eine drohende Kündigung des Mietverhältnisses, da die Nachbarn darüber grübelten, ob sich im Haus ein Neonazi-Treff ansiedelte.

Einmal hatten wir am Abend einen wichtigen Auftritt auf einer Professoren-Tagung im Philosophikum. Nachmittags wollten wir bei mir im Apartment proben. Leider wachte ich morgens mit einem Magen-Darm-Infekt auf und hatte heftig mit Durchfall zu kämpfen. Deshalb ließen wir die Probe aber nicht ausfallen. Wir probten über zweieinhalb Stunden, während ich mit aktivem Dünnpfiff auf dem Klo und Thomas vor der verschlossenen Tür auf dem Boden saß.

Am Abend konnten wir sehr erfolgreich auftreten und Thomas war ziemlich verwirrt, als er sah, wie ich nach dem Auftritt, glücklich vom Zuspruch des Publikums, am Büfett genüsslich etwas Sauerkraut und eine Scheibe Saumagen verspeiste. Vielleicht waren es sogar zwei oder drei Scheiben. Es war nicht das erste und auch nicht das letzte Mal, dass Applaus mich heilte. Thomas freute sich ebenfalls und ich glaube, er öffnete zur Feier des Tages einen zweiten, dritten und auch vierten Beutel H-Milch.

Meine Behinderung spielte während meiner Studienzeit in Mainz so gut wie keine Rolle, höchstens einmal in der Woche, wenn ich ins Uni-Hallenbad zum Schwimmen ging. Dort gab es leider keine Treppe ins Becken, sondern nur Leitern. Diese waren zu steil für mich, sodass ich nicht selbstständig aus dem Becken klettern konnte. Der junge Bademeister half mir jedes Mal augenscheinlich gerne, obwohl immer auch eine leicht bizarre Spannung in der Luft lag, nämlich genau dann, wenn ich von Sprosse zwei auf Sprosse drei nach oben stieg. In diesem Moment verlagerte sich mein gesamtes Körpergewicht regelmäßig stark nach hinten. Der Bademeister hielt mich an beiden Händen fest, und ohne es auszusprechen, wussten wir beide in genau diesem Augenblick, dass die Wahrscheinlichkeit, gleich zusammen ins Wasser zu plumpsen, genauso hoch war wie die, dass mich der Mann sicher an Land bekam und selbst trocken blieb. Dennoch ging die Prozedur nie schief. Sie fand stets unter aufmerksamer Beobachtung der anderen Schwimmerinnen und Schwimmer statt. Wieder Publikum. In Badehose war ich eine noch imposantere und außergewöhnlichere Erscheinung als sonst. »Nun beginnt die Orca-Show!«, rief ich dem Bademeister selbstironisch zu, wenn ich das Becken verlassen wollte.

Ich war damals fast rund um die Uhr auf Achse: Lerngruppen, Vorlesungen, Seminare, Essengehen in der Mensa, Kaffeetrinken in der Mensa, Spieleabende, gemeinsames Kochen im Studentenwohnheim und immer mal wieder hier und dort ein kleiner kabarettistischer Auftritt. Ich war so richtig unbeschwert und ungemein mutig. Einmal sagte ich »Ja«, als ein Mitstudent mich einlud, hinten auf seinem Motorrad mit nach Darmstadt zu fahren. Mit meinen kleinen Armen blieb mir nur sein Hals, um mich festzuhalten, und ich umklammerte ihn wie eine Geliebte. Das war nicht weiter schlimm für ihn, als ich aber in der ersten Kurve auf der Landstraße versuchte, meinen Körper senkrecht nach oben aufrechtzuhalten, hielt er an und ermahnte mich sehr energisch, ich müsse mich unbedingt mit ihm in die Kurve legen, sonst könne er die Maschine nicht halten. Ich hatte mich schon für vieles ins Zeug, aber noch nie auf einem Motorrad in eine Kurve gelegt. War es nun Mut oder Übermut, in jedem Fall drückte ich noch etwas fester am Hals des Fahrers und legte mich mit ihm in die Kurven, von Mal zu Mal ein Stückchen entspannter! Freiheit!

Meine kleinen Kabarettprogramme wurden immer professioneller und mein Talent sprach sich bis in den Hessischen Rundfunk herum, wo ich später im hr3-Hörfunk-Studio zu Gast war, unter anderem im »Sommer-Radio« als Willy Brandt, Helmut Kohl und Boris Becker. Nach diesem Auftritt flatterte Fanpost ins Haus, die nicht nur meinen Briefkasten, sondern auch meinen »seelischen Liebestank« füllte, durch welchen mein Selbstwertgefühl gespeist wurde. Manchmal wurde ich auf der Straße erkannt und angesprochen. Auf dem Uni-Campus grüßte mich nahezu jeder freundlich.

Dass ich, obwohl ich so vielschichtige und starke Anerkennung bekam, trotzdem weiterhin Unmengen Schokolade und andere Süßigkeiten in mich hineinstopfte, realisierte ich kaum. Ich lebte nicht nur im Ernährungsbereich, sondern auch im zwischenmenschlichen Zusammensein von den »schnellen« Kohlenhydraten. Beifall, Bewunderung auf offener Straße, Fanpost und Ähnliches sind wunderbar süß, verflüchtigen sich aber genauso schnell wie ein Stück Würfelzucker auf der Zunge. Vollkornbrot interessierte mich damals jedoch nicht, weder real auf dem Teller noch im übertragenen Sinne im Herzen.

Meine Mitmenschen waren fasziniert davon, wie ich mit meiner Körperbehinderung umging und mein Studentenleben selbstständig meisterte. Diese »Bewunderungs-Flatrate« speiste permanent den Liebestank und es fiel nicht weiter auf, dass sein Boden löchrig war wie ein Sieb und das Zuckerwasser nicht lange halten konnte. Ich lebte als Durchlauferhitzer und verbrauchte unheimlich viel Energie, von der ich aber mehr als genügend hatte.

Manchmal zwischendurch, wenn mal nichts los, keine Bühne in Sicht und ich ganz alleine mit meinen zwei Kanarienvögeln war, realisierte ich ein beklemmendes Kältegefühl in meiner Brust und wurde traurig. Wie eine riesige Küchenschabe, die bei Dunkelheit aus dem Spalt zwischen Fußleiste und abgeplatzter Tapete hervorkrabbelt, kroch eine teuflische Festlegung aus meiner Seele und stellte sich in Leuchtschrift vor mein Unterbewusstsein. Meine Psyche muss sie wohl irgendwann nahezu unbemerkt zementiert haben: »Bernd! Eine Frau fürs Leben wirst du niemals finden. Keine Frau der Welt will einen schwer übergewichtigen Mann mit kurzen Armen und verkrüppelten Händen heiraten!«

So griffig wie heute war mir diese Festlegung damals nicht und so blieb es bei einem diffusen Gefühl von Traurigkeit, das unbedingt schnell bekämpft und totgeschlagen werden musste. Seelische Schmerzen und Trauer auch einmal als angemessene Gefühle anzuerkennen und auszuhalten, hatte ich nicht gelernt. So rief mein Unterbewusstsein nach einem Kammerjäger, der das Ungeziefer umgehend mit einer weiteren tiefenpsychologischen Festlegung töten sollte:»Okay, Bernd! Du wirst zwar keine Frau finden, aber dafür werden dich ALLE lieben!«

Die eine These war so unsinnig und dumm wie die andere, aber da die Schabe sich immer wieder rasch in ihrem Versteck verkroch und dort Eier legte, hielt sich die destruktive Kraft meiner versteckten Lügen genauso hartnäckig wie eine Kakerlaken-Population.

Wenn wir solchen negativen Festlegungen glauben, sorgen wir oft selbst unbewusst dafür, dass sie wahr werden. So war es auch bei mir. Manches bemerkte ich einfach nicht oder wollte es nicht bemerken. Gerade nach erfolgreichen Auftritten wäre mit dem anderen Geschlecht so manches Mal was gegangen. Einmal, in einer lauen Sommernacht, nach einem Auftritt auf einem Fest im Innenhof des Studentenwohnheims, begleitete mich eine sehr attraktive Kommilitonin auf mein Zimmer, legte sich in einer eindeutigen Pose auf mein Bett und ihre Augen schrien mich lautlos an:»Bernd! Nun greif doch endlich zu!«

So scharf gestellt meine zwischenmenschlichen Antennen normalerweise waren, in diesem Bereich drang kein noch so starkes Funksignal zu mir durch. Oder verbot ich mir dies unterbewusst? Denn wie hätte ich zugreifen sollen? Ich wusste jetzt, wie man sich mit diesen kurzen Armen am Hals eines Kumpels auf dem Motorrad festhält. Hatte Mut, mich als Sozius in die Kurve zu legen. Ob ich mit meinen Fingern aber auch einen BH öffnen und mich mit meiner

Behinderung und den Kurven einer attraktiven Frau ins Bett legen konnte, wusste ich nicht.

»Das war ein schöner Abend. Danke, dass du mich noch in mein Apartment begleitet hast. Jetzt bin ich müde und möchte schlafen. Komm gut nach Hause«, sprach ich, öffnete die Tür, und die schöne Studentin gab mir zum Abschied einen Gute-Nacht-Kuss auf die Wange und ging. Die One-Night-Stand-Gelegenheit nahm sie mit.

Ich schloss die Tür, deckte den Vogelkäfig ab und legte mich aufs Bett. Das Bett roch nach ihrem angenehmen Parfum, das Parfum roch nach Leidenschaft, die Leidenschaft roch nach Unsicherheit, die Unsicherheit roch nach Enttäuschung, die Enttäuschung nach Melancholie, und Melancholie hat etwas Betäubendes, macht müde. Mit meinen äußeren und inneren Augen schaute ich mich in meinem kleinen Apartment und in meinem Leben um: »Das alles gehört zur Freiheit! Gehört zu meiner Freiheit! Und: Manchmal hat die Freiheit auch Haken!«

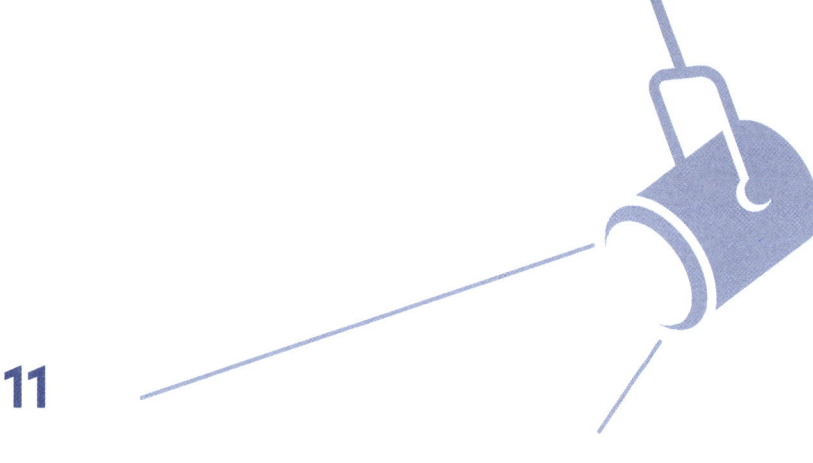

11

MEINE FREIHEIT
HAT EINEN HAKEN

Es sind sogar mehrere. Mehrere Haken. Sie befinden sich an zentralen Stellen meines Alltags. Im Badezimmer meines Hauses befindet sich einer, im Auto habe ich einen, in meiner Kirchengemeinde ist einer deponiert und in all meinen Taschen findet man je ein Exemplar.

Das Grundmodell wurde in derselben Klinik erfunden und gefertigt, in der ich als Kleinkind so gelitten habe. Freud und Leid liegen häufig sehr dicht nebeneinander. Das Metallgitter des Krankenhausbetts hatte mich einst brutal von meiner Mutter getrennt und in Angst eingesperrt. Der zu einem Haken gebogene Metalldraht dagegen, der mir zehn Jahre später während der ambulanten Sprechstunde in der gleichen Klinik mitgegeben wurde, brachte mir Freiheit und Selbstständigkeit.

Überhaupt hat diese Klinik heute einen guten Ruf und sie war bestimmt auch damals medizinisch auf einem hohen Niveau. Wie es den kleinen »Patienten« psychisch so erging, dies spielte Anfang der Siebzigerjahre im Allgemeinen in Krankenhäusern keine große Rolle. Ich erinnere mich an ein Gespräch mit einer Gynäkologin 1994, die mir erzählte, dass man Eltern, deren Babys ununterbrochen schrien, früher riet, den Kleinen kalte Brustwickel zu machen. Wenn man ein mit kaltem Wasser getränktes Tuch um den Oberkörper der Babys wickelte, hörten sie durch den kurzen Schock aufzuschreien. Wie gut, dass sich die Zeiten geändert haben. Früher war keinesfalls alles schlecht, aber es war eben auch nicht alles besser.

Doch zurück zu meinem Metall-Haken, der mir echte Freiheit gebracht hat. Heute trage ich im Alltag ganz normale Jeans, verschlossen mit einem Reißverschluss, einem gestanzten Metallknopf und einem Ledergürtel.

Die meisten Menschen können sich nicht vorstellen, wie ich selbstständig einen Toilettengang bewerkstellige, ohne dass hinterher nasse Flecken meine Hose zieren und ich dazu noch unangenehm rieche. Wie bekommt der Bernd seine Hose geöffnet? Wie bekommt er sie hinunter? Wie bekommt er zusätzlich die Unterhose hinunter? Wie bekommt er alles wieder hoch – Unterhemd und Hemd schön in die Hose hineingesteckt – und wie bekommt er diese wieder so verschlossen, dass am Ende alles einigermaßen ordentlich aussieht?

Fragen, auf die auch meine Eltern und ich selbst lange keine Antwort hatten. Bis zu meinem vierzehnten Lebensjahr ließ ich mir auf der Toilette immer helfen. Allermeist von meiner lieben Mutter und in Einzelfällen auch von anderen, mir sehr vertrauten Personen. Als ich ein kleiner Junge war, war es für mich kein Problem, eine solche Hilfe anzunehmen. Mit zunehmendem Alter wurde es mir aber immer unangenehmer und ich wollte einfach selbstständig sein. Wollte mir gerade im Intimbereich nur so wenig wie möglich helfen lassen.

Im Gegensatz zu meinem durchtrainierten Kommilitonen und Freund Thomas, bei dem gerade Bizeps und Trizeps hochtrainiert und beeindruckend sichtbar waren, ist mein am besten trainierter Muskel der von außen unsichtbare »Musculus sphincter vasicae«.

Der Schließmuskel der Harnblase. Bis zu acht Stunden konnte und kann ich auch heute im Notfall noch aushalten, ohne eine einzige Pipi-Pause einzulegen. Nicht ganz gesund, aber was sollte ich machen?! Gerne ließ ich mir vom Schuldirektor bei Mathe helfen, Hilfe auf der Toilette kam für mich jedoch absolut nicht infrage.

Der besagte gebogene Drahthaken war an einem dicken Vollplastikstab befestigt und lag schon eine ganze Zeit lang bei uns zu Hause herum. Ich hatte das eine oder andere Mal versucht, mit ihm umzugehen, doch leider ohne Erfolg. Bis zu einem Tag im Frühjahr 1982, an den ich mich heute noch genau erinnern kann. Ich war ganz alleine zu Hause und hatte aus irgendwelchen Gründen noch am Nachmittag meinen Schlafanzug an. Es ist mir bis heute vollkommen unerklärlich, aber an diesem Tag wusste ich plötzlich ganz genau: Jetzt gilt's! Jetzt wird es klappen! Ich hatte die absolute Gewissheit, dass ich mir jetzt mit dem Hakenstab aus der Klinik meinen Schlafanzug ausziehen, mich waschen und mich danach komplett mit Unterwäsche, Oberhemd und Jeanshose erfolgreich und ansehnlich bekleiden würde.

Exakt so war es und ich war überglücklich, genau wie meine Eltern, als sie vom Einkauf zurückkamen. Von diesem Tag an wurde der Haken mein ständiger Begleiter. Leider war der Plastikstab nicht gut verarbeitet und er brach nach relativ kurzer Zeit. Dies stellte allerdings nur im ersten Moment ein Drama dar. Mein Vater baute mir zusammen mit meinem Opa mehrere Hakenstäbe aus Metall, teilweise zusammenlegbar. Später verfeinerte ich die Modelle in meinem Kopf und fand ein Sanitätshaus, welches sie mir nach meiner Vorstellung baute. Zuschüsse von der Krankenkasse erhielt ich dafür nicht, da meine Ideen keine sogenannte Hilfsmittelnummer hatten. Alles allerdings, was eine Hilfsmittelnummer hatte, hielt maximal für zwei Toilettengänge, bevor es in viele Einzelteile zerfiel und über dreihundert Euro futsch waren. Heute gibt es einen enorm handwerklich begabten Mann in meiner Gemeinde, der mich mit qualitativ hochwertigen und äußerst effektiven Hakenstäben versorgt.

Auch so manche skurrile und zumindest im Nachhinein recht humorvolle Situation habe ich mit meinem Anziehstab schon erlebt. Auf dem Flughafen in Stuttgart, kurz vor meinem Rückflug nach Hamburg, war ich spät dran. Ich hatte meinen Koffer schon aufgegeben, war aber noch nicht durch die Sicherheitskontrolle und suchte noch rasch die Behindertentoilette auf. Als ich mir mit meinem Haken die Hose hochziehen wollte, eine Anzughose aus feinem Zwirn, verheddere ich mich irgendwie im Stoff, zog den Stab ruckartig nach oben und riss ein mindestens zwanzig Zentimeter großes Loch in die Hose. Genau im Schritt.

Verzweiflung konnte ich mir jetzt nicht leisten, denn aus dem Durchsage-Lautsprecher, den es auf Flughäfen auch in den sanitären Anlagen gibt, ertönte just in diesem Moment: »Herr Bernd Richard Hock, gebucht nach Hamburg, wird zum Gate A40 gebeten! Ich wiederhole, Herr Bernd …« Nun galt es, Tempo zu machen. Ich verschloss die Hose und betrachtete im Spiegel noch kurz den Stofffetzen, der zwischen meinen Beinen herunterhing und einen ungehinderten Blick auf meine Schiesser-Feinrippunterhose freigab. Nichts zu machen.

Ich presste meine Oberschenkel fest zusammen und lief, so schnell ich konnte, zum Gate. Mein Gangbild glich wahrscheinlich dem einer Mischung aus Ente und Bruce Darnell in adipös. Selten war ich so dankbar für meine kurzen Arme, denn die Blicke der Passanten verrieten ihre Gedanken: »Och Mensch, und laufen kann er auch nicht richtig.«

Aufgrund einer Erkrankung, auf die ich später noch näher eingehen werde, ist es mir untersagt, an Flughäfen durch die Metalldetektor-Torbögen hindurchzugehen. Stattdessen muss ich mich beim

Sicherheitscheck stets einer Leibesvisitation unterziehen. Normalerweise kein Problem für mich, doch diesmal war ich enorm aufgeregt, hatte meine Unterhose doch serienmäßig einen sogenannten »Eingriff rechts«, der für mich, aufgrund meiner kurzen Arme, zwar völlig bedeutungslos war, mich nun aber inständig hoffen ließ, dass gleich bei der Körperkontrolle kein Zugriff erfolgen würde. Zum Glück ging alles gut und circa zwei Stunden später landete ich in Hamburg und noch etwas später die Anzughose im Müll.

Ein anderes Mal, Mitte der Achtzigerjahre, hätte mich mein Anzieh-Haken fast meinen Rückflug von Berlin-Tegel nach Frankfurt gekostet. Nachdem meine kleine Tasche den Röntgenapparat beim Sicherheitscheck passiert hatte, wurde ich gebeten, sie einmal zur Kontrolle zu öffnen. Fein säuberlich breitete ich den Tascheninhalt in einem bereitgestellten Plastikkorb aus. Auch den Haken, der sofort bei der Sicherheitsbeamtin große Aufmerksamkeit erregte. Sie nahm ihn in die Hand und inspizierte ihn genau. Dann streckte sie ihren Arm aus und hielt den Stab hoch, als wolle sie wie Mose das Rote Meer teilen. Sie begann, mit dem Stab zu winken, und rief dabei: »Hotte, komm ma her!«

Ein weiterer Sicherheitsmitarbeiter, Hotte eben, kam zu uns und schaute sich den Haken genau an, während seine Kollegin weitersprach: »Kiek ma, Hotte! Was'n ditte?« Es bleibt mir auf ewig verschlossen, warum die Dame ihren Kollegen ansprach und nicht mich, und ich beobachtete die Szene leicht genervt. Nun nahm Hotte seiner Kollegin meinen Stab ab, machte einen machtvollen Schritt auf mich zu, schaute mir in die Augen und stellte mir sehr amtlich folgende Frage: »Was wollen Sie denn damit?«

Bis heute fällt mir in solchen Situationen wirklich immer eine passende, schlagfertige und meist satirische Antwort ein. Inzwischen behalte ich so manche Idee auch mal für mich, damals musste alles noch immer sofort raus. Ich schaute abwechselnd zu Hotte und seiner Kollegin und antwortete: »Damit möchte ich gleich in der Maschine der Stewardess in der Nase bohren!«

Ein junger Mann hinter mir, der das Geschehen verfolgte, prustete los. Wieder hatte ich eine Bühne und bespielte sie. Hotte und seine Kollegin hatten ernste Mienen. Doch bevor sie darüber nachdenken konnten, ob sie mich nun lebenslang in Untersuchungshaft nehmen sollten, schob ich nach: »Ernsthaft!: Dies ist meine mobile orthopädische An- und Ausziehhilfe. Mit diesem Haken kann ich mir meine Hose öffnen, sie hinunterschieben, die Unterhose ebenfalls hinunterdrücken, auf Toilette mein kleines oder großes Geschäft verrichten, mir die Kleidung wieder hochziehen und die Hose ordentlich verschließen.«

Man konnte an Hottes Gesicht sehen, wie es in seinem Kopf ratterte. Er drehte sich zu seiner Kollegin, gab ihr den Stab und meinte: »Lass ihn durch!« Anschließend wünscht er mir einen guten Flug und zog leicht kopfschüttelnd von dannen.

Wenig später saß ich im Flugzeug, der Anziehstab verblieb in meiner Tasche und gegenüber den Stewardessen verhielt ich mich wie immer anständig.

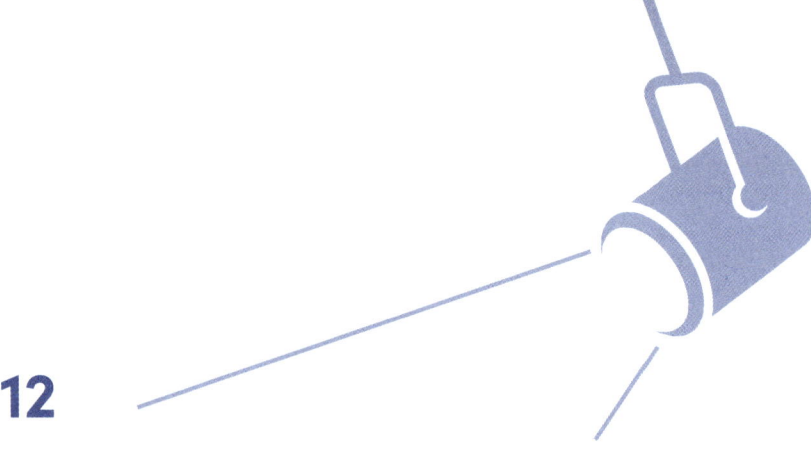

12

WÄCHTER-GESPRÄCH

Bisher hatte ich eigentlich nicht das Gefühl, dass ich in einer sogenannten Midlife-Crisis festhänge. Über fünfzig Jahre ist es jetzt her, dass ich in Landau das Neonlicht des Kreißsaals erblickt habe. Mit recht hoher Wahrscheinlichkeit befinde ich mich also in der zweiten Hälfte meines Lebens. Sätze wie: »Du hast ja dein ganzes Leben noch vor dir!«, sagt jetzt keiner mehr zu mir. Auf dem Zeitstrahl meiner Lebenslinie bin ich dem Tod höchstwahrscheinlich näher als der Geburt. Am Anfang bereitet man sich auf das Leben vor. Ist hungrig nach mehr und immer mehr! Das Bewusstsein der Endlichkeit ist ganz unten auf dem Wühltisch der Lebensfreude begraben. Doch irgendwann kippt das. Das Bewusstsein ändert sich. Man beschäftigt sich mit seiner Endlichkeit. Vorsorgeuntersuchungen, von denen man bisher nur entfernt gehört hat, stehen jetzt im eigenen Kalender. In den Gelenken knackt es und die Lese- oder Gleitsichtbrille wird eine ständige Begleiterin.

Vielleicht ist das der Grund, warum ich diese gedankliche Reise in mein Unterbewusstsein nicht abbrechen möchte. Im Gegenteil: Ich möchte sie ganz zu Ende denken. Ich möchte mehr erfahren darüber, warum sich was, wie und wann in meinem Leben genau so und nicht anders entwickelt hat. Was ist richtig gelaufen? Was war falsch? Warum verhalte ich mich in bestimmten Situationen heute genau so und nicht anders? Was hat mich geprägt? Wer oder was hat mich beschützt?

Ich bin ein Mensch mit ausgeprägter Kreativität und unerschöpflichem Fantasievermögen. Scherzhaft sage ich manchmal über mich selbst:»Ich leide an unheilbarem Ideen-ADHS!« Und ich denke in Bildern. Schon als Kind hatten die Wochentage in meinen Vorstellungen Farben. Ich lebe bunt und ich denke bunt. Es hilft mir, wenn ich in meinen Vorstellungen und in meiner Selbstreflexion Gefühle oder Gedanken personifiziere. Es ist ein probates Mittel, gerade auch in der Psychotherapie, beispielsweise die Angst zu personifizieren. Ihr ein inneres Bild und eventuell einen Namen zu geben, damit man sie ansprechen und in ihre Schranken verweisen kann.

Jeder Mensch hat Mechanismen des Selbstschutzes, eben »innere Wächter«. Bestimmte Verhaltensweisen und Gefühle, die fast automatisch in uns ablaufen und eigentlich eine Reaktion auf das sind, was früher einmal war, was sich früh in uns eingeprägt hat. Manchmal sind diese Mechanismen sehr schädlich wie Süchte aller Art, die dazu dienen, schnell positive Gefühle zu erzeugen, die jedoch nicht von Dauer sind. Bei mir war dies immer Zucker in den verschiedensten Formen. Anstatt negative Emotionen oder vorübergehende unangenehme Situationen auszuhalten, hatte ich immer den Drang, das Unangenehme sehr schnell abzuschalten. Meine innere Überzeugung »Ich kann das jetzt nicht aushalten!« rief regelmäßig meinen inneren Wächter auf den Plan. Ihn treffe ich nun im Keller meiner Gedanken, in dem Raum meiner Seele, den ich gerade betreten habe.

Um tiefer vorzudringen, muss ich dieses Unterbewusstsein farbig machen. Muss mir auch diesen inneren Wächter besser vorstellen können, ihn personifizieren und mit ihm in einen aktiven Dialog treten. Nur so wird das alles für mich sichtbar und vielleicht sogar verständlich.

Darum stelle ich mir nun wieder vor, wie ich durch diese Tür gegangen bin und jetzt quasi in einer großen Halle stehe, der Halle meines bisherigen Lebens. Da ist so einiges aufgebaut, was mich ausmacht, was ich so alles erlebt habe. Ein kleiner Jahrmarkt, ein Zirkus, in der anderen Ecke ein Puppentheater und mitten in der Halle ein gewaltiger Süßwarenstand. Alles ist bunt und hell, es gibt viele bunte Lichter.

Es fällt mir nicht leicht, dem Wächter in meiner Vorstellung ein Gesicht, eine Statur zu geben. Wenn ich ihn mit irgendeiner bekannten Figur vergleichen müsste, käme ihm vom Charakter her wohl am ehesten der Mandrill »Rafiki« aus dem Musical »Der König der Löwen« nahe: weise und zugleich aber auch genervt von der Dummheit seiner Umwelt, etwas gebrechlich und ziemlich altersmüde.

Also: Vorhang auf für das fantasievolle Experiment einer Reise in meine Erinnerungen und einer schemenhaften Selbstanalyse meines Unterbewusstseins! Ich will eintreten in einen ersten Dialog mit meinem inneren Wächter, und obgleich ich mir jetzt alles etwas besser vor meinem inneren Auge vorstellen kann, bin ich noch zögerlich und murmle: »Vielleicht bin ich zu schwach, um dieser inneren Reise standzuhalten?«

»Du bist viel stärker, als dir bewusst ist«, spricht der Wächter zu mir und meint weiter: »Wenn ich damals einen besseren Job gemacht hätte, dann hättest du im Kindergarten Christoph mit deiner gebogenen Hand am Hals umklammert, ihm gleichzeitig mit deinem Knie einen heftigen Schubs auf seine Hüfte gegeben, und nicht du, sondern er wäre den Hügel hinabgekullert.«

»Dich gab es schon damals in meiner Kindergartenzeit?«, frage ich erstaunt. Mein Wächter hebt seinen Blick: »Ich bin schon lange, schon sehr, sehr lange bei dir. Ich lag mit in dem Körbchen damals. Zwischen den Marzipanschweinchen und dem Schornsteinfeger.«

Zaghaft erkenne ich, dass es zu funktionieren scheint, diese unreale Begegnung, die doch so viel Wahres enthält. Die Vorstellungen zu konkretisieren und auszuschmücken, fällt mir immer leichter. In Gedanken setze ich mich mit meinem Wächter auf eine kleine Varieté-Bühne in der Halle meines Lebens, um die Unterhaltung fortzusetzen.

Wie fasziniert war und bin ich von Varieté-Bühnen, diesen abgewetzten Holzböden, auf denen tausende Stunden jongliert, balanciert, geschwitzt, Feuer gespuckt und gezaubert wurde. Die schweren roten Vorhänge bewahrten vor Beginn der Vorstellung die Spannung, indem sie das, was sich gleich auf der Bühne abspielen würde, noch in einer faszinierenden Verborgenheit hielten. Wenn sie sich dann öffneten, das Showorchester zu spielen begann, die vielen Lichter in bunten Farben wie wild tanzten und der Conférencier im Smoking die Bühne betrat, bekam ich schon als Kind im Publikum Gänsehaut. Ich fühlte mich am richtigen Platz und wusste:»So ein Mikrofon, das kannst du auch in deiner Hand halten. Und reden, das kannst du sowieso!«Ich war mir sicher:»Auf solchen Bühnen wirst du dich auch hin und wieder tummeln und die Menschen werden dir applaudieren!«

Auf genau eine solche Bühne setze ich mich jetzt in Gedanken mit dem Wächter, und zwar dorthin, wo ich mich am liebsten aufhalte: an die Rampe! Ich sehe mich förmlich an dieser Bühnenkante sitzen und meine Beine baumeln. Doch bei dieser Vorstellung schleichen sich auch negative Gedanken ein:»Meine beanspruchten Kniegelenke, mein Übergewicht und meine kurzen Arme machen es mir mittlerweile nahezu unmöglich, alleine vom Boden aufzustehen. Wie soll ich da wieder hochkommen?«

»Nun hör doch bitte auf, dir jetzt schon darüber den Kopf zu zerbrechen, wie du später hier wieder aufstehen wirst! Vielleicht wirst du gar nicht aufstehen! Vielleicht wirst du einfach nach vorne von der Bühne springen. Bleib doch einfach einmal im Hier und Jetzt. Jetzt ist jetzt und nachher ist nachher!«, höre ich förmlich den Wächter. Das entlastet mich. Ehrlich gemeinter Zuspruch von außen oder auch einmal eine Ermahnung mit spürbar guter Absicht hat mich immer entlastet. Hat mich immer motiviert.

Genauso wie mich Vorbilder, Idole motiviert haben. Auch davon hatte ich einige. Menschen, Figuren, Charaktere, die mich faszinierten. So wie sie wollte ich gerne sein. Das waren bei mir nicht unbedingt nur irgendwelche Stars. Schon gar nicht solche, die man in der Jugendzeitschrift »Bravo« als Poster kaufen und an die Wand hängen konnte.

Zwei meiner Idole stammen aus der ZDF-Produktion »Der große Bellheim«. Das Thema: Vier Männer kehren aus ihrem Ruhestand ins Arbeitsleben zurück und retten mit unorthodoxen Methoden die Kaufhauskette Bellheim. Tatsächlich zitiere ich in meinem Alltagsleben heute noch ziemlich häufig Sätze aus dieser erstklassigen Mini-Serie. Von meinen Freunden höre ich manches Mal die Frage: »Ist das wieder aus deinem geliebten Bellheim?«

Will Quadflieg hat mich in dieser Produktion von 1993 als pensionierter Kaufhaus-Chef Herbert Sachs sehr begeistert. Ihn wollte ich unbedingt einmal live auf der Bühne erleben. Da war Eile geboten, denn 1993 war Quadflieg bereits 79 Jahre alt. Als ich nach Norddeutschland gezogen war, war es endlich so weit, denn er war im Ensemble des Hamburger Thalia Theaters. So erlebte ich 1999 einen von Quadfliegs letzten Bühnenauftritten mit, als er den »Tubal« im »Kaufmann von Venedig« spielte. Obgleich ich kein großartiger Shakespeare-Fan bin, war ich restlos begeistert. Hätte Will Quadflieg allerdings einfach nur auf der Bühne gesessen und Kaffee getrunken, ich wäre ebenfalls aus dem Häuschen gewesen ob des Charismas dieses Mannes.

Mario Adorf spielte Peter Bellheim. Ihn durfte ich ebenfalls live auf der Bühne erleben, wo er als Solokünstler aus seinem ereignisreichen Leben erzählte, zuletzt auf seiner Tournee »Zugabe« 2019 in der Hamburger Laeiszhalle. Der 88-Jährige erzählte und spielte so wach, so agil, so kreativ und eloquent, dass der Abend neben der schauspielerischen Leistung und den interessanten Geschichten auch eine echte Ermutigung war, mit Freude alt zu werden.

Adorfs Tisch, an dem er in der Hamburger Musikhalle auf der Bühne weitgehend saß, stand recht weit vorne an der Bühnen-Rampe. Das ist genau der Ort, an dem ich jetzt auch in meinen Reflexionen zusammen mit meinem Wächter sitze und mich unterhalte.

Ich fange an, mich bei dem Gedanken wohlzufühlen, bei einer Vorstellung auf einer kleinen Bühne vorne an der Rampe zu sitzen, und stelle mir auch das Rampenlicht dazu vor, einen hellen Spot, wie ich ihn unter anderem in Koblenz auf der Bühne erlebt habe. Dieses intensive Licht, das einen ganz genau ausleuchtet und gleichzeitig dafür sorgt, dass man die, die einen beobachten, nicht so genau wahrnimmt.

»Findest du, dass ich eine Rampensau bin?«, frage ich den Wächter relativ unvermittelt.

»Eine Sau bist du auf keinen Fall!«, entgegnet er sanft und fügt nach einer kurzen Pause hinzu: »Der Bärenstarke!«

Ich nicke, während ich mich an die Bedeutung meines Vornamens erinnere. Bernd ist die Kurzform von Bernhard. Der Name geht auf die althochdeutschen Wörter »bero«, »Bär«, und »harti«, »stark«, zurück. Übersetzt bedeutet »Bernd« also der Bärenstarke.

Der Wächter meint: »Ich glaube nicht, dass du diesen Vornamen zufällig trägst. Grundsätzlich bist du ein wirklich starker Mann. Und dein zweiter Vorname geht ja in eine ähnliche Richtung.«

Es stimmt, auch Richard enthält die Silbe »hard«, »richi« dagegen bedeutet »reich« oder »mächtig«. Übersetzt bedeutet Richard »der

Reiche und Starke«, »der mächtig Starke« oder »der starke Herrscher«.

»Jawohl, Bernd, du bist also viel eher ein starker, mächtiger Bär als eine Sau!«, meint der Wächter.

Ich bin gerührt, fast ein wenig verlegen, was ich nicht allzu oft erlebe. Mit feuchten Augen höre ich aufmerksam weiter zu.

»Dein gesamtes Umfeld hat dies immer wieder erlebt, hat deine Stärke mal als Widerstand und mal als große Hilfe erlebt. Nur du glaubst es nicht. Du bist dir deiner Stärke leider nur wenig bewusst, Bernd Richard.«

Eine Träne quillt aus meinem rechten Auge.

»Du kannst unheimlich stark auftreten und handeln. Aber genau wie ein Bär tust du es nur, wenn es unbedingt sein muss. Ansonsten schubberst du dich lieber am Baum und frisst Honig oder andere Süßigkeiten.«

Ich muss weinend lachen. »Also keine Rampensau!«, stelle ich fest. »Eher ein Rampenbär?!« Jetzt lacht auch der Wächter und pflichtet mir bei: »Jawohl! Du bist der Rampenbär!«

Eine sympathische Wortschöpfung, eine schöne Vorstellung!

In Gedanken sitzen der Wächter und ich eine Weile schweigend nebeneinander. Plötzlich räuspert er sich sehr laut, fast wie ein Donnergrollen, das durch den ganzen Raum hallt.

»He!«, fordert er mich auf, ihn anzusehen. Er schaut mich mit stechenden, entschlossenen Augen an, so wie ich mir den Blick des Bären in dem Witz von eben vorstelle: »Warum willst du mich rausschmeißen?«

Seine Frage trifft mich vollkommen unvermittelt und ich denke: »Donnerwetter. Ein gelungener Überraschungsangriff. Woher weiß er das?« Ich bin perplex. Bin sprachlos. Aber wie immer nur ganz kurz. Schon erwidere ich: »Weil du einen richtig schlechten Job machst. Weil dir seit Jahrzehnten nichts Besseres einfällt, als mich mit Essen vollzustopfen, meine Seele zu betäuben, und mir somit jeglicher Zugang zu meinen echten Gefühlen versperrt bleibt.«

Der Wächter reagiert vollkommen unbeeindruckt: »Als ob du jemals bereit gewesen wärst, dich deinen wahren Gefühlen zu stellen.«

Das Licht geht aus und es wird stockfinster. Nach kurzer Zeit flackert es hell, etwa zwanzig Meter von uns entfernt. Eine goldene Truhe brennt lichterloh, wird von den Flammen aber nicht aufgezehrt.

»Wenn du dir wirklich deine Gefühle anschauen möchtest, dann lass uns dort hingehen!«, fordert mich mein Wächter auf.

»Jetzt?«, frage ich.

Die Lichterketten des Gauklerwagens mit den Süßigkeiten beginnen wieder zu leuchten. »Oder doch lieber zugreifen?«, fragt er sachlich. »Ich mache lediglich Angebote.«

»Ja, das stimmt«, denke ich. »Es sind meist nur Angebote, die das Unterbewusstsein uns unterbreitet.«

Mein innerer Wächter spricht derweil weiter: »Auf der Kommandobrücke stehst du! Doch immer wenn es brenzlig wird, du dich ängstigst und unsicher wirst, tust du so, als wärst du komplett fremdbestimmt, und verfällst in Selbstmitleid.«

»Du weißt auch nicht, was du willst. Gerade noch hast du mich als stark beschrieben. Hast du mir den Bären nur aufgebunden?«

»Ach Bernd. Immer sind die anderen schuld. Du hältst stoisch selbst dann noch an deinen destruktiven Festlegungen fest, wenn sie dein reales Leben längst widerlegt hat.«

»Wie meinst du das? Wenn du mich schon so angehst, will ich ein ganz konkretes Beispiel hören!«

Mit dem Blick eines Schachspielers, der kurz davor ist, seinen Gegner schachmatt zu setzen, schaut mich der Wächter überlegen an und sagt nur ein einziges Wort: »Kerstin!«

13

KERSTIN

»Also die, nein die, die ist es ganz bestimmt nicht!«, dachte ich ganz spontan, als sich mir die neue Mitarbeiterin, eine groß gewachsene attraktive Frau, persönlich vorstellte.

Obgleich ich meine Festlegung, dass ich keine Frau fürs Leben finden würde, innerlich in Bronze gegossen hatte und jeden Tag abstaubte und polierte, ertappte ich mich regelmäßig dabei, wie ich Frauen dahin gehend beurteilte, ob sie zu mir und ich zu ihnen passen könnten.

Seit gut zwei Wochen arbeitete ich in einem Jugendgästehaus im westlichen Teil des damals noch durch eine Mauer geteilten Berlin. In diesem Studienpraktikum fühlte ich mich wirklich (rampen)sauwohl! Es gab zahlreiche kreative Bühnen, die ich bespielen konnte. Meine Rolle war für alle sofort geklärt. Ich war nicht in erster Linie der Behinderte, sondern der mit dem dicken Schlüsselbund. Einer, der das Sagen hatte. Einer mit Macht!

Schon meine Begrüßungsreden an die neu angereisten Gruppen auf der imaginären Bühne im Speisesaal waren beliebt, weil sie einerseits informativ und andererseits humorvoll waren, gespickt mit hintersinnigen Pointen. Kein anderer Mitarbeiter riss sich um dieses Begrüßungsritual mit Erläuterung der Hausordnung, doch mich drängte es geradezu auf diese Bühne und ich erntete regelmäßig realen Applaus und Respekt. Von morgens bis abends fühlte ich mich gebraucht, wichtig und wertvoll. Ständig wurde ich etwas gefragt oder um etwas gebeten und immer konnte ich helfen.

Einmal fiel der Stadtführer einer Reisegruppe überraschend aus und ich sprang ein, eine Kühnheit, die ich aus heutiger Sicht bestaune. Ein riesiger moderner Reisebus wurde meine Bühne und ich wirkte ganz vorne an der Rampe, ich saß nämlich auf dem Premiumsitz neben dem Busfahrer. Hinter mir mein Publikum, fünfzig junge Leute aus Stuttgart. In meinen drei Fingern hielt ich ein kleines Mikrofon, in welches ich drei Stunden lang nahezu pausenlos Geschichten erzählte – für mich eine Sternstunde des Lebens!

Ich lotste den Fahrer durch Westberlin und wusste zu jeder Sehenswürdigkeit etwas zu erzählen. Ich jonglierte mit Zahlen, die allesamt imposant, aber nicht unbedingt wasserdicht belegbar waren. Am Ende fühlte sich die Reisegruppe gut informiert, sehr gut unterhalten, spendete Beifall und ordentlich Trinkgeld.

Abends patrouillierte ich durch die Flure der einzelnen Etagen und überprüfte, ob die Nachtruhe eingehalten wurde. Je nachdem wie man mir begegnete, konnte ich auch mal ein Auge zudrücken. So herrschte zum Beispiel in der gesamten Einrichtung ein striktes Alkoholverbot. Eines Nachts, als ich durch den Flur ging, hörte ich laute Musik aus einem Acht-Bett-Zimmer. Ich klopfte und trat ein. Die Jungs aus einer Münchner Reisegruppe hatten es sich bei einem Kasten Weizenbier und lauter Musik gemütlich gemacht. Irgendwie waren mir die Halbstarken sympathisch. Sie waren lustig, nannten mich Chef und versprachen, die Musik sofort abzustellen. Im Gegenzug kommentierte ich den Kasten Bier mit den Worten: »Da ihr aus Bayern kommt, will ich dieses Getränk mal als Grundnahrungsmittel durchgehen lassen.«

Dieses Jugendgästehaus war für mich das Paradies und die paradiesischen Momente gab es schon morgens kurz nach dem Aufstehen auf dem Klo. Nach der Verrichtung eines recht großen Geschäftes musste ich mich nicht mit Papier und irgendwelchen gebogenen Stäben herumquälen, sondern ich nutzte zum ersten Mal in meinem Leben eine sogenannte Duschtoilette. Welch ein Luxus! Mein Hintern wurde geduscht und geföhnt. Heute nutze ich ein solches Gerät in meinem Haushalt und bin dem Erfinder, auf ewig dankbar.

Wenn ich einmal freihatte, ging es abends mit ein paar Kollegen in die direkte Nachbarschaft in die Waldenser Hütte, die urigste Kneipe, die ich je erlebt habe. Der Wirt Charlie hatte ein »Karl-Dall-Auge« und war ein echtes Berliner Original. In der Ecke stand eine Jukebox, bei der man beobachten konnte, wie der Greifarm die Singles zum Abspielen transportierte. Meist wählten wir im Wechsel »An der Copacabana« von der Ersten Allgemeinen Verunsicherung und »Marlene« von Frank Zander und rauchten und soffen dabei ununterbrochen. Wie ich danach wieder in mein Zimmer im Jugendgästehaus und dort in meinen Schlafanzug und ins Bett kam, weiß ich nicht. Vielleicht haben mir auch da Engel geholfen?! Gott hat ja ein weites Herz!

Als ich meinen Praktikumsdienst in Berlin antrat, erzählten mir meine Kollegen gleich am ersten Tag, dass in zwei Wochen noch eine junge Frau aus Lüneburg das Team verstärken und ein Freiwilliges Soziales Jahr bei uns absolvieren würde. Ich weiß noch genau, dass ich mich nach dieser Information dem freien Assoziieren hingab und mir der Gedanke in den Kopf schoss: Vielleicht wird das ja meine Frau fürs Leben!

Nun stand mir genau diese Frau gegenüber und ich war sofort überzeugt, dass sie ganz sicher nicht meine Partnerin werden würde. Warum? Ich kann es heute noch nicht recht begründen. Ich glaube, es hatte mit ihrer Körpergröße zu tun. Von ihrem ganzen Habitus und ihre Ausstrahlung war sie mir einen Tick zu selbstbewusst. In meinen unterbewussten Vorstellungen war meine Frau fürs Leben schutzbedürftig, zierlich und zurückhaltend. Sie hatte weniger Bühnenpräsenz, schließlich war ich der Rampenbär.

Doch ziemlich genau vier Jahre nach dieser ersten Begegnung und meinen ablehnenden Gedanken heirateten die Kerstin aus Lüneburg und ich in der evangelischen Stiftskirche in meiner Heimatstadt Landau in der Pfalz.

Unsere Liebe auf den zweiten, dritten, vierten oder auch fünften Blick, die bis heute anhält, hat die bronzene Festlegung von ihrem Sockel gestoßen und ließ sie in tausend Scherben zersplittern. Trotzdem bin ich auch heute immer wieder versucht, destruktive Gedanken in einem kleinen seelischen Beet einzupflanzen, zu gießen, zu düngen und zu pflegen, damit sie gut gedeihen. Dass sie in Wirklichkeit wucherndes Unkraut sind, entdecke ich manchmal viel zu spät.

Dass wir beide doch ein Paar wurden, war kein einfacher Weg. Noch während meines Praktikums verliebten wir uns ineinander, doch keiner gab es dem anderen gegenüber offen zu. Als mein Praktikum zu Ende und ich wieder in Mainz war, schrieb Kerstin mir einen wunderbaren zehnseitigen Brief. Darin erklärte sie mir höchst einfühlsam, warum das mit uns auf Dauer nichts werden könne. Sie gestand mir ihre Verliebtheitsgefühle, bat mich aber gleichzeitig, ihre Verstandesentscheidung zu akzeptieren. Sie war sich eben nicht ganz sicher und wisse, dass mich eine vorübergehende Beziehung, die nicht allzu lange anhält, am Ende sehr verletzen würde. Dies wolle sie mir und uns unbedingt ersparen. Sie könne heute nicht garantieren, dass aus einer Liebelei zwischen uns beiden etwas Handfestes und Dauerhaftes werden würde.

Ich antwortete mit einem ebenfalls langen, handschriftlichen Brief. Schweren Herzens akzeptierte ich Kerstins Entscheidung, bat aber darum, dass wir doch eine Freundschaft pflegen sollten. Dies stieß auf freudiges Einvernehmen aus Berlin und alsbald lud ich mich für einen Wochenendbesuch bei Kerstin ein.

Nachdem wir den theoretischen Teil unserer persönlichen Reifeprüfung im Rahmen unseres Schriftwechsels abgehandelt hatten, wandten wir uns der Praxis zu. Und wie so oft hatte die Praxis nur sehr wenig mit der Theorie gemein. An diesem Wochenende wurden Kerstin und ich ein Paar, schlenderten Händchen haltend über den Kurfürstendamm und platzten vor Glück. Ich war überrascht, wie gut ich knutschen konnte, und hingerissen von Kerstins Schönheit.

So klar wie Kerstin vorher beschrieben hatte, warum eine Liebesbeziehung zwischen uns beiden keine Chance haben würde, so konkret beschrieb sie nun an diesem Wochenende das Gegenteil. Als wir gemeinsam über den Berliner Jahrmarkt Luna Luna spazierten, flüsterte sie mir ins Ohr: »Ich wünsche mir sechs kleine Hocks!«

In diesem Moment standen wir direkt vor einem Schießstand, an dem man unter anderem kleine Störche aus Plüsch schießen konnte. Fünf Röhrchen musste man dafür erfolgreich abknallen. Die Verliebtheit hatte sämtliche Vorbehalte bezüglich meiner Körperbehinderung bei Kerstin geschreddert und somit richtete sie eine durchaus skurrile Bitte an mich: »Bernd, schieß mir bitte einen solchen Storch!«

»Wie bitteschön soll das gehen? Hast du meine Körperbehinderung vergessen? Ich kann ein Luftgewehr kaum halten. Lass uns vernünftig sein, ich will mich nicht blamieren« – all diese logischen Worte sagte ich *nicht*! Ich dachte sie nicht einmal.

Ich wäre nicht der Rampenbär, wenn ich nicht auch diese Bühne betreten hätte. Stattdessen gab ich dem Mann am Schießstand 2,50 D-Mark, ein Schuss kostete 50 Pfennig.

»Ich werde meiner Freundin jetzt einen solchen Storch schießen!«, strahlte ich den Mann an und konnte direkt seine Gedanken lesen:»Mut hat er ja, der Krüppel!« Seine Frau, die etwas weiter abseits stand, schaute deutlich ängstlicher. Als ihr Mann mir das Gewehr reichte, hätte sie, ihrem Blick nach zu urteilen, am liebsten den Rummelplatz evakuieren lassen. Ich legte das Gewehr auf, zielte, drückte ab und das erste Röhrchen zersplitterte in alle Richtungen. Nachladen konnte ich nicht alleine, dies übernahm der Schießstand-Besitzer für mich. Auch die nächsten drei Röhrchen zerschoss ich bilderbuchmäßig mit jeweils einem Schuss! Nun hing der Storch buchstäblich nur noch am seidenen Faden beziehungsweise an einem Röhrchen. Der finale Schuss stand an! Ich war aufgeregt und zitterte sogar ein bisschen. Dann drückte ich ab. Nichts passierte!

Ich legte das Gewehr nieder und vom Zusammenkneifen der Augen sah ich etwas verschwommen, nahm aber durchaus das Strahlen der Schießstand-Besitzerin wahr, die, so glaube ich, nun am liebsten das Lied »Hurra, wir leben noch!« von Milva angestimmt hätte. Da richtete sich ihr Mann vor mir auf. Ich hatte nicht mitbe-kommen, dass er sich gebückt hatte. In der Hand hielt er den Plüsch-Storch, der tatsächlich nach unten gepurzelt war. Ich hatte auch das fünfte Röhrchen satt getroffen.

Als ich am späten Sonntagabend mit einer riesigen Pan-Am-Maschine zurück nach Frankfurt flog und mir die Stewardess etwas zu trinken anbot, zog ich einfach so ein Passfoto von Kerstin, welches sie mir kurz vor der Abreise geschenkt hatte, aus meiner Hemdta-sche und zeigte es der Flugbegleiterin mit den Worten: »Schauen Sie mal! Das ist meine Freundin!« Kerstin hatte mein Herz erobert und ich das ihre.

Ich schoss nicht nur den Storch, sondern ein ganzes Studiense-mester in den Wind und widmete mich stattdessen ständig neuen kreativen Liebesaktionen. Einmal verbrachte ich einen halben Tag in der Stadtbücherei in Landau, denn von Google & Co. wusste man 1988 ja noch nichts. Dort übersetzte ich mithilfe zahlreicher Bücher den Satz »Ich liebe dich!« in unzählige Sprachen dieser Welt. So weiß ich bis heute, dass die Liebeserklärung beispielsweise auf Mandarin 我爱你 heißt und *Wǒ ài nǐ* ausgesprochen wird. Meine Übersetzungsergebnisse jagte ich selbstverständlich nicht per Fax oder gar WhatsApp zu Kerstin nach Berlin, sondern ich verfasste erneut einen mehrseitigen handschriftlichen Brief.

Im September 1989 zog Kerstin zu mir nach Mainz. Wir erhielten ein dreißig Quadratmeter großes Doppelapartment im Studentenwohnheim, ich studierte und Kerstin arbeitete in ihrem ursprünglichen Beruf als Hotelfachfrau.

Für meinen Vater beginnt Norddeutschland in Frankfurt am Main und somit kannte ich den wirklichen Norden unseres Landes nicht. »Das müssen wir ändern«, beschloss Kerstin liebevoll. »Ich will dir Norddeutschland zeigen, das Meer und die Strände! Vielleicht werden wir da ja später einmal leben?! Das Wetter dort oben ist übrigens lange nicht so schlimm, wie man immer sagt.«

Wir planten einen dreiwöchigen Urlaub an der Nord- und Ostseeküste und ich machte Kerstin einen Vorschlag: »Okay! Wir werden jetzt 21 Tage im Norden Deutschlands unterwegs sein. Wenn wir davon 15 reine Sonnentage erleben, dann bewerbe ich mich nach meinem Studium in Norddeutschland!« Deal? Deal!

Drei Wochen Malediven hätten uns nicht mehr Sonnenbräune verliehen. Wir erlebten nur einen einzigen Regentag und am 1. Januar 1993 trat ich meine erste Arbeitsstelle in Hamburg an.

Kerstin hörte irgendwann auf, mein Herz weiter zu erobern. Vernünftig. Wir hatten ja verbindlich Ja zueinander gesagt und liebten uns. Sie genoss meinen Humor und sie genoss mich auch, im Publikum sitzend, auf so mancher echten Kleinkunstbühne. Privat genoss sie den »Bärnd«, den starken Bären, und erklärte die Zweisamkeit zur »Rampenbär-freien Zone«.

Heute lebt und pulsiert unsere Ehe seit nunmehr fast dreißig Jahren! Kerstin war meine erste Frau und sie wird auch meine letzte sein!

Kerstin hat schon immer eine tiefe Sehnsucht nach dem Echten in sich getragen, auch wenn sie dies erst heute klar erkennen und beschreiben kann. Somit sehnte sie sich natürlich auch nach dem echten Bernd, nicht nach dem, der eine Rolle spielte und kraftlos war, sobald der Vorhang fiel. Was ich allerdings am besten konnte, war eine, oder mehrere Rollen zu spielen. Wer dieser echte Bernd ist, das wusste ich damals nicht, und in kleinen Teilen ist es mir auch heute noch verschlossen.

Kontrolle aufzugeben ist nicht meine Kernkompetenz und Vertrauen nicht mein zweiter Vorname. Dennoch kann ich mit ehrlicher Überzeugung sagen, dass es wirklich keine zweite Person auf dieser Welt gibt, der ich mehr vertraue als Kerstin. Keinen Menschen, den ich mehr liebe als Kerstin.

Mit der Liebe und dem Rampenbär ist das so eine Sache, und doch gebe ich heute, was ich kann. Viel zu lange, viel zu oft habe ich gegeben, was ich nicht kann, was ich nicht konnte. Immer wenn ich gebe, was ich nicht habe, ist dies unmittelbar mit der hochgiftigen Erwartung verbunden, mein Gegenüber müsse sofort einen euphorischen Ausdruckstanz der Dankbarkeit aufführen, applaudieren und mir zujubeln, damit das Loch in meinem Liebestank, welches ich mit meinem Geben selbst aufgerissen habe, wieder gestopft wird. Ich bin hier lange noch nicht am Ziel, aber auf einem guten Weg.

Kerstin hat von Anfang an etwas in mir gesehen, was unheimlich liebenswert ist. Unermüdlich versucht sie, diesen Schatz zu heben, damit ich endlich dauerhaft auf die Schokoladen-Stützräder meines Lebens verzichten kann.

Meine Frau braucht keine Bühne. Sie braucht keinen Applaus, kein Scheinwerferlicht und keinen Künstlernamen. Es gibt nur eine Kraft und Macht, nach der sie sich mehr und mehr sehnt: Liebe! »Ich möchte ein Ausdruck von Gottes Liebe hier auf dieser Erde sein!«, hat sie einmal gesagt und – bei Gott – das ist sie!

Was zeichnet Kerstin noch aus?

Sie kann Lachen machen! Bei meinem größten realen Bühnenauftritt 2006 in der Olympiahalle in München habe ich einmal 4800 Menschen zum Lachen gebracht. Kerstin hingegen erreicht Menschen, die ich mit meiner monumentalen Erscheinung und meiner lauten Stimme oft eher ängstige: Babys und Kleinkinder. Im Zusammensein mit diesen kleinen Menschlein ist Kerstin einfach nur da und strahlt und gewinnt ihr Vertrauen und ihr Lachen.

Was macht Kerstin noch aus?

Sie hilft ihren Mitmenschen, sie umsorgt sie und sie kümmert sich, und dies alles ohne viel Brimborium. Während ich mir am liebsten noch eine Lichterkette um meinen Revue-Körper wickeln möchte, wenn ich einmal zwei Teller vom Esszimmer in die Küche trage, damit meine Hilfe im Haushalt auch weltweit gesehen und gewürdigt wird, handelt Kerstin einfach. Und sie macht es perfekt!

Was noch?

Ihre einzigartige Mischung aus liebevoller Zurückhaltung und verblüffender, ausdrucksstarker Klarheit. Und ihre Leidenschaft! In lebhaften Diskussionen können Menschen es oft kaum abwarten, bis andere ihren Redebeitrag beendet haben und sie selbst zum Zug kommen. Dies bringen solche Leute nicht selten mit Gestik, Mimik und teilweise Gemurmel zum Ausdruck. Andere wieder sind ständig beleidigt, weil sie das Gefühl haben, immer unterbrochen zu werden oder nicht aussprechen zu dürfen. All dies findet man bei Kerstin nicht. Sie hat nicht die Not, zu allem etwas sagen zu müssen. Ist ihr aber etwas wichtig, dann spricht sie klar, vertritt deutlich ihre Meinung und lässt sich nicht unterbrechen. Am leidenschaftlichsten werden ihre Redebeiträge, wenn sie über Gottes Liebe spricht.

Ich habe noch keine zweite Person kennengelernt, die mit zunehmendem Alter immer jünger wird. Unsere natürlichen Blutgefäße werden starrer und fester und dies ist beispielsweise ein Grund für

Bluthochdruck im Alter. Kerstins psychische Blutgefäße werden dagegen immer beweglicher. Sie hat keine starre, gar verurteilende und festgezurrte Meinung. Im Gegenteil, sie wird immer lockerer und auch körperlich immer noch schöner und attraktiver.

Auch das macht Kerstin aus!

14

DER WEG
DER ERINNERUNGEN

Endlich habe ich wieder Zeit und Muße, mich hinzusetzen und meinen Gedanken nachzuhängen. Die Reise in mein Innerstes fortzusetzen. Dort anzuknüpfen, wo ich neulich gedanklich ausgestiegen bin. Ich schließe die Augen und bin sofort wieder im Dialog mit meinem inneren Wächter, der sich so real, so wirklich anfühlt:

»Du kannst das Licht am Süßwarenstand wieder ausmachen. Ich bin bereit. Lass uns zu dieser Gefühlstruhe gehen«, skandiere ich gespielt selbstbewusst und lasse mich erfolgreich nach vorne von der Bühne rutschen.

»Dann mal los!«, unterstützt mein Wächter meine Initiative, steht auf und geht voran. Ich bin dagegen noch etwas zögerlich und bleibe stehen. Der Wächter dreht sich um: »Auf geht's, Rampenbär, lass uns hinter die Kulissen deiner Seele blicken.«

Ich schließe auf und wir bewegen uns langsam im Gleichschritt auf die immer noch brennende Truhe zu, die laut dem Wächter meine Gefühle enthält. Komisch, je mehr wir uns den Flammen nähern, desto kälter wird es. Doch ich sage nichts dazu, strenge mich sogar an, nichts zu denken, um nicht vor Angst umzudrehen.

»Versuche nicht, nichts zu denken. Das strengt nur an und klappt selten. Lass die Gedanken einfach kommen und wieder weiterziehen«, versucht mich der Wächter zu beruhigen. Anscheinend kann er auch meine Gedanken lesen. Na ja, das muss er ja auch können, um rechtzeitig auf meine Gefühlslagen zu reagieren.

Trotzdem werden meine Beine immer schwerer. Mein Herz und mein Gemüt auch. Ich fühle mich wie auf meinem Ergometer-Fahrrad, kurz bevor die 160-Watt-Minute beginnt. Obgleich ich fast jeden Tag auf diesem Hometrainer sitze, habe ich eigentlich niemals Bock, mich den Belastungsminuten in der Mitte und am Ende der Trainingseinheit auszusetzen: 80, 100, 120, 140 und 160 Watt. Manchmal bin ich fast ein wenig wütend auf mich, dass ich mir ein solches Programm zusammengestellt habe. Ich rede mir dann ein, ich könne ja jederzeit abbrechen, wenn ich nur wollte. Ich bin schließlich nicht der Sklave dieses Fahrrads oder der Durchschnittswerte auf dem Display, die am Ende ausgespuckt werden. Tatsächlich habe ich jedoch noch nie ein Trainingsprogramm abgebrochen. Stolz? Angst vor einer Niederlage? Ich weiß es nicht genau. »Magisches Denken« nennt man so etwas in der Psychotherapie. Man meint: »Solange ich die und die Zeit bei der und der Geschwindigkeit und der und der Durchschnitts-Wattzahl erreiche, wird mir gesundheitlich nichts passieren, werde ich leben.«

Obwohl wir schon eine ganze Weile gehen, kommen wir der brennenden Gefühlstruhe nicht wirklich näher. Das kommt mir nicht ungelegen – wer weiß, welche unangenehmen Gefühle sich in dieser Truhe befinden. Will ich sie mir wirklich ansehen? Oder will ich mir nur keine Niederlage vor meinem Wächter eingestehen, den ich ja eigentlich feuern wollte?

Vielleicht symbolisiert der Weg zu dieser Truhe ein Stückchen Lebensweg von mir. Bewusst steige ich aus der bedrohlichen, kalten Atmosphäre aus und stelle mir stattdessen schöne Stationen meines Lebens links und rechts dieser Lebenslinie vor, symbolisiert durch bestimmte Szenen oder Gegenstände.

Zum Beispiel erinnere ich mich an mein Bonanza-Fahrrad aus den Siebzigerjahren. Kein Fahrradhändler in Landau hatte sich getraut, für mich ein spezielles Fahrrad zu bauen. Kaum einer hatte überhaupt geglaubt, dass ich jemals ohne Stützräder auf einem Zweirad würde fahren können. Aber ich wollte es unbedingt und so wurde mein Vater kreativ. Er besorgte einen originalen Bonanza-Rad-Lenker, der überdimensional groß und tief gebogen war. Trotzdem musste er an den Enden noch entsprechend der Länge meiner Ärmchen angepasst und hochgebogen werden. Kurzzeitig standen mein Vater und mein Opa vor einer großen Herausforderung. So ein Lenkerrohr ist ja innen hohl. Wie sollte man es nun erhitzen, um es zu biegen, ohne dass es brach? Mein Vater, der immer für alles eine Lösung fand, hatte auch hier eine Idee. Zusammen mit meinem Großvater befüllte er den Hohlraum des Lenkers mit Sand. Nun konnte das Stahlrohr erhitzt werden, sodass es weich wurde und der Lenker an seinen Enden entsprechend der Form meiner Hände nach oben gebogen werden konnte.

Nun gab es kein Halten mehr. Auf dem Parkplatz eines nahe gelegenen Altenheims brachte mein Vater mir mühevoll und geduldig das Radfahren bei. Nach anfänglichen Schwierigkeiten legte ich in den folgenden Jahren mehrere zehntausend Kilometer zurück – mein Fahrradtacho sprang jedes Mal wieder auf null, wenn die Zehntausend überschritten wurden.

Als ich etwa vierzehn Jahre alt war, fuhren mein Vater und ich mit den Rädern mit dem Zug nach Freiburg im Breisgau. Von dort radelten wir in mehreren Etappen zurück nach Landau. Zwischendurch sahen wir uns viele schöne Orte an und erlebten viel Lustiges.

Wir machten auch Station in Rust, um den berühmten Europapark zu besuchen. Ich freute mich sehr darauf, den riesigen Freizeitpark kennenzulernen. Jahrmarkt in seiner höchsten Vollendung! Was hatten wir dort für einen schönen Tag!

Nur manches Geglotze der Leute um uns herum störte etwas. Deshalb wollten Papa und ich, um ungestört genießen zu können, bei der Wildwasserbahn gerne eine »Baumstamm-Gondel« alleine für uns haben. Da an diesem Tag sehr viele Menschen in dem Park waren und man überall sehr lange anstehen musste, genehmigten uns die Aufseher dies jedoch nicht, und wir setzten uns auf die hinteren Plätze eines Baumstammes, der vorne mit einem kleinen Jungen und seiner Mutter besetzt war. Schon als wir beiden Schwergewichte in den Baumstamm einstiegen, sank dieser hinten bedrohlich tief ins Wasser ein und kam selbstverständlich vorne entsprechend hoch. Dies veranlasste Mutter und Sohn dazu, sich zu uns umzudrehen und die Augen zu verdrehen.

Bei meinem Anblick rief der Junge, was andere Kinder meistens sagten: »Mama! Guck mal da! Der Junge hat keine Arme!«

Ich war verletzt, ließ mir jedoch nichts anmerken. Mein Vater wusste auch so, was sich in mir abspielte, und war wild entschlossen, dafür zu sorgen, dass wir diese Fahrt, für die wir über eine Dreiviertelstunde angestanden hatten, in vollen Zügen genossen. So ging er überhaupt nicht auf die Bemerkung des Jungen ein, sondern rief laut aus: »Jawohl, jetzt geht's los! Ab geht die Post!«

Unser Baumstamm erhielt freie Fahrt und nach ein paar lächerlichen Kurven wurden wir langsam nach oben auf den höchsten Punkt gezogen. Unten standen Leute, die dem wilden Treiben auf der Wasserbahn von außen zusehen wollten. Ich erinnere mich noch genau, was auf einem Hinweisschild an einer Absperrung am unteren Ende der steilen Rampe stand: »Wenn Sie hier stehen, werden Sie nicht nass.«

Jetzt kam der spannende Moment, der in meinem ganzen Körper für ein heftiges Kribbeln sorgte. Die Zahnradkette gab unseren Baumstamm frei und mein Vater hielt mich fest und schrie ganz laut: »Bahn frei, Appelbrei« – ein Ausruf ohne Sinn, den wir beide auch immer beim Rodeln schrien und der einfach Spaß machte. In einem Affenzahn schossen wir die circa zwanzig Meter hohe Rampe steil hinunter. Der Junge vorne riss seine Arme hoch, denn hinter der Absperrung fotografierte sein Vater das Spektakel mit einem langen Objektiv. Unten am Ende der Rampe wurde der Baumstamm automatisch durch das Wasser abgebremst. Es schwappte auch immer etwas von dem kühlen Nass in die Gondel und es spritzte ordentlich in Richtung der Zuschauer außen. Da es ein heißer Sommertag war, hatte niemand Angst vor dieser willkommenen Abkühlung.

Allerdings war unser schwimmender Baumstamm ein kleiner Schwertransport und wir hatten eine enorme Schub- und eben auch Bremskraft. Es waren nicht ein paar Spritzer, nein, das Wasser schwappte literweise in unsere Gondel. Als die Bugwelle hereinbrach, sah ich den Jungen kurzzeitig gar nicht mehr. An das Gesicht seines klitschnassen Vaters hinter der Absperrung kann ich mich dagegen noch gut erinnern, obgleich ich glaube, dass sein sorgenvoller Blick eher seinem teuren Objektiv galt. Die Mutter trug ein schönes, geblümtes Sommerkleid, das nun wie ein Neoprenanzug völlig durchnässt eng an ihrer Haut anlag und ihre gute Figur zeigte. Ihre Locken waren im Eimer.

Ein wenig war das Ganze meinem Vater und mir schon peinlich, aber wir hatten auch Spaß. Die Freude ließen wir aber in diesem Moment noch nicht raus, sondern wir schwiegen alle vier, bis wir das Gelände der Wildwasserbahn verlassen hatten. Mein Vater und ich gingen sehr zügig in eine andere Richtung und dann mussten wir erst mal ordentlich lachen. Später sahen wir Vater, Mutter und Kind noch einmal an einem Kiosk, fröhlich ein Eis essend. Das Kleid der Mutter war wieder trocken und vielleicht hatte sie sich sogar an ihre platte Frisur gewöhnt. War ja nur Wasser!

»Nicht langsamer werden! Hörst du!«, ruft mir der Wächter zu. Ich fokussiere mich wieder auf den düsteren Weg, doch plötzlich denke ich an einen anderen Gegenstand, der sofort wieder eine Erinnerung wachrüttelt: meine alte Panflöte!

Eine der schmerzlichsten Entbehrungen, die mir meine Körperbehinderung beschert hat, ist die, dass ich kein Musikinstrument spielen konnte. Wie gerne hätte ich Klavier oder Trompete gespielt. Oliver, mein Kettcar-Freund, hatte irgendwann angefangen, Klarinette zu lernen, und ließ mich einmal sein teures Instrument ausprobieren. Das Ergebnis war ernüchternd. Natürlich konnte ich mit meinen drei Fingern nicht die entsprechenden Löcher zudrücken. Auch bekam ich keinen gescheiten Ton heraus. Zudem speichelte ich das Blättchen, welches oben in das Mundstück eingeschoben wird, total ein, sodass es nach meinem erbärmlichen Versuch ausgewechselt werden musste.

Trotzdem verbrachte ich als Kind einmal mit meiner Mutter einen ganzen Nachmittag in einem Fachgeschäft für Musikinstrumente. Der Inhaber dieses Geschäftes, selbst Musiker, gab sich viel Mühe. Wir durchstöberten den ganzen Laden und ich durfte einiges ausprobieren. Am Ende wurden wir tatsächlich fündig. Das Instrument der Wahl war eine Panflöte. Durch den begnadeten Panflötenspieler Gheorghe Zamfir, der zu dieser Zeit häufig im Fernsehen zu sehen war, wurde dieses Instrument gerade etwas bekannter. Ich konnte die Panflöte gut halten und es gelang mir sogar, noch im Laden den ein oder anderen Ton zu erzeugen. Voller Freude wünschte ich mir das Instrument zu Weihnachten.

Am ersten Weihnachtsfeiertag kam die Verwandtschaft: meine allerbeste Omi zusammen mit ihrer Schwester, meiner Großtante Suse, die wir alle nur »d'Dande« (pfälzisch für »die Tante«) nannten. Sie war bekannt dafür, dass sie kein Blatt vor den Mund nahm. Überglücklich führte ich nach dem Mittagessen meine Panflöte vor und spielte ein paar Töne mehr schlecht als recht. Anstatt Applaus setzte d'Dande zur Konzertkritik an: »So, Berndl, jetzt langt's. Des konn mer jo nit länger ahorche. Do wird jo d'Milich sauer. Her jetzt uff!« (»So, Berndl, nun reicht es. Das kann man ja nicht länger mit anhören. Da wird ja die Milch sauer. Hör jetzt auf damit.«)

Unheimlich traurig und wütend auf d'Dande verzog ich mich demonstrativ ins kalte Schlafzimmer meiner Eltern, um dort alleine weiterzuspielen. So gerne hätte ich auf der großen Wohnzimmer-Bühne vor dem Verwandtschafts-Publikum gespielt, doch dieses hatte mich im übertragenen Sinne ausgebuht. Dennoch gab ich nicht auf und Wochen später konnte ich sogar ganz passabel den »Einsamen Hirten« flöten. Dieses Stück führte ich eines Abends bei einer Freundin im Garten vor, wofür es ganz real Applaus aus der Nachbarschaft gab.

»Mensch, Bernd, du bist ja schon wieder stehen geblieben. Nun komm bitte!«, ruft mein Wächter leicht genervt. Er sitzt auf einer Wiese, auf der symbolträchtig eine Kuh und ein Bulle stehen. »Das gibt es ja nicht! Das sind ja die beiden Rinder aus Siegelbach!«

Der Zoo in Siegelbach, heute ein Ortsteil von Kaiserslautern, wurde damals von einem guten Freund meines Vaters geleitet. Einmal durfte ich dort eine ganze Woche Urlaub machen, das war wirklich das Paradies für mich. Eine Woche lang Tierpfleger im Tierpark!

Auch hier war es ein dicker Schlüsselbund, der mir Macht und ordentlich Selbstbewusstsein verlieh. Alle wichtigen Schlüssel waren an diesem Bund. Wenn ich gewollt hätte, hätte ich sogar zu den Löwen ins Gehege gehen können. Die Tierparkbesucher interessierten sich für mich. Nicht weil ich dick war und kurze Arme hatte, sondern weil ich diesen Schlüssel in der Hand hielt und meist auch noch einen Eimer mit Futter in der anderen Hand trug. Die Leute folgten mir, weil sie die Tierfütterungen miterleben wollten. Meine besonderen Lieblinge war ein Pärchen einer seltenen Hausrindrasse. Ihre Körper sahen aus wie stinknormale braun-weiß gefleckte Rinder. Gefühlt allerdings waren sie doppelt so groß und ihre Hörner glichen denen afrikanischer Watussirinder.

Die beiden fütterte ich mehrfach am Tag und die Zeiten schrieb ich mit einem Filzstift auf ein Brett am Gehegezaun. Diese Fütterungen zog ich so spektakulär auf, als wären sie sensationelle Zirkusdarbietungen. Wenn ich mich kurz vor der Fütterungszeit dem Gehege der Rinder näherte, warteten schon Besucher auf das großartige Ereignis. Für mich waren es Menschenmassen, in Wirklichkeit waren es immer zwischen sechs und zwölf Personen. In meinem Futtereimer hatte ich zwei Köpfe Salat, ein paar Möhren und etwas trockenes Brot. Um in das Freigehege der Rinder zu gelangen, musste ich durch den Futterhof und den Nachtstall der beiden. Ich war immer mächtig aufgeregt und weiß nicht, ob ich mich diese Aktion heute noch so trauen würde.

Zuerst steckte ich den Vierkantschlüssel in das Schloss und entriegelte die Stalltür. Nun ging ich schnellen Schrittes direkt durch den Stall ins Außengehege und noch schnelleren Schrittes kam der Bulle sofort auf mich zu. Die Kuh trottete deutlich gemächlicher hinterher. Ich bekam jedes Mal ziemliche Angst, wenn der Stier auf mich zurannte. Wäre ich jetzt zurückgewichen oder gar auf einem Kuhfladen ausgerutscht und hingefallen, wäre die Situation echt gefährlich geworden. Ich wich aber nicht zurück und wahrscheinlich taten Engel auch hier wieder das Übrige. Vielmehr schrie ich aus voller Kehle irgendetwas wie: »Heeehooo uuunnnddd anhalteeen!« Ein Mikrofon brauchte ich dabei nicht, obwohl ich gerne eines gehabt hätte. Ich schrie und agierte so laut und energisch, als müsste ich zwölf männliche Löwen bändigen.

Mein Nennonkel, der Freund meines Vaters, beobachtete meine Aktion manchmal von Weitem und lächelte mir zu. Beide wussten wir genau, dass der Bulle auch abgebremst hätte und stehen geblieben wäre, wenn ich überhaupt nicht geschrien hätte. Nur meine spezielle Choreografie und Show-Dramatik wären komplett verloren gegangen.

Anschließend erzählte ich dem Publikum hinter dem Zaun einiges über diese beiden Rinder. Ich weiß heute nicht mehr, was, es war alles relativ belanglos, aber ich erzählte es, als wäre es sehr wichtig. Danach gab ich dem Bullen und der Kuh den Salat, die Karotten und das Brot. Ich kann mich noch heute an den speziellen Mundgeruch der Wiederkäuer und an ihre raue Zunge erinnern.

Zum Schluss bedankte ich mich bei den Zuschauerinnen und Zuschauern für ihre Aufmerksamkeit und wünschte ihnen noch einen schönen Tag im Tierpark. Es gab Applaus und jedes Mal war ich überglücklich. Schließlich waren die Kuh und der Bulle in meinen Fantasien durch brennende Reifen gesprungen, hatten auf großen Medizinbällen balanciert und einige spektakuläre Kunststücke mehr aufgeführt.

»Nun reicht es mir aber! Bring jetzt bitte zu Ende, was du begonnen hast. Es sind ja nur noch ein paar Schritte«, bittet, nein mahnt mich der Wächter und blickt dabei in Richtung Truhe. Diese ist plötzlich nicht mehr weit von mir entfernt und brennt nicht mehr.

»Ist ja schon gut! Entspann dich mal! Ich kneife schon nicht«, entgegne ich und schreite entschlossen zu der großen Truhe wie jemand, der zum ersten Mal vom Drei-Meter-Brett springen will.

Die Truhe ist nicht verschnörkelt, sondern eher schlicht. Sie hat kein Schloss und ich muss nur den Deckel anheben, um hineinzublicken.

Aber warum sollte ich dies tun? Warum die Truhe öffnen? Vielleicht öffne ich meine ganz persönliche Büchse der Pandora? Ich bin gekommen, um diesen Wächter zu feuern, und nun lasse ich mich von ihm am Nasenring durch meine Lebens-Manege führen.

Diese Gedanken hat der Wächter natürlich gehört und er schaut mich ernst an: »Wenn du nicht anfängst, tiefer und genauer hinzuschauen, dann wirst du mich niemals loswerden.«

Wir sehen uns lange an, bevor mein innerer Wächter fortfährt: »Bernd, glaub mir, es ist Zeit, dass du aufhörst, dich auf mich zu verlassen. Da gibt es etwas viel Besseres in deinem Leben. Etwas zutiefst Echtes. Etwas Ehrliches. Etwas Reines. Du hast noch nicht viel davon begriffen. Du bist vor bestimmten Gefühlen davongelaufen oder hast sie in Narkose gelegt. Du hast nie in diese Truhe hineingeschaut. Redest dir selber ein, dass sie nur Schönes beherbergt. Du musst mich nicht feuern. Ich weiß selbst, dass das, was ich für dich tun kann, dir längst nicht mehr guttut. Bitte, Bernd, tu es für dich und tu es auch für mich: Öffne jetzt diese Truhe und schau endlich hin.«

Mit meiner rechten Hand fasse ich den Deckel an, lupfe ihn ein kleines Stück hoch und schiebe einen Finger in den Spalt. Nun hebe ich den Deckel weiter hoch, vielleicht vier bis fünf Zentimeter. Ein eiskalter Hauch umgibt mich und ein schrecklicher Verwesungsgeruch dringt mir in die Nase. Ich muss würgen und reflexartig lasse ich den Deckel los, der daraufhin sofort wieder zuklappt.

»Nicht schlecht für den Anfang. Gleich noch mal!«, ermutigt mich der Wächter.

Ich greife erneut nach dem Deckel, drehe mein Gesicht aber zur Seite, um nicht erneut von dem Geruch umgehauen zu werden. Mein Blick fällt auf eine etwas weiter entfernte, interessante Szenerie, die ich bisher übersehen habe und jetzt etwas verschwommen wahrnehme. »Du hast es gleich geschafft«, flüstert der Wächter, doch ich höre seine Worte nicht mehr, weil ich plötzlich erkenne, was da aufgebaut ist: meine Puppenbühne!

Voller Freude über die willkommene Ablenkung platzt es aus mir heraus: »Ich werd verrückt. Das ist doch …! Da muss ich hin! Sorry, Wächter! Die Truhe muss warten!«

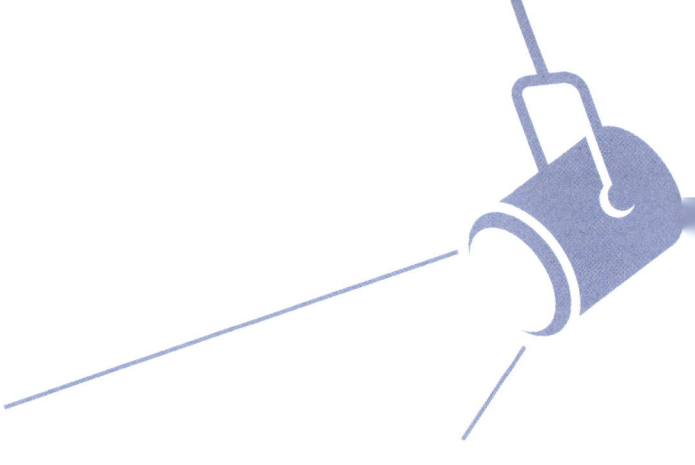

15

ERWIN

Das Taxi, in dem ich saß, stand gerade an einer Kreuzung mitten in Hamburg. Er war quasi frisch geboren, vor knapp einer Dreiviertel-stunde hatte ich ihn in der Nähe von Lüneburg abgeholt. Nun saß er auf meinem Schoß und ich war überglücklich. Er fremdelte nicht, wir beide waren einander schnell vertraut. Es war die richtige Entschei-dung gewesen, nicht selbst zu fahren, sondern ein Taxi zu nehmen. Ich wäre viel zu aufgeregt gewesen, wenn ich mich nicht direkt um ihn hätte kümmern können. Fünfhundert Mark hatte er gekostet, und wenn ich ihm so in die Augen sah, wusste ich, dass er jeden Pfennig wert war.

»Du musst aufpassen, dass die Leute keinen Unfall bauen, weil sie durch ihn abgelenkt werden«, meinte Michael, mein Taxifahrer. Wir beide kannten uns schon lange. Ich fuhr öfter mal eine Tour mit ihm und wir beide waren einander ebenfalls vertraut. Er war der beste Autofahrer, den ich kannte, und ich fuhr gerne mit ihm. Und er hatte recht, so wie mein neuer Kumpel auf meinem Schoß saß und aus dem Autofenster schaute, war er ein echter Hingucker. Die Leute in den Fahrzeugen an den Kreuzungen neben uns waren überrascht und fasziniert zugleich, als sie ihn entdeckten. Sie schauten ihm in die Augen und sie verabschiedeten sich mit einem Lächeln, als der Verkehr weiterfloss. Ich machte den PKW zur Bühne und gab an jeder Kreuzung eine kleine Vorstellung.

Während Michael auf das Grün der Ampel wartete, drehte er sich zu uns rüber, schaute uns mit einem Lächeln an und zog kräftig an seiner selbst gedrehten Zigarette. Rauchen in öffentlichen Gebäuden oder Taxis war 1996 noch erlaubt, wenn es dem Fahrgast nichts ausmachte. Ab und zu rauchte ich sogar eine mit. Nun drückte Michael seine Zigarette aus und warf die Kippe aus seinem Seitenfenster, das zu jeder Jahreszeit einen kleinen Spalt geöffnet war.

»Wie soll er denn heißen?«, fragte Michael, richtete seinen Blick nach vorne und nahm die Autofahrt wieder auf. Darüber hatte ich mir noch gar keine Gedanken gemacht, denn ich wollte zunächst abwarten, wie er genau aussah. Trotzdem überlegte ich keine zehn Sekunden und antwortete wie aus der Pistole geschossen: »Erwin! Er heißt Erwin!« Der Name platzte einfach so aus mir heraus.

»Wie kommst du denn auf Erwin?«

»Schau ihn doch einmal genau an. Das ist Erwin! Da gibt es gar keine andere Möglichkeit.«

»Und was ist er nun genau?«, wollte Michael weiter wissen. »Ein Dino? Ein Fabelwesen? Oder gar ein Monster?«

Auch hier musste ich nicht lang überlegen: »Erwin ist Erwin. Erwin ist ein bisschen ich, Erwin ist ein bisschen du, Erwin ist jeder mal!«

Michael lachte und dieses Lachen ging nahtlos in einen Raucherhusten über, sein ganz persönliches Signal, dass es Zeit war, sich erneut eine vorgedrehte Zigarette anzustecken. »Du bist echt ein verrückter Typ!«, blies er mir mit der Fluppe im Mundwinkel mit ordentlich Rauch hinter der Feuerzeugflamme entgegen.

Meine Begeisterung über Erwin wurde immer größer. Was für eine geniale Mechanik! Ich konnte ihn so gut bedienen. Was für ein Ausdruck! Der Puppenbauer, der mir diese Bauchrednerpuppe speziell auf meine besonderen körperlichen Gegebenheiten hin gebaut hatte, war wirklich ein Genie. Mit Erwin hatte ich mir einen langersehnten Traum erfüllt. Hier sollte es mir nicht so gehen wie mit den Musikinstrumenten. Erwin war keine »Panflöten-Notlösung«, mit der ich in ein kaltes Schlafzimmer verbannt werden würde. Erwin war eine geniale Handpuppe, mit der ich ganz neue große Bühnen erobern würde. Das spürte ich.

Schon als kleines Kind war ich immer wieder traurig darüber gewesen, dass ich die einfachen Kasperlepuppen mit meinen krummen Händen nicht spielen konnte. Dabei liebte ich Puppentheater! Besuchte ich irgendwo eine Vorstellung, konnte ich es manchmal kaum ertragen, nur Teil des Publikums zu sein. Ich wollte so gerne mit einer eigenen Puppe auf die Bühne!

Zum ersten Mal half mir die wunderbare Nachbarin mit ihrem Hund Buzzo meinen Traum zu verwirklichen. Sie war eine beeindruckende Künstlerin, eine Malerin, Bühnenbildnerin, baute eigene Puppen und konnte einfach alles. Ihr Mann war, wie bereits erwähnt, Schriftsteller und ihr gemeinsames Künstlerhaus war für mich ein Paradies. So viel Inspiration für mein kreatives Leben haben mir diese beiden wunderbaren Menschen geschenkt!

Ich baute damals Marionetten, die nur an einem Faden hingen und aus Müll hergestellt wurden, ganz einfache Fantasie-Puppen. Dazu erfand ich Geschichten, die ich auf meinem billigen Kassettenrekorder vertonte. Als das Stück fertig war, baute die gelernte Bühnenbildnerin mir eine beeindruckende Bühne in ihrem Wohnzimmer und wir luden meine Eltern und Freunde des Ehepaars ein. Einmal kam sogar meine Deutschlehrerin, die einst als Studentin beim Künstler-Ehepaar im Haus ein Zimmer bewohnt hatte. Während meiner Vorstellung spielte ich die Musik ab, die ich speziell dafür aufgenommen hatte. So kam es vor, dass in einer eigentlich dramatischen und spannenden Szene meines Bühnenstückes das

Teigrührgerät oder der Staubsauger meiner Mutter zu hören waren. Die Lichteffekte beschränkten sich auf das Aus- und Anschalten einer Stehlampe mittels Fußschalter. Doch wie bei einer richtigen Vorstellung gab es hinterher Applaus und Häppchen.

Später, als erwachsener Mann und Leiter eines Kindertagesheims in Hamburg, wurde ich wieder traurig, weil ich die ganzen sogenannten Klappmaulpuppen in ihrer Mechanik nicht bedienen konnte. Wir gingen damals in die Ansgar-Gemeinde und unser Pastor, Wolfram Kopfermann, hatte Kerstin und mir 1996 die Leitung des Kinderbereichs übertragen. Nun wollte ich, inspiriert durch einen USA-Besuch, unbedingt eine Kinderkirche mit dem Einsatz von Handpuppen gründen. Deshalb hatte ich beschlossen, eine Puppe speziell für mich bauen zu lassen, die ich im Kindergottesdienst einsetzen konnte. Koste es, was es wolle! Und nun war mein Traum endlich Wirklichkeit geworden!

Zu Hause vor dem Spiegel übte ich mit Erwin. Ich steckte mir einen Korken in den Mund und versuchte, trotzdem deutlich zu sprechen. So brachte ich mir ganz ohne Workshop das Bauchreden bei – mehr schlecht als recht, bis heute bin ich keine helle Kerze auf der Bauchredner-Torte.

Aber ich wäre nicht der Rampenbär, wenn es dabei geblieben wäre. Erwin jeden Sonntag aus seiner Alukiste zu holen und zwanzig Minuten im Kindergottesdienst einzusetzen, wurde mir schnell zu wenig, besonders weil es mich beflügelte, mitzuerleben, wie gut die Auftritte von Erwin und Bernd ankamen – und dies bei Jung und Alt. Besonders beliebt waren die Familiengottesdienste, in denen die Predigt gleichermaßen von Wolfram Kopfermann, Erwin und mir gestaltet wurde. Die Mischung aus der durchaus sympathischen pastoralen Ungelenkigkeit von Wolfram und der saloppen, direkten und frechen Wesensart von Erwin war eine beliebte und kurzweilige Art der Verkündigung.

Ziemlich bald griff ich tiefer in den Geldbeutel und ließ mir noch drei weitere Puppen bauen: Professor Möbius, der nur in Reimen sprach und weise und tüdelig zugleich war. Tante Lolly-Pollie, Erwins Tante aus den USA, die immer auf einem Koffer saß und, wenn sie nicht sprach, in der Bibel las. Sie verwechselte gerne einmal die Wörter, da Deutsch nicht ihre Muttersprache war. So kam es vor, dass ich sie deutlich ermahnen musste:»Das heißt Frau!«, wenn sie wieder einmal eine Dame im Publikum freudig mit den Worten ansprach:»Oh, Sie sind aber eine sympathische Sau!«

Mit Tante Lolly-Pollie gelang dem Puppenbauer ein ganz besonderes Kunstwerk. Er schuf mit ihr eine Figur, die selbst dann, wenn sie auf der Bühne stand und nicht gespielt wurde, nicht leblos wirkte. Ihr Mechanismus war einfach ein umgekehrter Hampelmann. Hob ich ihren Kopf mit dem entsprechenden Stab an, so bewegten sich durch einen Gummizug ihre Hände, in der sie die Bibel hielt, nach unten und gaben den Blick auf ihr sympathisches Gesicht frei. Drückte ich den Kopf noch zusätzlich nach vorne, öffnete sich ihr riesiges Klappmaul. Mit einem Fußschalter auf der Rückseite des Koffers, auf dem die Tante befestigt war, konnte ich zusätzlich dafür sorgen, dass sie mit ihrem rechten Fuß wackelte. Damit ihr großer Kopf im Ruhezustand gut abgelegt werden konnte, benötigte sie einen recht großen Busen, der bei den Kindern ordentlich Eindruck machte: »Guck mal, was für dicke Busi!«

Ein weiteres Kunstwerk aus den Händen des Puppenbauers war »Mecki-Mikro«, ein umgebautes Mikrofon, welches mittels Lichtorgel-Technik bei entsprechenden Geräuschen und Aktivierung durch einen Fußschalter den Mund auf- und zuklappte. So wurde Mecki das einzige sprechende Mikrofon der Welt.

Zusätzlich zu den Figuren kaufte ich mir zahlreiche professionelle Zaubertricks und schrieb und inszenierte eigenständig Bühnenstücke.

Das Ganze wurde so professionell, dass ich die »Erwin-Company« gründete, ein nebenberufliches Gewerbe anmeldete und mit meinen Puppen durch ganz Deutschland, Österreich und die Schweiz tourte. Am Ende waren meine Bühnenstücke so aufwendig, dass es zwei Stunden dauerte, bis die Bühne komplett aufgebaut war. Anschließend spielte ich meine einstündigen Bühnenstücke mit voller Inbrunst und totaler Verausgabung. Unvorstellbar, was ich auf der Bühne bei diesen Auftritten alles gleichzeitig tat. Ich spielte mich, spielte die Figuren und bediente mit Fußschaltern zusätzlich noch das Licht und die Musikeinspielungen. Ich sang und tanzte und vollführte Zaubertricks. Der Schweiß rann mir in Strömen über die Wangen, aber all dies machte mir unsagbare Freude, besonders deshalb, weil ich mit dieser Form der Bühnenkunst eine Möglichkeit entdeckt hatte, Menschen für eine gewisse Zeit richtig gutzutun. Ich konnte zum Lachen bringen, ohne dass es auf Kosten anderer ging.

Bis zum Abwinken versuchte ich, das Selbstwertgefühl meiner Zuschauerinnen und Zuschauer zu steigern. Erwin und ich, wir suchten uns Personen aus dem Publikum aus, holten sie auf die Bühne, und Erwin erzählte ihnen minutenlang, wie schön und wunderbar sie gemacht waren. Oh wie oft kullerte da eine Träne der Rührung aus dem Augenwinkel einer bezaubernden und verzauberten Mutter. Am Ende gab Erwin immer noch ein Küsschen.

Nach den Vorstellungen nahm ich mir genügend Zeit, jedem, der ein Autogramm wollte, eines mit persönlicher Widmung zu schreiben. Während dieser Autogrammstunden, die manchmal bis zu zwei Stunden dauerten, trug ich immer noch mein Headset-Mikrofon und ließ den Lautsprecher angeschaltet. Ich versuchte, jedem Kind eine positive Botschaft mit auf den Weg zu geben, die durch den ganzen Saal hallte: »Was für ein schöner Name, Niklas! Weißt du eigentlich, Niklas, dass du ein ganz wunderbarer Junge bist?!«

Eine erhebliche Rolle bei diesen Ermutigungen, die oft wirklich in die Herzen der Menschen vordrangen, spielte meine neue Gottesbeziehung, zu der ich später mehr schreiben werde.

Erwin und ich spielten in kleinen Wohnzimmern und wir spielten in der Olympiahalle in München bei »ProChrist« vor 4800 Personen in der Halle und circa 260 000 Menschen an den Übertragungsorten. Ich lernte viele berühmte Persönlichkeiten kennen und hatte sogar kleine Fernsehauftritte. Ein ganzes Buch könnte ich mit Erlebnissen füllen, die es mit Erwin und mir gab, aber ich möchte hier nur eines beschreiben, welches mich selbst nachhaltig sehr beeindruckt hat.

Einige Jahre trat ich regelmäßig mit Erwin auf dem Sommerfest der Selbsthilfegruppe von Eltern krebskranker Kinder auf dem Gelände des Universitätsklinikums Hamburg-Eppendorf auf. Meist begleitete mich Angy, eine gute Freundin. Sie übernahm in den ersten Jahren die Agenturtätigkeit für die Erwin-Company und wir hatten viel Spaß zusammen.

Einmal waren Erwin und ich Teil des vielseitigen Nachmittagsprogramms dieses liebevollen Festes. Nach uns gehörte die Bühne Rolf Zuckowski, dem legendären Liedermacher und großartigen Künstler, der Erwin und mich zu diesem Kinderfest gebracht hatte. Bevor es losging, plauderten Rolf und ich bei einer Tasse Kaffee. Er brachte seine Freude darüber zum Ausdruck, mich nun gleich einmal mit Erwin live erleben zu können, und nannte mich einen Kollegen. Welch ein Ritterschlag!

Kurz vor dem Auftritt ging ich noch einmal zur Toilette. Der Gürtel meiner Hose war nicht mehr der neuste, und als ich ihn verschließen wollte und an ihm zog, riss er direkt hinter der Gürtelschnalle komplett durch. Wie so oft in meinem Leben befand ich mich an diesem Tag in einer recht erfolgreichen Diätphase und hatte ordentlich Gewicht verloren. Entsprechend locker saß meine Jeans, und ohne dass sie von einem Gürtel gehalten wurde, wäre mein Programm nicht mehr für Kinder geeignet gewesen. Was nun?

Ich war aufgeregt, hielt mit meiner linken kurzen Hand die Hose an einer Gürtelschlaufe fest und ging gekrümmt, ganz ähnlich wie einst in Stuttgart auf dem Flughafen, zu Angy ins Bühnenzelt. Sie erkannte sofort den Notstand, wusste aber auch nicht recht, was sie tun sollte. Mein Auftritt würde in zehn Minuten beginnen. Nach Hause zu fahren, um einen neuen Gürtel zu holen, war nicht mehr drin. Ersatzkleidung hatte ich bei meinen Auftritten nie dabei, dafür aber viele Ersatzstecker, Ersatzbatterien und auch Ersatzkabel. Kurzerhand bat ich Angie, ein Boxen-Verbindungskabel durch meine Gürtelschlaufen zu ziehen und vorne fest zu verknoten. Ich sah nun zwar im unteren Teil aus wie ein fest verschnürter Lachsack, aber das Kabel erfüllte seinen Zweck und auf der Clowns-Bühne ist alles erlaubt.

Am Ende des Festes fragte mich die Leiterin der Selbsthilfegruppe regelmäßig, ob ich auch bereit wäre, mit Erwin in die Krankenzimmer der Kinder zu gehen, denen es kräftemäßig nicht möglich war, am Sommerfest teilzunehmen. Natürlich tat ich dies, und zwar richtig gerne.

Einmal hielt mich die Dame vor einer verschlossenen Tür zurück: »Herr Hock, ich möchte Ihnen absolut freistellen, in dieses Zimmer zu gehen. Ich würde mich natürlich sehr darüber freuen, aber ich möchte Ihnen kurz erläutern, was Sie dort erwartet. In diesem Zimmer liegt ein neunjähriges Mädchen, welches wohl nicht mehr lange leben wird. Es bekommt starke Medikamente und der Anblick und die Stimmung sind sehr herausfordernd.«

Entschlossen bat ich sie, mir die Tür zu öffnen, und trat zusammen mit Erwin in das Zimmer. Die Luft war stark verbraucht und es war sehr warm. Ich stellte mich an das Fußende des Krankenbettes. Vor mir lag ein Mädchen, das von körperlichem Leid und schwerer

Krankheit gezeichnet war. Noch nie hatte ich einen solch aufgedunsenen Kopf gesehen. Die Haut war feuerrot und fleckig, die Augen glasig. Mittels zahlreicher Schläuche und Kabel war das Kind an verschiedene Maschinen angeschlossen, die ab und zu Töne von sich gaben oder irgendwelche Kurven auf Displays anzeigten.

Ich wusste zunächst nicht, wie ich mich verhalten und was ich sagen sollte. Die Leiterin der Selbsthilfegruppe stand hinter mir. Am Kopfende des Bettes saß der Vater des Mädchens und schaute mich mit traurigen und hoffnungslosen Augen an. Als Bernd hielt ich zunächst die Klappe und ließ stattdessen Erwin sprechen, er saß auf der unteren Bettkante und ich spielte ihn, damit er nicht leblos wirkte. Er berichtete dem Mädchen, dass er auch schon ganz doll krank gewesen war. Er erzählte ihr, wie nervig er Schnupfen findet, interessierte sich für die piepsenden Maschinen, und er verriet, dass er unheimlich gerne Gummibärchen isst.

Dann fragte ich das Mädchen, ob ich ihr ein Plakat signieren und hier im Zimmer aufhängen solle. Die Patientin deutete ein Nicken an, welches ihr sichtlich schwerfiel. Eine Ärztin, die mittlerweile ins Zimmer gekommen war, half mir mit dem Plakat und hängte es so auf, dass das Mädchen es sehen konnte, ohne den Kopf zu bewegen. Ich fragte, ob ich mich mit Erwin dem Kind etwas mehr nähern dürfe. Ich durfte.

Erwin hüpfte auf die Bettdecke und erzählte dem Kind, dass er es sehr lieb habe. Nun gab es bei dem Vater kein Halten mehr. Wie Sturzbäche flossen ihm die Tränen aus den Augen. Der Damm des Sichzusammenreißens war gebrochen. Seine Tochter bekam dies nicht mit, sie konzentrierte sich auf Erwin. Dieser fragte die Ärztin, ob er dem Mädchen ein Küsschen geben dürfe. Die Ärztin, die ebenfalls feuchte Augen hatte, nickte. Natürlich fragte Erwin nun auch die Patientin, ob sie überhaupt ein Küsschen wolle. Sie deutete erneut ein Nicken an, lächelte ein wenig und streckte sogar ihre verkabelte

Hand empor und streichelte Erwin kurz an seiner dicken Nase. Diese Schaumstoffnase drückte Erwin nun ganz sanft an die Wange des Mädchens und gab ihr so das zärtlichste Küsschen, welches er jemals verteilt hatte. Nun weinten alle. Alle außer Erwin und mir. Wir verabschiedeten uns und verließen das Zimmer.

Die Leiterin der Selbsthilfegruppe wollte gerne noch mit mir sprechen, doch dazu war ich nicht in der Lage. Stattdessen fragte ich mich in Gedanken, welchen Sinn das gerade alles gehabt hatte. Ich richtete diese Fragen auch an Gott. Warum solches Leid? Was brachte es, wenn ich diesem Kind mit Erwin von Gummibärchen erzählte?

In diesem Moment glaubte ich, eine innere Stimme zu hören, die Folgendes zu mir sagte:»Bernd, die gerade verstrichenen zehn Minuten im Leben dieses Mädchens waren zehn Minuten, in denen einmal nicht diese schreckliche Krankheit ihr Leben dominierte.«

Ich betete in Gedanken für das Mädchen und bat Gott, sie wieder ganz gesund zu machen. Ich will ehrlich sein: Ich betete ohne jeglichen Glauben, dass ein solches Wunder geschehen würde.

»Kommen Sie, Herr Hock?!«, holte mich die Leiterin der Selbsthilfegruppe schließlich aus meinen Gedanken zurück in den Krankenhausflur.

Als ich ein Jahr später mit der Dame und Erwin wieder von Zimmer zu Zimmer ging, blieb sie plötzlich stehen, lächelte und meinte:»Herr Hock, erinnern Sie sich noch an das todkranke Mädchen vom letzten Jahr? Wir haben in dem Zimmer ein Plakat von Erwin aufgehängt und der Vater hat geweint. Stellen Sie sich vor, dieses Mädchen ist nicht gestorben. Es hat überlebt und ist weiterhin auf dem Weg der Gesundung.«

Nun, ein Jahr später, musste auch ich weinen. Ich setzte mich auf einen Stuhl, nahm Erwin in meine kleinen Arme, schluchzte und war erfüllt von tiefer Dankbarkeit.

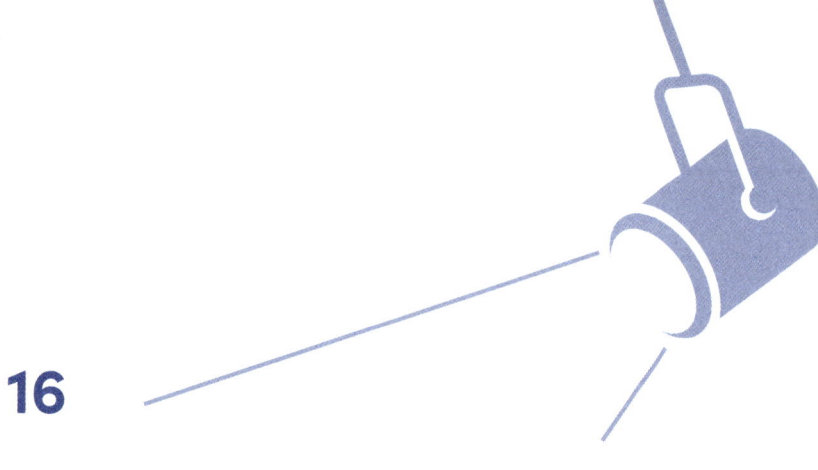

16

LEBT SIE NOCH?

Gerne würde ich mit meinen Gedanken und Erinnerungen noch eine ganze Zeit auf der Bühne bei meinen Puppen verweilen. Alle Geschichten meines Puppentheaters habe ich mir selbst ausgedacht, alles entspringt meiner Fantasie. Diese Figuren stehen heute die meiste Zeit in Alukisten verpackt in meinem Keller, aber ich hauche ihnen Leben ein, wenn die Vorstellung beginnt. Meine Fantasie und meine Spielfreude machen die ganze Puppenbühne lebendig. Die strahlenden und begeisterten Kinderaugen sind ein wunderbarer Lohn. Kinder sind ein total ehrliches Publikum. Wenn ihnen die Vorstellung nicht gefällt, kann man in einer ruhigen künstlerischen Sprechpause vielleicht einen lauten Satz hören wie: »Mama, mir ist langweilig! Wann gehen wir endlich heim?« Mir ist dies einmal widerfahren. Ein guter Durchschnitt!

Mir ist bewusst, dass es jetzt ans Eingemachte gehen wird, wenn ich diese Reise weiterdenke. Gleichzeitig möchte ich wirklich echter werden. Ich möchte so manches Bühnenbild abbauen und mich an dem Wahren erfreuen. Daher tauche ich wieder ein. Knüpfe dort an, wo ich aufgehört habe. Ich gehe von der Puppenbühne zur Truhe, knie mich in Gedanken vor diese und reiße den Deckel auf.

Das tue ich mit einer solchen Wucht, dass ich selbst verwundert bin, dass mir das Scharnier nicht um die Ohren fliegt. Es stinkt erbärmlich. Fast muss ich wieder würgen. Jede Menge Ungeziefer krabbelt und fliegt aus der Kiste. Starke Metaphern, die mir da in den Sinn kommen.

Ich bleibe standhaft und schaue trotz des Gestanks hinein. Fassungslos schüttle ich den Kopf, denn in meiner Vorstellung ist die Truhe voll mit schwarzer Erde. Diese ist gespickt mit kleinen Gegenständen wie aus einer Puppenstube. Kleine Grabsteine, verwelkte Blumen, morsche, verwitterte Holzkreuze. Man kann den Tod riechen. Ein Miniatur-Friedhof. Der Friedhof meiner Gefühle?

Wut steigt in mir auf. Ganz plötzlich. Warum habe ich mich darauf eingelassen und diesen Deckel geöffnet? Außen hat doch alles schön geglänzt. Das hätte doch gereicht!

Ich beginne, die starken Bilder, die in mir Gestalt annehmen, zu verstehen. Wer ist der echte Bernd, hinter so mancher Fassade? Hinter so manchem bunten Licht? Hinter so manchem scheinbaren Glanz?

In meinen Vorstellungen drehe ich mich wieder zu meinem Wächter und will ihm meine Wut ins Gesicht schreien. Ich will ihn in diese Truhe hineinschubsen, sie fest verschließen und diesen ganzen Seelen-Striptease hinter mir lassen.

Doch was ist das?

Mein Wächter weint!

Immer wieder tropft eine Träne auf die Grabeserde. Er beachtet mich nicht, schämt sich seiner Tränen nicht, murmelt etwas vor sich hin, was ich zunächst nicht verstehe, bis ich mich näher zu ihm beuge: »Sie muss doch noch irgendwo sein. Sie kann sich doch nicht …?!«

»Wer?«, frage ich »Was meinst du?«

Da! Die Erdoberfläche bewegt sich. Ein wurm- oder madenähnliches Tier, glitschig und eklig, schlängelt sich an die Oberfläche.

Seine großporige Haut ist fleckig. Was ist das? Die Haut ist tätowiert. Das Wort »Wut« kann ich gut erkennen, bevor sich das Viech an anderer Stelle wieder in die Erde eingräbt. Gleichzeitig tritt ein weiterer übermäßig großer Wurm zutage. Er trägt das Tattoo »Enttäuschung«. Der Wurm bleibt auf der Erdoberfläche liegen. Der »Wut-Wurm« taucht erneut auf und schmiegt sich an die Enttäuschung. Binnen weniger Augenblicke gesellen sich noch »Ärger«, »Angst« und »Trauer« zu den beiden. Alle fünf Würmer verdrehen sich zu einem dicken, schleimigen und unheimlich ekligen Zopf.

Die Bilder sind zwar widerlich, aber ich merke, dass es mir guttut, mich diesem Albtraum, den ich bewusst herausgefordert habe, zu stellen.

Der Wächter dreht sich zu mir und spricht unter Tränen: »Verstehst du jetzt, dass ich dich gegen solch ein Monster nicht anfüttern kann?! Weder mit Marzipan noch mit sonst irgendetwas.«

»Moment mal!«, entgegne ich. »Du willst doch wohl nicht sagen, dass dieser Monster-Friedhof hier wirklich mein inneres Gefühlsleben widerspiegelt!«

Der Wächter wischt sich die Tränen ab, schaut mir tief in die Augen und spricht sehr ernsthaft und tief berührt: »Allzu oft ist das hier das, was du empfindest, wenn du nicht im Rampenlicht vor Publikum agierst, sondern im Tageslicht nackig vorm Spiegel stehst und dich schämst, dass du wieder zugenommen hast.«

Ich fühle mich ertappt. Widerstand zwecklos. Er hat recht. Ich will den Deckel schließen. Ich habe genug gesehen.

»Halt!«, schreie ich. Was macht der Idiot da? Er beugt sich tief in die Truhe und beginnt, mit seinen Händen zu graben. Die Würmer erschrecken, drehen sich auseinander und »Wut«, »Ärger«, »Angst«, »Trauer« und »Enttäuschung« tauchen blitzschnell ab ins Verborgene. Jetzt dreht der Wächter seinen Kopf zu mir um und ruft fast flehentlich: »Los, hilf mir! Vielleicht lebt sie noch!«

Ich verstehe kein Wort, komme seiner Aufforderung aber direkt nach und beginne ebenfalls, mit meiner rechten Hand zu graben. Nach kurzer Zeit entdecke ich den »Enttäuschungs-Wurm«. Ich will ihn packen, doch die Enttäuschung gleitet mir durch die Finger und versteckt sich wieder.

»Die Enttäuschung lässt sich nicht so einfach packen und abschütteln«, kommentiert der Wächter. »Konzentriere dich jetzt nicht auf sie! Wir suchen etwas anderes!«

Der Wächter hat seinen Satz noch nicht ganz ausgesprochen, da stoße ich mit meinem kleinen Finger auf etwas Weiches. Etwas Warmes. Ich zucke zunächst zurück, da ich wieder einen Wurm vermute. Dabei schleudere ich eine Portion Erde nach oben und entdecke einen Goldschimmer.

»Ganz vorsichtig«, flüstert der Wächter. Zusammen schieben wir die Erde zur Seite und ein lebendiges, sich langsam rhythmisch bewegendes, goldenes Herz kommt zum Vorschein. So richtig glänzend ist es aber nur noch an wenigen Stellen. Es trägt viele Bisswunden und ist übersät von entzündeten Narben. Vorsichtig hebe ich es aus der Truhe, lege es sanft auf den Boden und schließe den Deckel der Kiste. Nun setze ich mich hin, nehme das verwundete Herz und lege es in meinen Schoß. Ich entdecke, dass auch dieses Herz ein Tattoo trägt. Stark verblasst zwar, aber noch deutlich genug zu erkennen: »Liebe!« Darunter ein Datum und zwei Initialen: »26. 10. 1991 – J. C.«

Auch der Wächter betrachtet das Tattoo und lächelt: »An den Samstag, den 26. Oktober 1991, erinnere ich mich sehr gerne. An diesem Tag hast du mich für eine ganze Weile in Urlaub geschickt.«

»Ich weiß!«, antworte ich. »Ich hatte etwas ganz Neues kennengelernt! Habe dich für eine ganze Weile nicht gebraucht.«

Ich bekomme feuchte Augen und wir schweigen wieder gemeinsam. Eine schöne, eine gute und mittlerweile vertraute Stille. Behutsam wische ich das Herz sauber. Entferne Reste von Erde. Eine Träne befreit sich aus meinem Augenwinkel und fällt direkt auf eine kleine, offene Wunde des Herzens. Es zischt, wie wenn Wasser auf ein glühendes Ceranfeld tropft. Die Tränenflüssigkeit zerfällt in viele kleine Bläschen und verdampft völlig. Auf einem Ceranfeld bleibt meist ein weißer Kalkrand zurück. Nicht so hier. Dort, wo die Träne verdampft ist, ist die Oberfläche nun wieder schön und glänzend. Keine Wunde mehr, nicht einmal eine Narbe, ganz glatt.

Meine Seele fließt über und pumpt reichlich Tränenflüssigkeit in meine Tränenkanäle, die sich jetzt in dicken Tropfen auf das Herz entleeren. Es zischt und dampft und nach und nach heilen alle oberflächlichen Wunden auf dem goldenen Herzen.

»Da! Schau!«, freut sich mein Wächter: »Es schlägt schon viel kräftiger.« Tatsächlich, die rhythmischen Bewegungen des Herzens sind fest und regelmäßig.

»Wie kraftvoll dieses Herz sein muss, dass es unter dieser dicken Erdschicht und unter dem brutalen Einfluss der Parasiten immer noch schlagen konnte«, denke ich.

Ganz real fällt mir auf, dass die Gedanken meiner Traumreise die gleichen Gedanken sind, die ich so manches Mal im wirklichen Leben habe, wenn ich mich für mein Fressverhalten schäme und über mein armes Herz in meinem Brustkorb nachdenke, welches sich unter dieser enormen Fettschicht abmühen muss.

Mein Wächter wirkt etwas erschöpft und dennoch zufrieden, als er weiterspricht: »Oh ja, Stille und ehrliche Tränen haben schon so manche durch Wut, Ärger und Enttäuschung verursachte Verletzung geheilt. Die Liebe kann niemals ganz aufgefressen werden. Das Herz schlägt, Bernd. Es schlägt wieder kräftig!«

Ich brauche nicht lange, um die Botschaft hinter diesen Worten zu verstehen. Und diese Botschaft, die ich wieder ganz neu erkenne, erfüllt mich mit tiefer Freude:

»Gott will, dass ich lebe!«

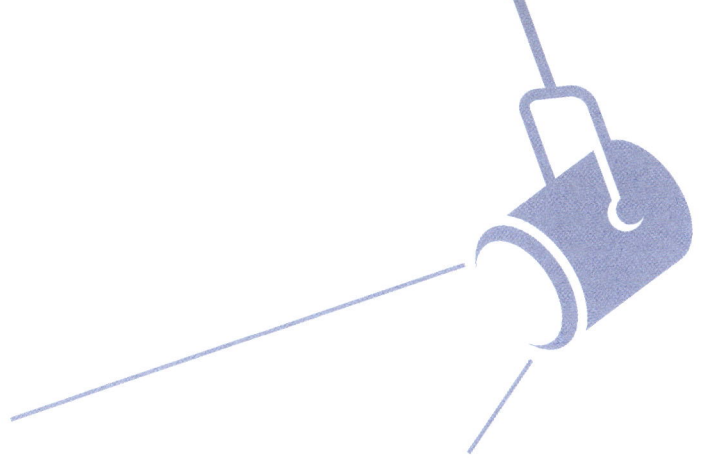

Jesus Christus spricht: »Ich bin die Auferstehung und das Leben. Wer an mich glaubt, wird leben, auch wenn er stirbt.«

Evangelium nach Johannes, Kapitel 11, Vers 25

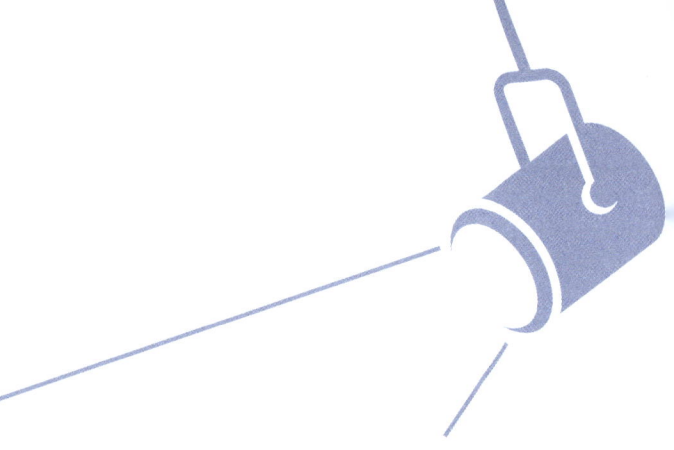

17

LIEBER GOTT, MACH MICH FROMM...

»Lieber Gott, mach mich fromm, dass ich in den Himmel komm. Amen«, so lautete eines von zwei Gebeten, die ich jeden Abend im Bett vor dem Einschlafen sprach. Auch wenn ich vieles lange nicht begriffen habe und auch heute noch nicht in aller Tiefe verstehe, gab es für mich immer einen Gott. Und er trug immer den Titel »Der liebe Gott«. Mit Jesus konnte ich nicht so viel anfangen. Wurde er Bestandteil eines Gespräches oder einer Diskussion, verstieg ich mich meist zu der Anmerkung: »Ich halte mich nicht gerne lange im Vorzimmer auf. Ich möchte am liebsten immer direkt zum Chef!«

»Ich bin klein, mein Herz ist rein, soll niemand drin wohnen als Jesus allein! Amen!« war dennoch das zweite Gebet, bevor ich die Augen schloss. Irgendwie hat Jesus mich anscheinend trotzdem beschäftigt, obgleich er mir nicht so nah war wie »der liebe Gott«.

Vielleicht habe ich mit diesen allabendlichen Lippenbekenntnissen schon damals mein Herz auf den 26. Oktober 1991 vorbereitet. Doch eigentlich waren es gar keine bloßen Lippenbekenntnisse. Wenn beispielsweise medizinische Hiobsbotschaften in meiner

Lebensluft lagen – was ich wohl alles nie richtig können würde –, breitete sich regelmäßig eine wohltuende Gewissheit in mir aus, dass der liebe Gott auf mich aufpassen und mich schützen würde.

Wenn ich auch sonst viele meiner Lebensmomente zur Bühne machte, so war mein Gebetsleben eher bescheiden. Ich weiß noch genau, dass ich ohne jegliche Einflussnahme oder Beratung, ganz von mir heraus, mein zweites abendliches Gebet als Kind um das Wort »hoffentlich« ergänzte: »Ich bin klein, mein Herz ist hoffentlich rein, soll niemand drin wohnen als Jesus allein. Amen.« Es war mir wichtig, bei allem, was ich den Tag über getan hatte, abends nicht leichtfertig von einem »reinen Herzen« zu sprechen, denn ich war überzeugt: Wenn ich ganz ehrlich bin und vor Gott nicht so tue, als hätte ich keine Fehler, kann er gut auf mich aufpassen. Und das hat er getan. Bis heute. Wie gnädig Gott ist und wie bedingungslos seine Liebe, das fing ich erst viel später an zu begreifen.

In meiner Biografie hat sich das Leben durchgesetzt, obgleich es immer wieder Momente gab, in denen der Tod versucht hat, nach mir zu greifen. Meine Vorpubertät und meine Pubertät waren nicht einfach für mich. In dieser Zeit ringt man sowieso um Identität. Man wird ein junger Mann oder eine junge Frau. Attribute der Männlichkeit haben sich bei mir, wenn überhaupt, sehr verspätet ausgebildet. Ich hatte keine dicken, muskulösen Oberarme. Ich hatte ja fast überhaupt keine Arme. Daher war auch ein obercooles Posieren niemals ein Teil meines Verhaltensrepertoires. Sogar Rasieren musste ich mich sehr lange nicht. Was da im Gesicht wuchs, hätten auch Daunenfedern sein können. Mit irgendwelchen Geschichten, wann und wie lange ich mit Mädels hinter Hecken geknutscht hatte, konnte ich ebenfalls nicht aufwarten. Auch sah ich selbst mit Anfang zwanzig noch nicht so aus, als wäre ich volljährig. Das nervte mich unheimlich.

All dies führte dazu, dass ich zwischenzeitlich mit handfesten depressiven Stimmungen zu kämpfen hatte. Bei allem, was meine

Eltern richtig gemacht haben, eine Sache war eindeutig falsch: Es wurde im Hause Hock nicht, oder zumindest nicht ausgiebig, über Gefühle im Allgemeinen und besonders nicht über traurige Gefühle und Ängste gesprochen. Vielleicht hatte die alte Frau im Giraffenhaus im Zoologischen Garten Karlsruhe doch recht?! Zumindest ein bisschen? Vielleicht war ich zu Teilen wirklich »ein armes Büblein«?

Als ich dieser Frau entgegenschleuderte, dass ich dies ganz bestimmt nicht sei, war dies absolut authentisch. Nichts, rein gar nichts, spürte ich, was die berechtigte Schlussfolgerung zugelassen hätte, ich sei ein armer Junge. Mit der Zeit allerdings merkte ich immer häufiger, dass ich deutlich hilfebedürftiger war als die anderen Jungs in meinem Alter. Ich musste hinnehmen, dass ich einige Dinge einfach nicht alleine konnte. Auch gab es eine innere Stimme, die mir leise offenbarte, dass sich in zwei, drei Jahren die Mädchen nicht unbedingt um mich reißen würden. Schokolade an sich und ihre Auswirkungen waren schon lange nicht mehr nur positiv besetzt. Mein Übergewicht wurde immer mehr auch als Problem thematisiert und so hing ich, was die Suche nach einem geeigneten Trost betraf, ziemlich in der Luft.

Manchmal bekannte ich meine Ängste, allerdings ziemlich vage. Meist sagte ich einfach zu meinen Eltern: »Jetzt hab ich widder s'Gfiehl!« (»Jetzt habe ich wieder dieses Gefühl!«) Mit dem »Gefühl« meinte ich eine undefinierbare Angst. Es war alles sehr diffus. Meine Eltern antworteten sehr rasch und immer nach dem gleichen absolut gut gemeinten Schema: »Jo Berndl, jetzt her doch uff, dir die gonz Zeit so bleede Gedonge zu mache. Was willscht donn? Dir geht's doch gut! Denk emol an ebbes Schänes jetz. Des Gfiehl geht donn schun widder fort!« (»Ach Berndl, hör doch auf, dir die ganze Zeit so blöde Gedanken zu machen. Was willst du denn? Dir geht es doch gut! Denke einfach an etwas Schönes. Das Gefühl geht dann schon wieder weg!«)

Ich bin heute überzeugt, dass es gut gewesen wäre, wenn beides Raum bekommen hätte: die Freude über alles, was gut war, aber auch die Traurigkeit und die Wut darüber, dass es immer wieder einfach nur scheiße ist, kurze Arme zu haben. So halte ich nunmehr seit fast 53 Jahren die negativen Folgen einer schweren Körperbehinderung aus und gleichzeitig fällt es mir heute noch schwer, allgemeine »Nöte« auszuhalten. Alles muss sofort wieder gut sein! Alles muss sofort wieder heil sein. Da ist es wieder: »Ich kann das nicht aushalten!« Alles muss sofort wieder in Ordnung gebracht werden.

Es macht mich ganz kribbelig und ich kann es kaum ertragen, wenn Menschen Wochen, Monate, ja Jahre mit einem Mobiltelefon leben, bei dem das Displayglas zersprungen ist. Ich würde keine drei Tage, keine drei Stunden warten, bis ich das Display reparieren lassen oder mein Gerät komplett austauschen würde. Oder irgendwelche Schrammen und Dellen im Auto. Manche Menschen fahren ihr Leben lang mit verbeulten Fahrzeugen durch die Gegend. Entdecke ich nur die kleinste Delle an meinem Wagen, veranlasse ich schnellstmöglich eine Reparatur. Wahrscheinlich hat es mich im Unterbewusstsein manchmal fast verrückt gemacht, dass meine größte Delle, meine Körperbehinderung mit all ihren Folgen, absolut nicht ausgebeult werden konnte.

Negative Gefühle durften bei mir nicht existieren. Sie wurden mit Schokolade betäubt oder ignoriert oder die positiven Momente wurden so prall aufgeblasen, dass sie alles Negative überdeckten. »Des isch nix Schlimmes. Des geht widder weg«, sagte meine Mutter beispielsweise oft zu mir, wenn ich ihr gegenüber eine übertriebene Angst vor einer Krankheit äußerte. Was soll ich sagen?! Meine Mutter hatte recht mit ihrem Pauschaltrost: »Das ist nichts Schlimmes!«

Dies hat sich so stark in meiner Seele eingeprägt, dass mir auch heute noch ein guter, ehrlich gemeinter Zuspruch am meisten hilft. Zumindest oberflächlich. Fürs Erste! Verspüre ich einen schmerzhaften Druck in der Brust, so brauche ich nicht unbedingt ein EKG. Es reicht mir, wenn meine Hausärztin mir überzeugt zuspricht:»Das ist nichts Schlimmes, Herr Hock! Ich bin mir sicher, dass an Ihrem Herzen nichts ist.« Habe ich in meinem Keller einen Wasserschaden und der Gutachter macht auf mich einen vertrauenserweckenden Eindruck, dann ist es mir nur in zweiter Linie wichtig, dass er irgendwelche Geräte nimmt und die Feuchtigkeit misst. Am wichtigsten ist es mir, dass er mich anguckt und erst einmal deutlich bekennt:»Machen Sie sich keine Sorgen. Das ist alles nicht so schlimm! Ich helfe Ihnen!«

Manches in meinem Leben war aber schlimm und hätte auch so benannt werden müssen. Im Verlauf dieses Buchs werde ich noch von ein paar wirklich kritischen Lebensereignissen berichten, die ich äußerlich gut überlebt habe und in denen ich ausnahmslos mit einem kühlen Kopf gut und sinnvoll reagiert habe. Wie man auf Schlimmes jedoch gefühlstechnisch adäquat reagiert und wie man Leid und Schmerz auch einmal über einen längeren Zeitraum aushält und beim Namen nennt, dies habe ich bis heute noch nicht fehlerfrei gelernt.

Sogar die prachtvollsten, buntesten und wohlriechendsten Blumen gedeihen besonders gut auf Mist, also auf einem gut gedüngten Boden, und ein guter Biodünger ist nach wie vor das, was nach einer erfolgreichen Verdauung bei Mensch und Tier hinten rauskommt.

So brauchen auch unsere Gedanken – positive wie negative – einen Nährboden, um sich in unserem Leben ausbreiten zu können. Wir sind zwar grundsätzlich in der Lage, selbst zu entscheiden, welchen Gedanken wir Raum geben wollen, aber manche dieser Gedanken treiben auf den ersten Blick ganz ansehnliche Blüten und sind erst beim zweiten Hinsehen als Unkraut erkennbar. Unsere frühkindlichen Prägungen bilden den ersten und sehr bedeutenden Nährboden für solches Gedankengestrüpp. Darum kann es sehr hilfreich sein, diese etwas näher unter die Lupe zu nehmen und auch manches rauszuwerfen, was nicht dem Leben dient.

Schmerz generell zu verdrängen, ist dagegen keine gute Lösung, denn alles braucht seine Zeit! Lachen hat seine Zeit und Weinen hat seine Zeit. Angehörige schaufeln um 16 Uhr etwas Erde auf einen Sarg, der gerade in das Grab hinuntergelassen wurde und in dem ein geliebter verstorbener Mensch liegt. Zur gleichen Stunde in der gleichen Stadt weinen Eltern vor Freude darüber, dass gerade ihr Kind geboren wurde und sein Leben beginnt.

Freud und Leid liegen oft dicht beieinander und beide gehören zu jedem Menschenleben dazu. Auch zu meinem.

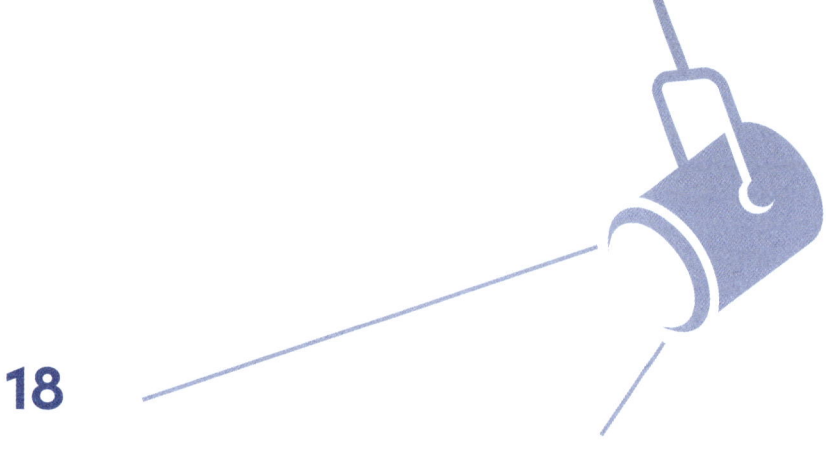

18

HINGEKOTZT

Gegen Mitternacht stiegen Kerstin und ich auf dem Parkplatz eines kleinen Hotels aus unserem Auto, einem roten Volkswagen »Caddy Maxi« – der Rampenbär brauchte Platz. Zum allerersten Mal hatten wir uns vor knapp drei Monaten einen Neuwagen leisten können, eine geniale Familienkutsche und obendrein das richtige Auto, um mein Puppentheater zu transportieren. Ein Siebensitzer! Äußerst zweckmäßig und aufgrund eines Rabattes für Menschen mit Behinderung auch noch erschwinglich. Mit Klimaanlage und sogar mit Standheizung. Nach den drei Monaten, die der Wagen jetzt auf dem Buckel hatte, roch er innen noch fast wie neu.

Ein ganz besonderer Duft, dieser Neuwagengeruch, der bei mir als Kind ehrfürchtige Gefühle auslöste. Als ich das erste Mal als Teenager ein Autohaus betrat, fühlte ich mich fast wie in einer großen alten Kirche, so andächtig war die Atmosphäre. (Interessanterweise haben heute einige Freikirchen in den Räumlichkeiten ehemaliger Autohäuser Einzug gehalten und feiern dort, wo einst PS angebetet wurden, ihre Gottesdienste.) Diese große Halle, der glänzende Boden, die wunderschön drapierten Ausstellungslimousinen, deren Lack nur so funkelte, die Verkäufer in ihren Anzügen – und dann eben der Geruch! Reifengummi, Leder, Wohlstand und Träume. Die Mischung macht's!

Nach alledem roch auch unser Caddy. Also – so hatte er gerochen. Bis ungefähr vor zwanzig Minuten. Jetzt stank es in diesem Volkswagen wie in einer dunklen Ecke hinter einem Bierzelt, wo man hingekotzt hat, denn während der letzten Viertelstunde unserer Fahrt hatte sich auf der Rückbank ein Sechszehnjähriger mehrfach übergeben. Zum Glück nahezu komplett in eine Plastiktüte, die Kerstin ihm nach hinten gereicht hatte – dachten wir zumindest.

Nach einer richtig schönen Familienfeier von Freunden im Nachbarort hatten wir uns bereit erklärt, Vater und Sohn, die aus dem Ausland angereist waren, ins Hotel zu bringen. Der Vater hatte gut einen sitzen, sein Sohn war sehr still und augenscheinlich auch nicht mehr ganz allein. Dass er sturzbetrunken war, bemerkten wir erst jetzt, und dass er die gesamten Reste von Whisky, Wein, Bier und anderen alkoholischen Getränken heimlich ausgetrunken hatte, erfuhren wir erst am nächsten Tag.

Ich selbst mache mir nicht viel aus Alkohol. Das sind Kalorien, auf die ich gut verzichten kann. Auch benötige ich das Destillat nicht, um in Stimmung zu kommen und lustig zu sein. Schließlich bin ich der Rampenbär! Fühle ich mich auf einer Feier wohl, so komme ich schnell in Stimmung und kann auch meine Mitmenschen und die ganze Gesellschaft mitreißen. Ich war daher komplett nüchtern.

Kerstin und ich stiegen aus und öffneten fast synchron die beiden hinteren Schiebetüren des Fahrzeugs. Das Bild, welches sich uns in diesem Moment darbot, war unbeschreiblich. Ich versuche es trotzdem: Der Vater war komplett out of order, grinste wie ein Honigkuchenpferd, schüttelte stereotyp den Kopf und murmelte ständig: »Oh no, I am so sorry. Oh no! Oh no! Es tute mir so much leid.« Der Sohn sagte nichts. Er schaute mich nur an, nein, er schaute durch mich hindurch. Sein Blick war leer. Und nicht nur sein Blick. Sein

Magen ebenfalls. Um die beiden herum lag nämlich so ziemlich alles, was der junge Mann über den Tag gegessen hatte, angefangen vom Mittagessen über das Kaffeetrinken bis zum Abendessen. Unmengen kleine Bröckchen vermengt mit übel riechender Galle. So ziemlich die gesamte Sitzfläche und weite Teile der Rückenlehne waren komplett vollgekotzt. Das Sitzpolster war kaum zu sehen. In der Tüte war leider nichts gelandet, auf dem Boden aber umso mehr.

Bestürzt halfen Kerstin und ich den beiden aus dem Auto und verabschiedeten sie sehr zügig. Es war mir komplett egal, wie sie es im Hotel in ihrem Zustand schaffen würden, ins Bett zu kommen. Damit mussten sie allein klarkommen.

Wir fuhren nach Hause. Nachdem wir den Caddy, so gut es ging, gereinigt hatten, gingen wir ins Bett und redeten uns irgendwie ein, dass am nächsten Tag vielleicht alles nicht mehr so schlimm sein würde.

Am nächsten Morgen, als Gott seinen riesigen Bühnenscheinwerfer, die Sonne, angeschaltet hatte, lief ich rasch hinaus, um das Innere unseres ehemaligen Neuwagens zu begutachten. Wieder öffnete ich die Schiebetür und wieder war ich entsetzt. Ich hätte direkt Rotz und Wasser heulen können. Kerstin hatte des Nachts zwar die halb verdauten Essensreste weitgehend beseitigt, aber das Sitzpolster war extrem beschädigt und sah aus wie bei einem Gebrauchtwagen, der schon zwanzig Jahre auf dem Buckel hat und kurz vor der Verschrottung steht. Doch am allerschlimmsten war der Duft, der sich in meine Nase drängte. Da war nichts mehr vom Geruch nach Neuwagen und großer, weiter Welt. Wie eine Schlammlawine, die nach einem Erdrutsch sämtliche wohlriechenden Blumen unter sich begräbt, übertönte der Gestank nach sauren Magensäften sogar das Apfelaroma unzähliger Duft-Wunderbäume, die ich in der Nacht ins Auto gehängt hatte.

Ich war verzweifelt. Wäre ein Fremder vorbeigekommen und hätte Interesse an dem Caddy signalisiert, ich hätte den Wagen wahrscheinlich für fünfundzwanzig Euro abgegeben. Stattdessen musste ich aber mit dem Auto zu einem Termin fahren, was mich extreme Überwindung kostete. Ich ekelte mich und war mir nicht sicher, ob ich die Fahrt überstehen würde, ohne mich selbst zu erbrechen. Als ich mich anschnallte und die Gurtschnalle in die entsprechende Kupplung drückte, kam mir eine halb verdaute Krabbe vom Krabbensalat des Vorabend-Büfetts entgegen. Es war einfach nur widerlich.

Doch was hat diese Szene von 2008 mit meiner Biografie zu tun?

An verschiedenen Stellen habe ich bereits geschrieben, dass ich fest davon überzeugt bin, dass Gott mich mehrfach bewahrt und seine Engel mich beschützt haben. Manchmal vor dem sicheren Tod. So richtig bewusst wurde mir dies jedoch erst viel später, als buchstäblich alles neu wurde.

Seit 2006 arbeite ich hauptberuflich als Heilpraktiker für Psychotherapie. Immer wieder kommen zu den gesprächstherapeutischen Sitzungen Menschen, die ihr Leben so empfinden wie ich meinen Caddy in jener Nacht auf dem Hotelparkplatz: total zugemüllt! Und mir ging es viele Jahre genauso.

Bei allen schönen, besonderen und auch großartigen Dingen, die ich immer wieder erleben durfte, empfand ich mein Leben phasenweise als »ziemlich vollgekotzt!« und somit reinigungsbedürftig. Aber gibt es eine Möglichkeit der Reinigung, der echten Erneuerung für ein solches Leben?

Ja, es gibt sie. Dies habe ich vielfach im Leben meiner Mitmenschen, aber vor allem in meinem eigenen erfahren. Und es ist gar nicht so kompliziert und anstrengend, wie man vielleicht denken könnte.

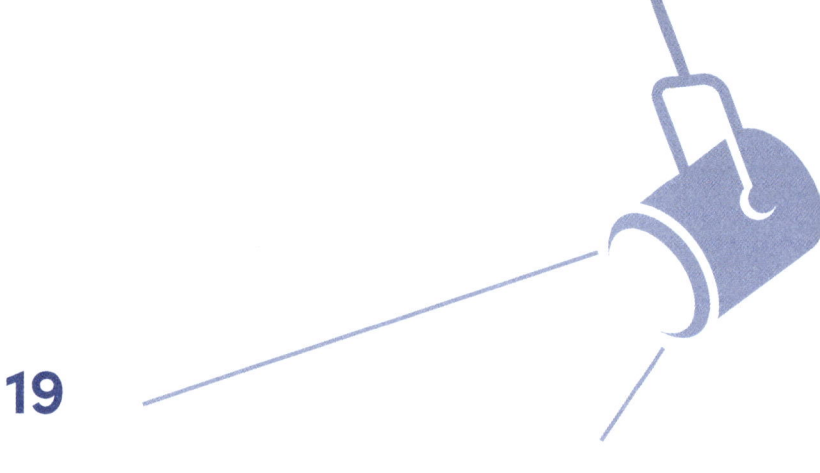

19

NEUES LEBEN

Eine neue Liebe ist wie ein neues Leben.
Nananananana.
Was einmal war, ist vorbei und vergessen
und zählt nicht mehr.
Eine neue Liebe ist wie ein neues Leben.
Nananananana.
Mir ist, als ob ich durch dich neu geboren wär.
Heute fängt ein neues Leben an!
Deine Liebe, die ist schuld daran!
Alles ist so wunderbar, dass man es kaum verstehen kann.

Diese Zeilen sind nicht etwa ein Auszug aus dem Hohen Lied der Liebe im Neuen Testament der Bibel. Auch handelt es sich hier nicht um den Text eines beliebten Lobpreis-Liedes, welches im Pfingstjubel oder im Evangelischen Kirchengesangbuch zu finden ist. Diese Zeilen bilden den Refrain des deutschen Schlagers »Eine neue Liebe ist wie ein neues Leben« von Jürgen Marcus aus dem Jahr 1972.

Kerstin und ich hörten dieses Lied im Autoradio, als wir am Sonntag, den 27. Oktober 1991 von einem Wochenendausflug im Spessart zurück nach Mainz fuhren. Aus voller Kehle und aus ganzem Herzen sangen wir diesen Gassenhauer laut mit.

»Was einmal war, ist vorbei und vergessen und zählt nicht mehr.«
Tatsächlich! Wir hatten das gerade erlebt!

»Heute fängt ein neues Leben an!«
Genau genommen hatte es am Vorabend angefangen.

»Deine Liebe, die ist schuld daran!«
Eine so wunderbare Liebe, die wir bis heute noch nicht in ihrem ganzen Ausmaß erfasst haben.

»Mir ist, als ob ich durch dich neu geboren wär.«
Im übertragenen Sinne hatte ich wirklich das Wochenende noch einmal im Kreißsaal zugebracht.

Was war passiert mit uns, an diesem Oktoberwochenende 1991 in einem idyllischen Familienhotel im Spessart?

Kerstin und ich waren zwei von insgesamt zehn Personen, die an einem sogenannten Gesprächsrunden-Wochenende der IVCG, der Internationalen Vereinigung Christlicher Geschäftsleute, teilgenommen hatten.

Christliche Geschäftsleute?! Das waren wir nun wirklich nicht. Ich, ein einfacher Student mit schmaler finanzieller Unterstützung aus dem Elternhaus, und Kerstin, eine Hotelfachfrau mit ebenfalls nicht üppigen monatlichen Einkünften. Trotzdem hatten wir ungefähr vier Wochen vor dieser Gesprächsrunde einen recht feudalen Abend in einem sehr feinen Hotel in Frankfurt am Main bei einem Vortragsbankett und einem Vier-Gänge-Menü verbracht. Ein Abend, den wir uns nicht hätten leisten können, der uns aber von Kerstins Eltern spendiert worden war. Sie hatten die IVCG, die überall in Deutschland, in Österreich und in der Schweiz aktiv ist, einige Wochen vorher in Norddeutschland kennengelernt und waren so begeistert, dass sie uns davon vorschwärmten und Interesse in uns weckten.

Überhaupt verbanden meinen Schwiegervater und mich viele gemeinsame Interessen und wir beide konnten unheimlich gut zusammen reden. Er war ein mutiger Mann, von dem ich einiges gelernt habe und dem ich so manches verdanke. In einigem war er mir ein Vorbild und gerade auch durch seinen Zuspruch habe ich 2006 den Mut aufgebracht, die Sicherheiten als Angestellter im öffentlichen Dienst aufzugeben und mich ganz selbstständig zu machen.

Von meinem Vater, selbst sein Leben lang Beamter, war ich hier zunächst stark auf Sicherheit geprägt.

Doch zurück zu unserer ersten Begegnung mit der IVCG. Sie fand also in dem Hotel in Frankfurt statt. Mit über einhundert weiteren Personen saßen wir an Achter-Tischen zusammen. Wir hörten den erstklassigen Vortrag eines Psychiaters, der sehr feurig und überzeugend seine wissenschaftliche Arbeit mit seiner christlichen Glaubensüberzeugung zusammenbrachte. Anschließend gab es ein fürstliches Essen und interessante und gehaltvolle Gespräche an unserem Tisch. Kerstin und ich fühlten uns so wohl, dass wir uns zu dem Wochenende im Spessart anmeldeten, an welchem alles noch einmal vertieft werden sollte, ein Wochenende, an dem Gespräche über den Sinn des Lebens, den christlichen Glauben und die Bibel im Mittelpunkt stehen würden.

Für uns war dies sehr interessant, denn schon während unserer Kennenlernphase hatten wir uns sehr für die biblischen Texte, besonders für das Neue Testament, interessiert. Neben den Liebesbriefen, die wir uns in dieser Zeit geschickt hatten, schrieben wir immer wieder ellenlange Briefe über biblische Geschichten. Es waren richtige kleine Predigten, die da von Mainz nach Berlin und umgekehrt flatterten.

In Frankfurt wurde mein geistlicher Appetit angeregt. Ich wollte es jetzt genauer wissen. Wer war dieser Gott? Wer war das Christkind, das bisher nur einen nostalgisch-romantischen Stellenwert in meinem Leben gehabt hatte, das mir an Weihnachten die Geschenke brachte und von dem meine Mutter wusste: »Wenn es im Dezember Abendrot gibt, backt das Christkind Lebkuchen.« Wer war es wirklich? Und worin unterschied es sich vom Osterhasen?

Doch nicht nur darum ging es. Es war an der Zeit, mich der Frage zu stellen, die mich einst an der Kühlhaustür im Keller des städtischen Krankenhauses in Landau beschäftigt hatte: Wo komme ich eigentlich her? Wo werde ich irgendwann einmal nach dem Tod sein?

Dies tat ich zusammen mit den anderen Teilnehmerinnen und Teilnehmern der IVCG-Gesprächsrunde im Spessart unter der Leitung von Herrn Albrecht Freiherr von und zu Aufseß, der extra aus Bayreuth angereist war. Der damalige Vizepräsident der Internationalen Vereinigung Christlicher Geschäftsleute war ein sehr vertrauenerweckender Sechsundsechzigjähriger mit unglaublichem Charisma.

Schon bei diesem Treffen wurde deutlich, was nach seinem Tod am 9. April 2013 in seiner Todesanzeige stand: »Ich weiß, dass mein Erlöser lebt« (Hiob 19,25). Dieses Wissen kam diesem Mann buchstäblich aus allen Poren. Es war für mich sehr beeindruckend, miterleben zu dürfen, wie er sich komplett von Gott getragen wusste.

Der Forstwirt aus Mengersdorf erzählte aus seinem Leben. Er erzählte davon, wie er Gott näher kennengelernt hatte. Wie Gott ihn aus schwerster Not und Krankheit gerettet hatte. Beeindruckende Zeugnisse. Sie wirkten nicht reißerisch, sondern absolut authentisch und der ganze Mann hatte trotz seiner Vollmacht etwas sehr Bescheidenes. Er reiste mit uns durch die Bibel und wir erkannten sie langsam als Liebesbrief, der an uns persönlich gerichtet ist.

In der Mittagspause machten Kerstin und ich einen ausgiebigen Spaziergang. Wir standen unter Hochspannung. Beide wussten wir, dass sich etwas Entscheidendes anbahnte, doch wir konnten es noch nicht greifen. Überhaupt nicht.

In der nächsten Einheit sprach von Aufseß über Sünde und Buße, Themen, bei denen ich unter normalen Umständen sofort Reißaus genommen hätte. Nicht so in dem kleinen Hotel im Spessart. Warum? Der Freiherr erhob keinen Zeigefinger. Vielmehr beschrieb er die wunderbare Möglichkeit eines Neuanfangs, das Kreuz als Endlagerungsstätte für Schuld, Trauer, Wut, Verdammnis und sonstigen Lebensmüll. Die Kreuzigungsgeschichte, die ich bis dahin stets als grausam und unnötig erachtet hatte, ergab plötzlich einen tiefen Sinn für mich.

Wenn ich mich selbst in der Vergangenheit als bedürftig wahrgenommen hatte, ging es meistens darum, dass ich jemanden ansprechen musste: »Kannst du mir bitte einmal die Socken anziehen?«, oder: »Könnten Sie mir bitte einmal den Reißverschluss meiner Jacke schließen?«

Und wenn man mich im falschen Moment gefragt hätte, ob ich mich als erlösungsbedürftig empfinde, hätte ich selbstbewusst und in allerbester kabarettistischer Rampenbär-Manier geantwortet: »Wenn überhaupt erlösungsbedürftig, dann müsste ich von diesen kurzen Gliedmaßen erlöst werden und ganz schnell lange Arme kriegen, damit ich mich endlich einmal am Sack kratzen kann wie die anderen Männer!«

Hier im Tagungsraum des Hotels im Spessart war es aber ganz und gar nicht der falsche, sondern genau der richtige Moment. Dieser Nachmittag und Abend hatten fast etwas Heiliges. Der Nebel lichtete sich und ich durfte ganz klar erkennen, dass es nur zwei Möglichkeiten gibt: ein Leben mit Gott oder ein Leben ohne Gott. Nichts dazwischen!

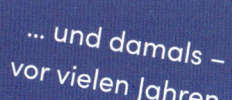

So wie ich bin – heute ...

... und damals –
vor vielen Jahren

Hochzeit
mit meiner lieben
Frau Kerstin

Kerstin mit unseren beiden Kindern Annika und David

Meine
tollen Kinder
und ich

Vor dem Schlafengehen noch zusammen spielen

Erwin und ich

Mit David, Annika und Erwin auf der Bühne

Autogrammstunde

Mein Auftritt bei Spring in Willingen/Upland

Darf ich vorstellen? – Familie Hock!

Mit Professor
Möbius

Auf unserer USA-Reise

Im Zoo – einem meiner Lieblingsorte

Familie Hock heute

Mit der Bibel
in der Hand –
dem Wegweiser
für mein Leben

Diesmal war ich im Publikum und der Vorhang hob sich. Vor meinem geistigen Auge konnte ich erkennen, von welchen Lebensumständen ich mich abhängig gemacht hatte. Wie wichtig menschliche Anerkennung für mich war. Dass ich bereit war, mich im übertragenen Sinne zu prostituieren, um gemocht, anerkannt und toll gefunden zu werden. Wie ich in der Vergangenheit auch bereit gewesen war, hierfür Dinge zu tun, die man besser nicht tun sollte. Lügen zum Beispiel. Ich hatte es mit der Wahrheit nicht so genau genommen und gerne übertrieben, noch etwas Sensationelles dazugedichtet, um mindestens Staunen und im besten Falle Bewunderung zu ernten.

Von Aufseß erzählte so warmherzig, so plastisch, so feurig, inspirierend und so vertrauensvoll von Jesus, dass man hätte glauben können, er würde jeden Tag mit ihm frühstücken oder einen Spaziergang machen und dabei die intimsten Dinge mit ihm besprechen.

So sah ich Jesus Christus als Erlöser buchstäblich vor mir. Dies war keineswegs eine Sinneswahrnehmung meiner organischen graugrünen Augen. Nein! Diese Schau bekam ich durch die erleuchteten Augen des Herzens, wie sie in der Bibel, im ersten Kapitel des Epheser-Briefes, Vers 18 beschrieben werden. Auf einmal ergab alles einen Sinn und ich glaubte, nun auf einen Schlag das gesamte Evangelium begriffen zu haben.

Es gab wirklich die Möglichkeit eines totalen Neuanfangs! Einer Reinigung! Genau wie 17 Jahre später bei unserem vollgekotzten Caddy Maxi. Ein drastischer, aber passender Vergleich.

Wir hatten es versucht. Genau genommen hatte Kerstin mit aller Kraft versucht, in der Nacht, nachdem wir Vater und Sohn ins Hotel gebracht hatten, die Sitzpolster unseres Autos sauber zu schrubben. Mit Unmengen Lufterfrischern hatte ich probiert, den beißenden, üblen Geruch zu übertönen. Ein bisschen sauberer war es zwar, aber aus eigener Kraft konnten wir keine echte Veränderung erreichen.

Nichts half. Gar nichts! Und wir waren überzeugt: Hier ist nichts mehr zu machen.

Am nächsten Tag haben sich Vater und Sohn jedoch aufs Herzlichste entschuldigt. Es war ihnen unendlich unangenehm, was in der Nacht passiert war. Wir sollten unbedingt eine Spezialfirma aufsuchen, selbstverständlich würden alle Kosten übernommen werden. Unsere Freunde, bei denen die Feier stattgefunden hatte, waren ebenfalls aktiv gewesen und nannten uns eine Spezial-Autoreinigungsfirma in Pinneberg, die Doktor Google ausgespuckt hatte.

Dort angekommen kümmerte sich der türkische Firmeninhaber um mich. Zunächst erzählte ich ihm in seinem Büro, was mit meinem PKW geschehen war. Dann fragte ich ihn, ob man da überhaupt noch etwas machen könne. Er antwortete in seinem nicht ganz astreinen Deutsch: »Schauen Sie mal da auf Hof. Schwarze Audi. Vor zwei Wochen hat sich Besitzer in diese Auto erschossen. Ich sag dir, da drin war wie Schlachthof. Schreckliche Geruch. Jetzt ist Wagen wieder wie neu! Also fast! Wir kriegen alles hin!«

Hoffnung und Entspannung kamen spontan auf einen Kurzbesuch zu mir und ich ging zusammen mit dem Firmeninhaber auf den Hof zu meinem Caddy und öffnete die Türen. Hatte ich gerade im Büro angenommen, dass der selbstbewusste Chef so schnell nicht aus der Fassung zu bringen sei, wurde ich jetzt eines Besseren belehrt. Er wirkte ziemlich erschrocken und rümpfte seine nicht gerade zierliche Nase. Hoffnung und Entspannung nahmen ihre Mäntel, bedankten sich für die kurze Zeit, die sie mit mir hatten verbringen dürfen, und verabschiedeten sich wieder. Sie wollten gerade gehen, da wurden sie von den Ausführungen des türkischen Herrn zum Bleiben bewogen: »Das wird nicht einfach und dauert mindestens eine Woche. Wir kriegen Auto für dich aber wieder sehr schön hin.«

Die Sitze und die Rückbank meines Caddys wurden ausgebaut und komplett in einem ganz speziellen Reinigungsbad untergetaucht. Diese reinigenden Substanzen drangen tief in das Sitzpolster ein. Der ganze Dreck, jeglicher Schmutz, noch so kleinste Teilchen wurden aufgelöst.

Auch in meinem persönlichen Leben hatte ich immer wieder mit intensiv riechenden Lufterfrischern gearbeitet. Hatte versucht, Fehlverhalten zu überspielen. Laute Selbstzweifel mit noch lauteren Durchhalteparolen zu übertönen. Gute und meist sehr laute Miene zu manch bösem Spiel gemacht.

Doch die Auswirkungen der Worte des Sprechers an diesem Abend in Bad Orb waren überraschend anders. Alles war so authentisch und liebevoll und ging direkt in mein Herz. Da sprach jemand, der mich weder ermahnen noch belehren wollte. Heute weiß ich, dass hier nicht eine besonders geschulte Rhetorik punktete, sondern dass mich Gottes Liebe überführt hat. Ich war so berührt, dass ich Herrn von Aufseß um ein Einzelgespräch bat. Es war mir einfach ein Bedürfnis, ihm die Dinge zu erzählen, die ich in meinem bisherigen Leben meiner Ansicht nach falsch gemacht hatte. Jawohl, ich beichtete zum ersten Mal in meinem Leben wirklich. Ließ sprichwörtlich die Hosen runter. Gegenüber einem Mann, dem ich vertraute, obgleich ich ihn nur ein paar Stunden kannte.

Der Forstwirt und ich beteten zusammen. Ich kann mich nicht erinnern, dass ich vorher einmal mit jemandem ein nicht vorformuliertes Gebet gesprochen hätte. Die befreiende und reinigende Liebe Gottes drang während dieses Gebetes immer weiter in meine Seele, mein Herz und meinen Geist vor. Heilende Tränen liefen über mein Gesicht.

Die Sitze meines Autos waren triefnass, als man sie aus den Tauchbädern herauszog. Anschließend wurden die Polster über mehrere Tage sanft getrocknet.

Auch meine Tränen im Spessart wurden getrocknet. Getrocknet durch die Vergebung, die von Aufseß mir im Namen Jesu am Ende des gemeinsamen Gebetes zusprach.

Ich hatte neu angefangen.

Kerstin folgte dem gleichen inneren Zug und am Abend in einer gemeinsamen Gebetsrunde in der Gruppe sagten wir beide zum ersten Mal »Ja«. Das Ja-Wort zu unserer Ehe kam erst ein gutes halbes Jahr später. Jetzt schlossen wir, jeder für sich, einen ganz intimen und ewigen Bund mit Gott, indem wir seinen Sohn Jesus Christus in unser Herz einluden und ihm unser Leben anvertrauten. In seinen Händen schien uns unser Leben endgültig gut aufgehoben zu sein.

In der Bibel wird dieser Moment, dieser Prozess, mit einer neuen Geburt verglichen. Jesus selbst setzt diesen Akt einer Geburt gleich, wie wir im Johannesevangelium lesen können:

Eines Nachts kam ein Pharisäer mit Namen Nikodemus zu Jesus, der zu den führenden Juden zählte. »Meister«, sagte er, »wir alle wissen, dass Gott dich gesandt hat, um uns zu lehren. Die Wunder, die du tust, beweisen, dass Gott mit dir ist.«
Jesus erwiderte: »Ich versichere dir: Wenn jemand nicht von Neuem geboren wird, kann er das Reich Gottes nicht sehen.«
»Was meinst du damit?«, rief Nikodemus aus. »Wie kann denn ein alter Mensch wieder in den Leib seiner Mutter zurückkehren und zum zweiten Mal geboren werden?«
Jesus erwiderte: »Ich sage dir: Niemand kommt in das Reich Gottes, der nicht aus Wasser und Geist geboren wird. Menschen können nur menschliches Leben hervorbringen, der Heilige Geist jedoch schenkt neues Leben von Gott her.

Darum wundere dich nicht, wenn ich sage, dass ihr von Neuem geboren werden müsst.«

Johannes 3,1–7; NLB

Ein nicht ganz leicht zu verstehender Text. Eigentlich ein intellektuell nicht zu erfassender Text. Aber ein durchaus inspirierendes Wort, wenn es durch Gottes Heiligen Geist lebendig gemacht wird.

Nun war ich also ein zweites Mal geboren. Am 15. März 1968 zog mich die Hand des Gynäkologen aus dem Leib meiner Mutter. Am 26. Oktober 1991 zog mich die Liebe Gottes auf die Seite des ewigen Lebens. Diese Liebe konnte ich wirklich spüren. Alle, die dies oder Ähnliches in ihrem Leben erlebt haben, wissen genau, was ich meine. Allen anderen rate ich dringend, es auszuprobieren.

Bezieht man nun den Text des Refrains von Jürgen Marcus' Lied nicht auf eine neue menschliche Liebesbeziehung, sondern auf die Liebesbeziehung mit Gott, so bekommt der Liedtext eine ganz neue, wahre Tiefe: Eine neue Liebe *ist* wie ein neues Leben!

Diese göttliche Liebe, die sich im Evangelium ausdrückt, schafft wirklich ein absolut neues Leben.

Was einmal war, ist vorbei und vergessen und zählt nicht mehr.

Nach dem Zuspruch der Vergebung durch Herrn von Aufseß fiel mein Fehlverhalten aus der Vergangenheit nicht mehr ins Gewicht.

Mir ist, als ob ich durch dich neu geboren wär.

Tatsächlich! Ich war von Neuem geboren!

Als ich unseren VW Caddy nach der Reinigung abholte und er mir in neuem innerlichen Glanz präsentiert wurde, hätte ich den Inhaber der Reinigungsfirma vor lauter Freude am liebsten mit meinen kurzen Gliedmaßen heftig umärmelt. Wir fuhren dieses Auto noch ein paar Jahre, doch am Ende fiel es als Euro-4-Diesel der Abwrackprämie zum Opfer und wurde verschrottet.

Die Rampenbär-Hülle wird auch irgendwann verbuddelt werden, doch das, was mich im tiefsten Inneren ausmacht, das, was mich im Himmel bei Gott andocken lässt, das wird leben! Denn Gott will, dass ich ewig lebe!

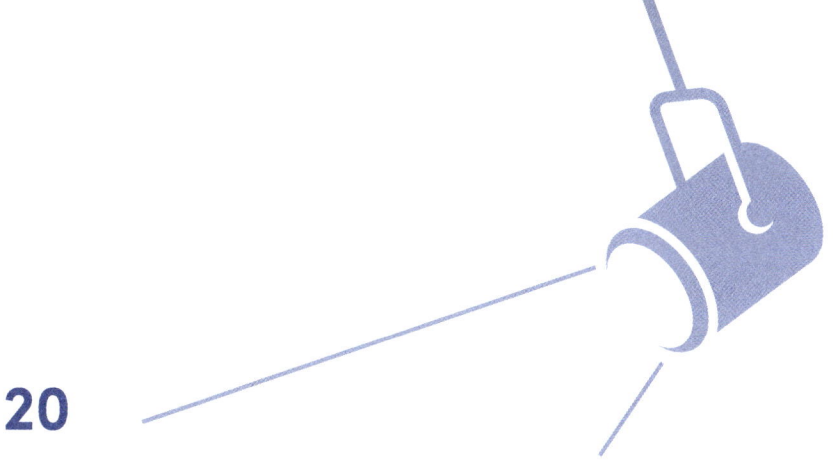

20

VOR ALLEM GESUNDHEIT?

»Die Gesundheit ist zwar nicht alles, aber ohne Gesundheit ist alles nichts« – kein Aphorismus Arthur Schopenhauers wird so häufig zitiert wie dieser. Viele, viele Male habe ich diesen Satz laut ausgesprochen und dabei genau auf die richtige Betonung geachtet. Mal habe ich Schopenhauer vor zwanzig Menschen zitiert, mal vor dreihundert und ab und zu vor über tausend Zuhörerinnen und Zuhörern. Mal traf ich die Aussage in Hamburg, mal in Stuttgart, mal in Salzburg und mal in Wien. Ein anderes Mal wieder in Freiburg im Breisgau, in Davos, in St. Moritz, Baden-Baden, Erfurt, Göttingen, Hameln, Hannover, Itzehoe, Karlsruhe, Kiel, München, Pforzheim, Stralsund, Basel, Zürich, Schaffhausen oder Mainz. Wahrscheinlich habe ich jetzt doch einige Orte vergessen und an manchen war ich dafür zwei- oder dreimal. Auf jeden Fall bin ich der IVCG bis heute treu geblieben und fühle mich ihr verbunden. Nach wie vor schätze ich das unaufdringliche Auftreten dieser Organisation sowie ihre Art, deutlich zu machen, dass es möglich und sogar erstrebenswert ist, ein moderner und aufgeklärter Mensch zu sein, mitten im Leben zu stehen, einen verantwortungsvollen Beruf auszuüben und gleichzeitig überzeugter und bekennender Christ mit einem lebendigen Glauben und einer großen Freude an der Kraft des Evangeliums zu sein.

Ein paar Jahre nach der Grundsteinlegung für meinen persönlichen lebendigen Glauben in Bad Orb kam die IVCG auf mich zu und fragte, ob ich Referent werden und mit einem Vortragsthema Deutschland, Österreich und die Schweiz bereisen wolle. Ich fühlte mich sehr geehrt, war aber gleichzeitig auch ziemlich unsicher und aufgeregt.

Ich hatte bislang gedacht, man müsse Professor sein oder mindestens über zwei Doktortitel verfügen und hochwissenschaftliche Dinge aus der Luft- und Raumfahrttechnik, der Hirnforschung oder dem modernen Ingenieurwesen von sich geben können sowie mindestens drei Bücher veröffentlicht haben, um Redner der Internationalen Vereinigung Christlicher Geschäftsleute zu werden. Ich dagegen war frischgebackener Diplom-Pädagoge und spielte mit meinen Ende zwanzig noch mit Puppen. Was sollte ich den Leuten erzählen, die ein solch gehobenes Vortragsbankett besuchten? Das waren gebildete Menschen mit großer Lebenserfahrung und häufig auch einem messerscharfen, kritischen Verstand dem Christentum gegenüber.

Dennoch wollte ich diese neue Bühne, die man mir anbot, nicht ohne Weiteres ausschlagen. Ich spürte deutlich, dass ich sie nicht betreten wollte, um mich selbst darzustellen, sondern dass ich wirklich richtig Lust hatte, mit meinen Worten und anhand meines Lebens den Menschen zu erzählen, mit welcher Kraft Gott mich verändert, geheilt und in mir Frieden geschaffen hatte.

Aber ich genoss diese Zeiten auch aus einem ganz weltlichen Grund, denn die Vortragsveranstaltungen der IVCG wurden ausnahmslos an sehr exklusiven Orten durchgeführt, meist in wunderschönen Hotels mit mindestens vier, manchmal sogar fünf Sternen. Als Vortragender durfte ich in dem jeweiligen Hotel übernachten. Das hatte schon was.

»Was machst du am Wochenende, Bernd?«

»Ich fliege nach Zürich. Ich halte am Wochenende zwei Vorträge in der Schweiz. Einen in St. Moritz und einen in Davos.«

Einen heftigen »Ego-Push« nennt meine Tochter so etwas.

Mir war schnell klar, dass ich nicht in erster Linie einen Vortrag über pädagogische oder psychotherapeutische Themen halten wollte, in dem ich die verschiedensten Theorien beleuchten und von den Erkenntnissen großer Soziologen, Philosophen oder Psychologen berichten würde. Nein! Ich selbst hatte erfahren dürfen, was Gott unter echter Gesundheit versteht. Ich durfte erkennen, dass es Gott nicht ausschließlich um eine körperliche Unversehrtheit geht. Ich habe heute noch kurze Arme, hechle aber keinesfalls irgendwelchen Heilungspredigern auf christlichen Kongressen hinterher, damit Gott mir endlich lange Arme macht.

Ich durfte erfahren und habe es immer wieder erlebt: Vollkommenheit vor Gott, Vollkommenheit vor meinem Schöpfer, lässt sich nicht an zehn Fingern abzählen. Es geht ausschließlich um die tiefe Gewissheit, dass Jesus Christus Gottes Sohn und durch seinen Tod am Kreuz und seine Auferstehung mein persönlicher Erlöser ist und auch Ihr persönlicher Erlöser sein will.

Eine geheilte und von Frieden und Vertrauen geprägte Beziehung zwischen mir und Gott, zwischen Ihnen und Gott, das ist die Gesundheit, auf die es Vater, Sohn und Heiligem Geist ankommt.

Ich bin zutiefst davon überzeugt, dass wir es mit einem gütigen Gott zu tun haben. Ein Gott, der auch möchte, dass wir körperlich gesund sind. Ein Gott, der durch Jesus Christus heute noch nachweisbare Heilungswunder vollbringt. Ich selbst habe einige erleben dürfen und werde davon noch berichten. Aber er heilt eben nicht immer und alles.

Er ist ein Gott, der uns stets unseren freien Willen lässt und niemals rauben möchte. Dies schätze ich als unsagbar wertvoll am christlichen Glauben. Ich finde die Entscheidung, an wen oder was ich in der Tiefe meines Herzens glauben möchte oder nicht glauben will, um einiges intimer als beispielsweise die Frage, mit wem ich schlafen möchte. Solche Entscheidungen muss jeder Mensch ganz für sich alleine, ganz privat und aus vollkommen freien Stücken treffen können.

Ich will an dieser Stelle nicht leugnen, dass in der christlichen Religion in der Vergangenheit auch viel Druck ausgeübt wurde und zum Teil noch ausgeübt wird. Modernes Skalp-Sammeln unter der wuchtigen Präambel:»Es darf niemand verloren gehen!« Aber ein Mensch, der zu einer sogenannten Bekehrung und dem entsprechenden Gebet hinmanipuliert wurde, wird bei der erstbesten Gelegenheit Christus den Rücken zukehren, um wieder frei zu sein. Die Freiheit, die Gottvater, Sohn und Heiliger Geist uns schenkt, ist meines Erachtens nur erfahrbar, wenn wir innerlich frei »Ja« zu einem Leben mit Jesus sagen.

Ob ich heute predige, einen Vortrag halte oder ganz privat mit jemandem über mein Glaubensleben spreche, ich betone immer wieder Folgendes:»Gott hat mir keinen Zeigefinger geschenkt, also werde ich gar nicht erst versuchen, einen ermahnend zu heben!«

Diese Prämisse war mir auch Ende der Neunzigerjahre sehr wichtig, als ich meinen ersten Vortrag für die IVCG vorbereitete. Der Titel lautete:»Vor allem Gesundheit?!« Untertitel:»Wie abhängig sind wir von körperlicher Unversehrtheit?«

Was meinen wir heutzutage, wenn wir jemandem beispielsweise zum Geburtstag Gesundheit wünschen? Meist ein hohes Maß an Fitness, vielleicht auch gutes Aussehen und die Abwesenheit von Orangenhaut oder Altersflecken. Im besten Falle wünschen wir Gesundheit und meinen damit die Gesundheit, wie sie die Weltgesundheitsorganisation (WHO) definiert:»Gesundheit ist ein Zustand des vollständigen körperlichen, geistigen und sozialen Wohlbefindens und nicht nur des Freiseins von Krankheit und Gebrechen.«

Fachlich, aus wissenschaftlich-akademischer Sicht war und ist mein Vortrag schwach, aber rhetorisch wurde mir nahezu bei allen Veranstaltungen Brillanz attestiert. Na ja, schließlich bin ich der Rampenbär.

Oh, wie sehr ich dieses Gefühl der Bühnenpräsenz liebe! Besonders dann, wenn es sich nicht um ein Kabarettprogramm oder ein Theaterstück handelt, sondern um die Verkündigung geistlicher Wahrheiten, das leidenschaftliche Reden von der unendlichen Liebe Gottes. In diesem Fall habe ich immer wieder, ausnahmslos erlebt, wie Gott sich zu meinen Botschaften gestellt hat und ich eine besondere Vollmacht beim Sprechen empfinden durfte.

Das Erlebnis ist immer wieder ähnlich: Ich komme in irgendeiner Stadt mit dem Zug an, werde am Bahnsteig abgeholt, man bringt mich ins Hotel, hilft mir eventuell, meinen Koffer auszupacken, und dann ruhe ich noch etwas aus. Ungefähr 45 Minuten vor der Veranstaltung gehe ich zur Vorbesprechung zu den entsprechenden Mitarbeiterinnen und Mitarbeitern.

Bei aller Wertschätzung habe ich immer mal wieder auch Fragezeichen in den Augen der Organisatorinnen und Organisatoren entdeckt. Es waren ähnliche Fragezeichen, wie ich sie schon bei Bettina, der Regieassistentin am Abend in der Rhein-Mosel-Halle in Koblenz, gesehen hatte: »Ein netter Mann, der Herr Hock. Ob er aber unsere Gäste mit seinem Auftreten richtig abholen kann?« Immer wieder gab es Verunsicherungen aufgrund meiner Körperbehinderung oder meines Outfits, denn Anzug und Krawatte waren und sind für mich tabu. Ich kann sie mir nicht alleine anziehen.

Etwas später begrüßt man mich über Lautsprecher, stellt mich vor und bittet mich auf das Podium. Sobald ich meinen ersten Satz sage: »Die Gesundheit ist zwar nicht alles, aber ohne Gesundheit ist alles nichts!«, entspannen sich alle; die, die für diesen Abend verantwortlich sind, und die Gäste. Alle schenken mir ihre ungeteilte Aufmerksamkeit.

Vollmacht! Eine ganz besondere Gabe, die ich nicht erlernen musste. Ich weiß nicht, ob man dies überhaupt kann. Mir wurde sie von Gott geschenkt.

Der Wert meines Vortrages wurde und wird besonders in dem Moment deutlich, in dem ich die Herzen meines Publikums berühren darf. Im letzten Drittel meiner Rede erzähle ich davon, dass aufgrund einer hoch entwickelten pränatalen Diagnostik nicht mehr viele Menschen mit einer Körperbehinderung die Chance bekommen, geboren zu werden. Der überwiegende Teil der Babys mit einer Behinderung, die mit meiner vergleichbar ist, wird nach entsprechender Diagnose im Mutterleib abgetrieben.

Hierbei danke ich immer wieder und aus ehrlicher Überzeugung meinen wundervollen Eltern. Ich mache aber auch deutlich, dass ich mir nicht ganz sicher bin, ob meine Mutter dem heutigen gesellschaftlichen Druck und den ellenlangen Aufklärungsgesprächen der medizinischen Fachkräfte standhalten und mich nach einer entsprechenden Ultraschalldiagnostik auch heute noch austragen und gebären würde. Somit danke ich schließlich dem, dem mein größter Dank gilt, und bekenne aus tiefster Überzeugung Wahrheiten, von denen ich immer wieder, sogar jetzt, da ich sie aufschreibe, innerlich ergriffen bin:

»Ich danke Gott, dass ich nicht abgetrieben wurde!«

»Ich danke Gott, dass ich leben darf!«

»Ich danke Gott, dass er will, dass ich lebe!«

Dieses Thema bleibt meist nach dem Vortrag an den Tischen während des Essens Gesprächsinhalt. Da werden Fragen diskutiert, die sich damit beschäftigen, ab wann ein Leben nicht mehr so recht lebenswert ist oder was man mit einer bestimmten Behinderung überhaupt noch für eine Lebensqualität hat.

Einmal nach meinem Vortrag, ich war schon beim Nachtisch, kam ein sehr charismatisch wirkender Herr an meinen Tisch und bat darum, kurz mit mir sprechen zu dürfen. »Dafür bin ich da. Setzen Sie sich bitte«, lud ich den Mann zum Reden ein.

Er erzählte mir, dass er der Chefarzt der gynäkologischen Abteilung des hiesigen Krankenhauses sei. Er fühle sich der IVCG verbunden, obgleich er als Mediziner mit dem christlichen Glauben wenig anfangen könne. Dann sagte er etwas, das mir bis heute nahezu wörtlich in Erinnerung geblieben ist: »Verehrter Herr Hock, Ihr Vortrag war streckenweise eine große Herausforderung für mich. Gerade als Sie über das Thema Schwangerschaftsabbruch im Allgemeinen und Abtreibung von Menschen mit Behinderung im Speziellen gesprochen haben, fühlte ich mich ziemlich provoziert. Bei jeder anderen Referentin oder jedem anderen Referenten hätte ich, so glaube ich, unter Protest den Saal verlassen. Mir ist aber sehr schnell klar geworden, dass ich mir diese Thesen von Ihnen sagen lassen muss. Wer bin ich, wenn ich Sie so erlebe, dass ich Ihnen einreden könnte, Sie hätten wenig Lebensqualität?! So ist Ihr Vortrag für mich nun in allererster Linie eine leidenschaftliche Werbung für das Leben und nicht ein weithin theoretisches Statement gegen Abtreibungen.«

Oh wie habe ich mich über diese Worte gefreut und auch über das, was er ankündigte: »Am kommenden Dienstag haben wir wieder große Runde im Krankenhaus und ich werde ausgiebig mit meinen Oberärzten und Assistenzärzten beraten. Ich werde ausführlich von Ihnen und Ihrem Herzensthema berichten. Ich möchte nämlich, dass wir die Abtreibungs-Problematik intern ganz neu bewerten, und dabei sollen auch Ihre Ausführungen Maßstäbe sein. Ich danke Ihnen! Machen Sie weiter so!«

Das sind Sternstunden in meiner Vortragstätigkeit. Wenn ich in all den Jahren auch nur ein Ehepaar dazu ermutigen konnte, ihr Kind trotz der pränatalen Diagnose einer Behinderung auszutragen, haben sich aller Eifer, alle Ehrlichkeit und alle Offenheit gelohnt!

Der Vortrag, die anschließende Diskussion am Tisch und die oft folgende Diskussion im Plenum waren zusammengenommen immer auch recht anstrengend. Meist fiel ich spät in der Nacht sehr dankbar und zufrieden in mein Hotelbett und ging am nächsten Morgen mit einem guten Gefühl zum reichhaltigen Frühstücksbüfett.

Während eines solchen Hotel-Frühstücks ergab sich einmal eine sehr nette Situation. Ich holte mir ein Glas Orangensaft und setzte mich an einen Tisch, als eine junge, attraktive Servicemitarbeiterin zu mir kam. Sie fragte mich, ob ich Kaffee wolle und ob sie mich etwas bedienen dürfe. »Vielen Dank«, antwortete ich, »aber das meiste kann ich mir allein vom Büfett holen.«

Darauf erklärte die junge Frau: »Wissen Sie, ich habe ja nun Dienst, und da ist es mir natürlich nicht gestattet, mich zu Ihnen an den Tisch zu setzen, obwohl ich dies sehr gerne tun würde. Ich hatte nämlich auch gestern Abend Dienst und habe Teile Ihres Vortrags gehört. Ich fand das Thema total spannend und habe jetzt so einige Fragen. Wenn ich Ihnen also immer wieder etwas Rührei, Wurst, Butter, Croissants oder andere Dinge bringen dürfte, dann könnten wir immer wieder ein bis zwei Minuten miteinander reden.« Die Idee fand ich klasse und ich stimmte dem Rundum-sorglos-Paket zu.

»Wenn ich jetzt wirklich auch einmal anfangen wollte, die Bibel zu lesen, soll ich da am besten ganz vorne anfangen? – Hier Ihr Spiegelei.«

»Beginnen Sie beim Johannesevangelium und bringen Sie mir gerne noch einen Multivitaminsaft.«

»Darf ich Ihnen noch etwas Kaffee nachgießen? Wie geht eigentlich freies Gebet?«

»Gerne! Mit fünfzehn Stück Würfelzucker bitte. Aber nicht um-rühren, sonst wird der Kaffee zu süß.«

»Wie jetzt?«

»Spaß! – Sprechen Sie Gott einfach an, rechnen Sie aber damit, dass er Ihnen antwortet.«

Für all diese Erlebnisse bin ich dankbar. Dankbar aber auch besonders für all die wunderbaren und liebevollen Mitarbeiterinnen und Mitarbeiter der IVCG in den einzelnen Ortsgruppen. Sie alle haben mich immer so warmherzig aufgenommen, so liebevoll betreut und mir so viel wertvolle Zeit und Gemeinschaft geschenkt, dass es mich manchmal beschämt hat. Gerade auch das Freizeitprogramm, welches an diesen Vortragswochenenden extra für mich vorbereitet wurde, hat mir immer viel Freude bereitet. Ob eine besondere Stadtführung durch Wien mit einem leckeren Kaffee im legendären Hotel Sacher oder ein Besuch der neu errichteten Masoalahalle im Zoo Zürich, eine Fiakerfahrt in Salzburg oder ein familiärer Abend am Kamin bei original Käsefondue in Schaffhausen – es waren viele wertvolle Momente, die alle einen Platz in meinem Herzen haben.

Mit der Zeit bewegte und verhielt ich mich immer routinierter auf den Vortrags- und Hotel-Bühnen. Das hat allerdings eine Zeit gebraucht und ich kann mich noch sehr gut an meinen ersten Vortrag in einem schönen Familienhotel in Marburg erinnern. Was sich dort ereignet hat, ließ mir kurzzeitig das Blut in den Adern gefrieren, heute kann ich herzlich darüber lachen.

Der Vortrag sollte am Abend stattfinden, doch ich war bereits am Nachmittag vor Ort. Ein wunderschönes, idyllisches Hotel. Ich ging zur Rezeption, um einzuchecken, nannte meinen Namen und wurde von der Hotel-Eigentümerin, selbst eine »IVCG-Anhängerin«, sehr freundlich begrüßt. Mitten in diese Begrüßung platzte mein Handy mit einem aufdringlichen Klingelton. Normalerweise war das damals eine recht coole Sache, man war gleich »Mister Wichtig«. Jetzt allerdings passte mir das ganz und gar nicht. Ich ging ran, es war mein Freund Oliver aus Landau. Der Kettcar-Freund aus der Kindheit! »Oli, kannst du bitte in zehn Minuten noch einmal anrufen? Ich bin gerade beim Check-in im Hotel in Marburg. In zehn Minuten bin ich auf meinem Zimmer und wir können gemütlich telefonieren.« Oli war einverstanden, ich legte auf und unterhielt mich noch kurz mit der Hotelbesitzerin, die mich anschließend auf mein Zimmer brachte. Dieses war Luxus pur!

Was macht ein Mann als Erstes, wenn er alleine das Hotelzimmer betritt? Jawohl! Er schaltet den Fernseher ein. Dies tat ich auch und setzte mich aufs Bett. Mit der »Programmtaste« zappte ich die Programme durch. Plötzlich erschrak ich zutiefst. Ein lautes, erregtes Stöhnen war zu hören und auf meinem Fernseher lief ein knallharter Pornofilm. Ich war total perplex und zappte schnell weiter. »Oh ja! Besorg es mir!«, erneut ein Porno. Mein Handy klingelte. Oliver! Als ich nach dem Mobiltelefon griff, fiel die Fernbedienung auf den Boden. Die Darsteller auf der Mattscheibe näherten sich lautstark ihrem Höhepunkt. »Oli, einen Moment bitte! Ich lege dich noch mal kurz weg, ich muss gerade mal den Fernseher ausmachen.«

»Oh ja! Du bist so geil!«

Schnell legte ich ein Kissen auf mein Mobiltelefon, kniete mich auf den Boden und angelte mir mit meinem Arm, der in diesem Fall lang genug war, die Fernbedienung. Ich drehte mich wieder zum Fernseher, auf dem jetzt ein übergroßes rotes Rechteck mit weißer Schrift dargestellt war: »Sie haben nun länger als 2 Minuten unser Bezahl-Entertainment-TV genutzt und sich somit mit den Nutzungsbedingungen einverstanden erklärt. Der Betrag von 12,50 DM wird auf Ihrer Hotelrechnung ausgewiesen. Wir wünschen Ihnen gute Unterhaltung mit unseren Erotik- und Action-Kanälen!«

Schnell schaltete ich den Fernseher aus und ging wieder an mein Telefon. »Was ist denn bei dir los? Wer stöhnt denn da?«, fragte Oli.

Ich erzählte ihm von dem Schlamassel, fasste mich aber kurz. Nach den heutigen Bestimmungen wäre es überhaupt nicht mehr zulässig, dass man so mir nichts, dir nichts in einen Bezahlsender hineinzappen kann. Gerade auch zum Schutz für Kinder ist dies Gott sei Dank nicht mehr möglich. Wenn es überhaupt noch solche Sender gibt, sind diese mit entsprechenden Tasten auf der Fernbedienung gekennzeichnet.

Was sollte ich nun tun? Die Angelegenheit einfach auf sich beruhen lassen? Nein! Die Hotelbesitzerin hatte mir ja erzählt, dass sie selbst bei dem Vortrag anwesend sein würde. Dann würde sie den Leiter der hiesigen IVCG-Ortsgruppe zur Seite nehmen und ihm was flüstern: »Da habt ihr ja einen schönen neuen Referenten! Abends erzählt er von Jesus und am Nachmittag zieht er sich noch Pornos rein!« Ich wusste, ich musste diese Sache klären, damit mein erster Vortrag nicht total in die Hose ging.

Ich tat, was ich in solchen Situationen meistens tue. Ich schaltete das Licht an. Nicht das Rampenlicht. Das Licht der Wahrheit. Je schneller wir diesen Lichtschalter betätigen, desto schneller kommen wir aus einer unangenehmen, missverständlichen Situation wieder heraus. So ging ich also zurück zur Rezeption und erzählte die Situation exakt so, wie sie sich zugetragen hatte. »Wie gut, dass Sie gleich kommen, ich will mal sehen, ob ich das Ganze noch zurückbuchen kann.« Sie konnte. Großartig! Ich war erleichtert und schaltete den Fernseher das ganze Wochenende nicht mehr an.

Am Abend wurde ich sehr herzlich von meinem Publikum aufgenommen und konnte mit großer Freude meinen ersten IVCG-Vortrag eröffnen: »Die Gesundheit ist zwar nicht alles. Aber ohne Gesundheit ist alles nichts!«

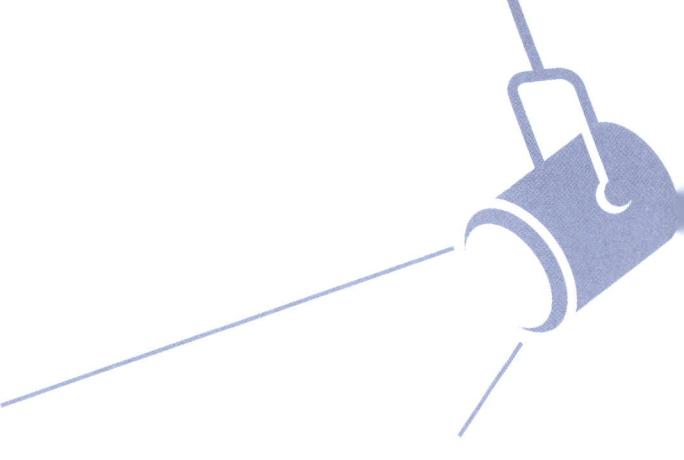

21

ICH HAB'S ERLEBT: ER LEBT!

Auf einer meiner IVCG-Vortragsreisen wurde mir Bo Katzman vorgestellt, ein gläubiger Schweizer Rock- und Gospelmusiker. Zumindest seine Musik lernte ich kennen, nicht ihn persönlich. Seine Songs sind auch heute noch in meinen Playlists vertreten.

Am Samstag sollte ich in Davos und am Sonntag in St. Moritz einen Vortrag halten. Dafür flog ich nach Zürich, wo ich von einer äußerst sympathischen IVCG-Mitarbeiterin namens Ursula abgeholt wurde. Wir verstanden uns auf Anhieb und konnten, obgleich wir uns gerade erst kennengelernt hatten, in der Tiefgarage des Flughafens in ihrem kleinen Geländewagen schon herzlich miteinander lachen. Warum? Weil ich mich im Auto auf dem Beifahrersitz nicht selbstständig anschnallen kann. Meinen etwas längeren Arm habe ich auf der rechten Seite. Dies kommt mir natürlich insofern zugute, als ich in meinem eigenen PKW keine Probleme habe, mich selbstständig anzuschnallen, weil sich das Gurtschloss auf der rechten Seite befindet. Als Beifahrer brauche ich jedoch Hilfe, und die wollte Ursula mir auch gerne angedeihen lassen.

Da ich allerdings, wie schon beschrieben, ein recht gewichtiger und breiter Mann bin, sitze ich teilweise auf dem für den Beifahrer vorgesehenen Gurtschloss. Die heutigen Autos besitzen eine relativ breite Mittelkonsole. Deshalb ist es für die Person, die mir beim Anschnallen hilft, am günstigsten, wenn sie auf meiner Seite außerhalb des Autos stehen bleibt und sich mit der Gurtschnalle über mich rüberbeugt. Ich muss dann gleichzeitig eine Verrenkung nach rechts machen und meine linke Pobacke anspannen und hochziehen. Je nach Fahrzeugmodell und Größe des Autos dauert es manchmal ziemlich lange bis ich angeschnallt bin.

Für außenstehende Passanten sieht das Geschehen je nach persönlicher Bewertung aus wie Slapstick oder eine wilde Knutscherei. Bisher hat aber noch jede und jeder diesen Akt der hilfsbereiten Nächstenliebe mit Humor genommen, nicht zuletzt deshalb, weil ich recht schnell vermittle, dass mir die Situation bekannt und nur noch wenig peinlich ist.

Auch Angy, von der ich bereits im Rahmen meines Puppentheaters berichtet habe, kann ein Lied davon singen. Sie kam regelmäßig in einen Lachflash, wenn sie mich abholte, schräg auf mir lag und versuchte, die Gurtschnalle ins Schloss zu drücken. Den Vogel schoss allerdings mein lieber Freund Marcus ab. Er fuhr irgend so einen kleinen französischen Wagen, lag mehrere Minuten auf mir und schaffte es einfach nicht, mich anzuschnallen. Es war ein heißer Tag und ich stöhnte ob der Hitze und der Bedrängung durch Marcus. Irgendwann konnten wir beide nicht mehr und mussten Tränen lachen.

Als wir uns wieder etwas beruhigt hatten, nahm ich den Gurt in den Mund und biss fest zu, damit er nicht wieder zurückschnellen konnte. Wie einer vom Einsatzkräfte-Spezialkommando robbte Marcus von der Fahrerseite her auf dem Rücksitz in meine Nähe. Dann ergriff er den Gurt, der sich immer noch in meinem Gebiss befand. Nun spannte ich meine Gesäßmuskeln, was das Zeug hielt, hob die

Pobacke und: Klick! Geschafft! Wir fuhren los, doch ich hatte wirklich keinen Spielraum! Der Gurt saß so straff, man hätte kein Blatt Papier mehr zwischen ihn und mich bringen können. So muss es in diesem Gipsbett gewesen sein, aus dem meine Mutter mich als Baby befreite. Auch Marcus befreite mich später aus den Fesseln der Sicherheit. Mit ihm gefahren bin ich erst wieder, als er sich ein neues Auto gekauft hat.

Zur totalen Kapitulation kam es einmal auf einer Autofahrt im Fahrzeug meiner Freundin Esther. Ich weiß bis heute nicht, wie wir es geschafft haben, mich überhaupt in Esthers Kleinwagen, einen Ford Ka, hineinzubekommen. Der Beifahrersitz war bis zum Anschlag nach hinten geschoben und auch die Rückenlehne mussten wir so weit nach hinten drehen, dass die gesamte Autofahrt eigentlich als »Liegendtransport« bezeichnet werden kann. An Anschnallen war nicht zu denken.

Ursula in Zürich hatte mich jedoch irgendwann erfolgreich angeschnallt und ich hatte auch noch genügend Bewegungsfreiheit, was nicht unwichtig war, denn wir fuhren eine recht weite Strecke. Wir unterhielten uns prächtig und dabei hörte ich zum ersten Mal die Musik von Bo Katzman. Irgendwann sagte Ursula im mir so sympathischen Schweizerdeutsch: »Hüt Obig mach ich uns a leckeri Chäswähe!« (»Heute Abend mache ich uns eine leckere Käsewähe!«)

»Oh wie schön! Lecker! Da freue ich mich aber«, antwortete ich nahezu euphorisch.

»Ja sag einmal, weißt du denn, was eine Käsewähe ist?«

Und ob! Schließlich war meine liebe Kindheitsnachbarin, bei der meine ersten Puppen-Bühnenstücke Premiere feierten, Schweizerin.

Eine Käsewähe ist ein salziger Käsekuchen, der stets heiß gegessen wird. Der Teig besteht aus Mehl, Salz, Butter und Milch oder Sahne. Darauf kommt ein Belag aus geriebenem Hartkäse und ein

Guss aus Rahm, Milch, Mehl und Eiern. Gewürzt wird mit Salz, Pfeffer und Muskatnuss.

Ursulas Käsewähe war vorzüglich und wir verbrachten einen wirklich sehr schönen Abend am Kamin bei richtig guter Unterhaltung und eben wieder der Musik von Bo Katzman.

Gerade neulich hat die Zufallsfunktion meines MP3-Players das Lied »Wunder gescheh'n!« von Nena in der Version von Bo Katzman abgespielt, der auch weltliche Lieder interpretiert. Und damit bin ich dort, wo ich in diesem Kapitel hinwollte. Ich habe den Umweg über den Schweizer Flughafen aber gerne genommen, um die »Anschnall-Humoreske« zum Besten zu geben.

In diesem Lied heißt es:

Und auch das Schicksal
Und die Angst kommt über Nacht.
Und ich bin traurig
Und gerade hab ich noch gelacht
Und an so was Schönes gedacht.

Auch die Sehnsucht
Und das Glück kommt über Nacht.
Und ich will leben,
Auch wenn man dabei Fehler macht,
Ich hab mir das nicht ausgedacht.

Wunder geschehen,
Ich hab's gesehen,
Es gibt so vieles, was wir nicht verstehen.
Wunder geschehen
Und ich war dabei,
Wir dürfen nicht nur an das glauben, was wir sehen.

Ich mag das Lied und den Text finde ich auch als gläubiger Christ nicht uninteressant, obgleich ich glaube, dass Nena das Lied nicht aus diesem Blickwinkel heraus gesungen hat. Besonders der letzte Vers des Refrains ist wahr: Wir dürfen nicht nur an das glauben, was wir sehen.

Nach meiner grundsätzlichen Glaubensentscheidung in Bad Orb trafen Kerstin und ich uns regelmäßig mit Freunden und lasen zusammen in der Bibel. Wir beteten und gingen sonntags manchmal in einen freikirchlichen Gottesdienst. Von den sogenannten Geistesgaben, dem Heilungsgebet, der Prophetie und Weissagung oder gar der Zungenrede, wusste ich nichts. Die ganze charismatische Szene war mir vollkommen fremd. Bis zu dem Tag, als ich ein Vorstellungsgespräch in Norddeutschland hatte. Ich fuhr mit dem Zug von Mainz nach Hamburg, wurde dort vom ersten Vorsitzenden eines Jugendhilfeträger-Vereins abgeholt. Zusammen fuhren wir zu dem Kindertagesheim, für das ein Leiter gesucht wurde, damit ich es mir anschauen konnte.

Kindertagesheim nannte man damals in Hamburg eine Kindertagesstätte mit Hort und Spielgruppe. Alles machte einen guten Eindruck auf mich.

Danach ging es weiter nach Geesthacht zu der zweiten Vorsitzenden, bei der sich das gesamte Kita-Team versammelt hatte. Wir hatten dort einen lebhaften Austausch und ich wurde mit Fragen gelöchert. Die Mitarbeiterinnen erzählten mir jede ihre persönliche Glaubensgeschichte und was sie mit Jesus alles schon erlebt hatten. Am Ende wollte eine junge Frau dafür beten, dass meine Beine auswachsen. Jawohl, meine Beine! Hätte sie meine Arme im Blick gehabt, so hätte ich ihrem Gebets-Ziel wenigstens eine gewisse Logik zuordnen können.

Ich weiß nicht, warum ich das Folgende über mich ergehen ließ. Ich saß in einem bequemen Sessel, die junge Dame kniete vor mir und nahm meine Füße in jeweils eine Hand. »Hier, schau!«, meinte sie und zeigte mir, dass meine Beine unterschiedlich lang seien. Ich sah nichts, außer mich in Gedanken bereits im ICE in Richtung Heimat sitzen, in der tiefen Überzeugung, dass ich diese Verrückten niemals wiedersehen wollte. Es wurde gebetet und gemurmelt, Hände gehoben und gesungen. Wo war ich da bloß hingeraten?

»Sollte ich diese Stelle bekommen und dein Chef werden, wird meine erste Amtshandlung sein, deinen Arbeitsvertrag zu kündigen!« – so oder ähnlich dachte ich über die pädagogische Fachkraft, die an meinen Füßen zog. Am Ende waren alle begeistert, dass meine Beine nun gleich lang waren. Sie lobten und dankten Gott dafür und ließen von mir ab.

»Das war der Härtetest!«, meinte der erste Vorsitzende. »Wenn dich das nicht abschreckt, dann bist du bei uns richtig.«

»Abschrecken ist gar kein Ausdruck! Ihr seid ja allesamt komplett gaga! Kann mich bitte sofort jemand zum Bahnhof fahren? Das ist ja ein Irrenhaus hier!«, wollte ich sagen. Stattdessen reagierte ich mit den Worten: »Abschrecken tut mich das Ganze nicht. Es ist mir sehr fremd. Ich empfinde allerdings eine große Freundlichkeit unter euch. Ich kann mit alledem wenig anfangen, will aber offen sein.«

Das war nicht der Bernd, den ich bis dato gekannt hatte, der da geantwortet hatte. Ich wusste selbst nicht, warum ich dies gesagt hatte. Ich bekam die Stelle und fuhr glücklich mit dem Zug zurück nach Mainz. Der Heilige Geist hatte mir geholfen, etwas Neues zu wagen. Es war vielleicht die Grundsteinlegung dafür, nicht immer alles beurteilen, besser wissen oder gar verurteilen zu müssen.

Das war gut so, denn später als Leiter kündigte ich niemandem und lernte all diese Mitarbeiterinnen als hochkompetente Pädagoginnen kennen und schätzen. Die Arbeit, die in diesem Kindertagesheim im Stadtteil Schnelsen getan wurde, konnte sich sehen lassen. Nicht umsonst war sie zu einhundert Prozent von der Hamburger Stadt anerkannt.

Für das Auswachsen meiner Beine habe ich seither nie mehr beten lassen. Später habe ich erfahren, dass diese Form des Gebets damals total in war. So wie Hals-Nasen-Ohren-Ärzte Anfang der Achtzigerjahre jedem die Mandeln rausnahmen, der nicht bei drei auf dem Baum war, so wurde in der charismatischen Christenheit ruckzuck für alle Beine gebetet, die man nicht rechtzeitig in die Hand nahm, um wegzulaufen.

Dennoch öffnete ich mich für die Tatsache, dass es neben der sichtbaren auch eine unsichtbare Welt gibt. Ich öffnete mich für die Kraft des Gebets, für einen Gott, der auch heute noch Wunder tun kann, tun will und tut. Ein wenig möchte ich konkret davon berichten. Nicht von Wundern, die mir über vierundsiebzig Ecken erzählt wurden, sondern lediglich von den Erlebnissen, die ich mit eigenen Augen sehen durfte.

Besagte Erzieherin, die bei meinem Vorstellungsgespräch für die Länge meiner Beine gebetet hatte, fand mit der Zeit immer mehr Achtung in meinem Inneren. Sie war eine sehr gebildete Fachkraft mit einer ehrlichen Liebe zu den Kindern und der Fähigkeit, eine vertrauensvolle Bindung zu ihnen aufzubauen. Gleichzeitig konnte sie ihre eigene tiefe Glaubensüberzeugung klar und doch unaufdringlich formulieren. Überhaupt wussten alle Eltern, die ihre Kinder zu uns in die Kindertageseinrichtung brachten, dass wir ein bewusst christlich ausgerichtetes Konzept hatten. Nur ganz wenige lehnten dies ab. Die allermeisten interessierten sich für unsere Arbeit und merkten, dass wir es ehrlich meinten und authentisch waren.

Als ich eines Morgens zur Arbeit kam und wie immer meinen Rundgang durch das Haus machte, kam ich natürlich auch in den Gruppenraum der Pädagogin, der ich einst meine Füße in die Hände gelegt hatte. Sie war gerade im Gespräch mit einer Mutter. Diese meinte:»Ich werde Lukas heute zwei Stunden früher abholen, wir möchten noch zur Besprecherin, damit er endlich diese blöde Warze an seinem Hals verliert.«

»Oh, wenn Sie mit Lukas zur Besprecherin gehen wollen, dann haben Sie doch bestimmt nichts dagegen, wenn ich nachher einfach einmal mit Lukas bete und Gott bitte, diese Warze zu entfernen«, antwortete die Erzieherin.

»Welch eine Kühnheit!«, dachte ich. »Welch eine Dummheit!«, dachte ich auch. »Warum gleich so direkt die christliche Keule schwingen?!«

Doch die Mutter war wesentlich entspannter als ich und meinte: »Kein Problem. Wenn Lukas das möchte, können Sie gerne für ihn beten. Ich habe nichts dagegen, wenn der Termin nachher ausfällt.« Sie lachte, und es war deutlich spürbar, dass sie die Idee mit dem Gebet absurd fand und Nullkommanull daran glaubte, dass dadurch eine Warze zu besiegen sei.

Ihr fünfjähriger Sohn war jedoch begeistert. »Oh ja, beten!«, rief er aus und verabschiedete seine Mutter.

»Dann wollen wir dies gleich einmal tun! Und Herr Hock bleibt am besten dabei«, beschloss die Erzieherin.

Nun wurden nicht etwa die Rollläden geschlossen. Es wurden keine Kerzen angezündet. Es gab keine Räucherstäbchen, keine Klangschalen und keine meditative Musik. Das Geschehen spielte sich ganz unspektakulär in einer Ecke des Gruppenraums der Mäusegruppe ab. Lukas, die Erzieherin und ich saßen auf drei Kinderstühlen. Die Pädagogin fragte Lukas, ob sie ihre Hand auf seine Schulter legen dürfe. Er freute sich und sie sprach ein schlichtes Gebet: »Vater im Himmel, ich bitte dich jetzt zusammen mit Bernd, dass du die Warze von Lukas im Namen Jesu abfallen lässt.«

Wie gesagt, ein schlichtes Gebet. Allerdings mit ordentlich Wumms! Mit unheimlicher Kraft und Vollmacht! Ich traute meinen

Augen nicht. Nahezu zeitgleich mit dem Amen fiel die hässliche, ziemlich große Warze von Lukas' Hals ab auf den Tisch. Ich war baff erstaunt und sprachlos. Lukas meinte nur nüchtern: »Gut, jetzt ist sie weg. Das ist schön. Kann ich jetzt in die Bauecke zum Spielen?« Für ihn war das Ganze nichts allzu Besonderes. Es war doch lediglich passiert, was die Erzieherinnen den Kindern immer wieder in den Morgenkreisen erzählten: Gott kann große Wunder tun!

Genauso wenig wie ich Gott dazu manipulieren kann, dieses oder jenes Wunder zu tun, genauso wenig kann ich Menschen überzeugen, dass das, was geschehen ist, ein wunderbares Eingreifen Gottes war. Der Glaube ist wirklich ein Geheimnis, dies habe ich immer mehr gelernt. Ich wünsche mir von ganzem Herzen, dass Menschen den dreieinigen Gott als liebenden Vater kennenlernen, doch ich habe aufgehört, zu versuchen, Menschen über eine Straße zu führen, über die sie nicht rüberwollen. Der Glaube muss auf Freiheit gründen.

Ich bin dann mal so frei, zu glauben, dass Gott heute noch Wunder tun kann. Jawohl, ich habe es erlebt: Er lebt! Jesus lebt!

So auch in meiner zweiten kleinen *Wunder*-vollen Geschichte aus meiner Zeit als Heimleiter in Hamburg. Dieses Wunder versetzte mich wirklich unheimlich ins Staunen. Wir betreuten in der Kita Zwillinge, deren Eltern es nicht leicht hatten. Vater und Mutter mussten sehr viel arbeiten, damit sie finanziell über die Runden kamen. Das wenige Geld, das monatlich in die Gruppenkasse einbezahlt werden sollte, stellte regelmäßig ein Problem für die Familie dar.

Die Kinder, ein Junge und ein Mädchen, fühlten sich äußerst wohl bei uns. Die Eltern, besonders die Mutter, waren anfänglich sehr skeptisch, was unser christliches Konzept betraf. Wie so viele Menschen hatten die Eltern zwar nicht schlechte Erfahrungen mit Gott, aber recht schlechte Erfahrungen mit der Kirche gemacht.

Sie beobachteten daher ganz genau, was wir in der Tageseinrichtung so trieben. Sie konnten schnell erkennen, dass all das, was wir zwischendurch von Gott und Jesus und der Bibel berichteten, niemals über ein Angebot hinausging. Ein Kind hätte bei uns jahrelang betreut werden und irgendwann die Einrichtung verlassen können, ohne dass es auch nur ein einziges Mal gebetet hatte oder offiziell für es gebetet worden war. Dies kam aber wirklich selten oder überhaupt nicht vor. Im Gegenteil: Die Kinder und auch ihre Eltern schätzten es sehr, wenn beispielsweise an ihrem Geburtstag im Morgenkreis für sie gebetet wurde und die Erzieherinnen und Erzieher sie segneten. So wurde besagte Familie auch immer wärmer mit uns und gerade die Mutter wollte immer mehr vom Evangelium und von Gottes Liebe wissen. Ihre Kinder inhalierten die biblischen Geschichten ganz tief und konnten gar nicht genug davon bekommen. Oftmals blieb die Mutter beim Bringen ihrer Kinder etwas länger und setzte sich während des Morgenkreises in eine Ecke, um der Geschichte der Speisung der Fünftausend oder der Heilung des Gelähmten zu lauschen.

Die Zwillinge waren nicht getauft, die gesamte Familie hatte die Landeskirche aber nie verlassen. Eines Morgens, es war ein Montag und ich befand mich gerade zu einem kurzen Gespräch im Gruppenraum, brachte die Mutter ihre Kinder herein. Die beiden rannten sofort aufgeregt zu ihrer Erzieherin und streckten ihr ihre Hälse hin. »Da! Guck mal da! Guck mal, was ich da am Hals habe!« »Guck du auch mal, Herr Hock!« Wir guckten und wir staunten nicht schlecht. Jedes Kind trug eine geschmackvolle Goldkette mit einem kleinen Ring um den Hals. Die Mutter strahlte über das ganze Gesicht: »Gestern sind die beiden in unserer Stadtteilkirche getauft worden. Mein Mann und ich haben ihnen diese Taufkettchen geschenkt.«

Wir freuten uns mit den Kindern und ihrer Mutter. Mir war bewusst, dass es für die Familie sehr schwer gewesen sein musste, die Kosten für diese beiden hochkarätigen Goldkettchen und die

Anhänger zu stemmen. »Jetzt gehören wir auch zu Gott!«, rief das Mädchen und strahlte. Die Mutter hatte eine Freudenträne im Auge. »Na, da müsst ihr aber gleich mal im Morgenkreis von eurer Taufe erzählen«, ermutigte die Erzieherin die Kinder.

Die Mutter und ich verließen den Gruppenraum. Ich brachte sie noch zur Tür, gratulierte ihr und drückte ihr meine Freude darüber aus, dass sie immer mehr Glauben an Gott wagte. Die junge Frau verabschiedete sich, ging ein paar Schritte, drehte sich noch einmal um und strahlte mich erneut an.

Von diesem Strahlen war am nächsten Tag nichts mehr zu entdecken. Gar nichts. Die Mutter hatte dieses freudig lachende Gesicht verloren und das, welches sie wiedergefunden hatte, war aufgequollen, total verheult und unsagbar traurig. Ihre Kinder hatten ebenfalls gesenkte Köpfe und traurige Mienen. Ich entdeckte die drei, als die Mutter ihre Kinder an der Garderobe umzog, und fragte erschrocken: »Was ist denn mit Ihnen los? Wo ist denn Ihre ganze Fröhlichkeit von gestern hin? Was ist passiert?«

»Guten Morgen, Herr Hock, darf ich gleich, wenn ich die Kinder in die Gruppe gebracht habe, einmal zu Ihnen ins Büro kommen?«

»Sehr gerne.«

Etwas später saßen wir zusammen an meinem Konferenztisch und die Mutter begann zu erzählen: »Ach Herr Hock, das ist alles so schrecklich. Es ist so furchtbar. Stellen Sie sich nur vor, was gestern passiert ist. Die Kinder waren so glücklich, als sie vom Kindergarten nach Hause kamen. Sie wollten gerne noch draußen spielen und unbedingt ihre Taufkettchen anbehalten. Schließlich sollen diese ja auch unsere Kinder schützen. Als ich die beiden zum Abendessen rief und es in die Badewanne gehen sollte, bemerkte ich, dass mein Sohn sein Kettchen nicht mehr hatte. Er hatte es verloren. Das ist so schrecklich! Wir haben den ganzen Spielplatz abgesucht, aber die Kette und der Taufring sind weg.«

Ich war ziemlich betroffen und wusste nicht recht, was ich sagen sollte, und so sagte ich einfach nichts, außer dass es mir sehr leidtat. »Mein Mann weiß noch gar nichts davon. Der kommt erst heute Abend von einem Außentermin zurück. Wenn er davon erfährt, wird der total ausrasten. Was bin ich nur für eine blöde Kuh, dass ich die Kettchen gestern Nachmittag nicht gleich in die Schmuckschachtel zurückgetan habe.«

Ich kann es nicht näher erklären, aber irgendwie hatte ich das Gefühl, dass gerade ein inneres Fenster aufgegangen war und ich ihr mehr von Gott erzählen sollte: »Wissen Sie, das ist ein großer Verlust, und es tut mir wirklich sehr leid, dass Ihr Sohn die Kette verloren hat. Die Kette aber schützt Ihren Sohn nicht. Gottes Schutz und Gottes Liebe sind unabhängig von irgendwelchen Symbolen. Ich weiß, dass Ihnen dies nun wenig hilft, aber wie wäre es, wenn Sie einen kleinen Versuch unternehmen würden, jetzt nicht nur *an* Gott zu glauben, sondern *Gott* zu glauben?«

»Wie meinen Sie das, Herr Hock?«, fragte die Frau, doch ihr Blick offenbarte mir ihre unausgesprochenen Gedanken: »Oh bitte, lassen Sie mich mit Ihrem Gesülze in Ruhe. Ich kann jetzt keine frommen Sprüche gebrauchen. Heute Abend kommt mein Mann und die Kette, die uns einen Haufen Geld gekostet hat, ist weg.«

Ich ließ mich nicht irritieren und sprach weiter: »Ich bin fest davon überzeugt, dass Gott dafür sorgen kann, dass Sie die Kette Ihres Sohnes wiederfinden. Ich kann aber auch verstehen, dass Ihnen mein Reden jetzt komisch vorkommt und Sie vielleicht sogar etwas nervt. Daher will ich Ihnen nicht weiter irgendwelche Vorträge halten, biete Ihnen aber an, jetzt hier mit Ihnen dafür zu beten, dass Sie das Goldkettchen mit dem Taufring wiederfinden.«

Die Frau entgegnete mir ziemlich ehrlich: »Es wäre mir deutlich lieber, wenn Sie mir für den nächsten Betreuungsmonat für beide Kinder den Eigenanteil erlassen würden. Aber bitte, wenn Sie möchten, beten Sie.« Und energisch schob sie hinterher:» Ich bete aber nicht! Ich höre nur zu!«

Ich schloss die Augen und senkte den Kopf. Die Frau tat es mir gleich. Dann betete ich: »Lieber gütiger Vater im Himmel, du weißt, wo sich die Goldkette und der Taufring befinden. In Jesu Namen bitte ich dich, die Schmuckstücke zurück in die Familie zu bringen, auf welchem Wege auch immer. Amen!«

»Amen!«, sagte die Mutter und beide öffneten wir wieder unsere Augen und guckten uns an.

»Immerhin haben Sie Amen gesagt«, meinte ich.

»Na und?!«

»Amen kommt aus dem Hebräischen und bedeutet übersetzt so viel wie: So sei es! Ein klein wenig Glaube ist da!«, ergänzte ich und lächelte die junge Frau an.

Als wir uns verabschiedeten, schaute ich ihr gedankenversunken hinterher. Einerseits freute ich mich über meinen Mut, so zu beten, wie ich gerade gebetet hatte. Zugleich bekam ich jedoch auch etwas Angst vor meiner eigenen Courage. Ich hatte mich ziemlich weit aus dem Fenster gelehnt. Hatte über Glaubenszweifel bei der Frau nachgesinnt und gleichzeitig ertappte ich mich bei dem Gedanken, ihr privat etwas für die Wiederbeschaffung der Kette dazuzugeben. »Du Kleingläubiger!«, ertönte eine innere Durchsage von ganz oben.

Eine Dame von der Heimaufsicht entriss mich diesen Gedanken, da wir einen Termin hatten. Etwa zwanzig Minuten später, mitten in diesem wichtigen Gespräch, wurde meine Bürotür von außen aufgestoßen. Binnen Bruchteilen von Sekunden stand die Mutter der Zwillinge im Zimmer. Sie hatte ihr freudiges, strahlendes Gesicht wiedergefunden! Mir war sofort klar, dass sie auch etwas anderes wiedergefunden haben musste. Da war sie, diese Atmosphäre, die ich gerne Bühnenpräsenz nenne. Diesmal ging sie von der Mutter aus.

Ohne darüber nachzudenken, war uns allen dreien klar, dass das Behördengespräch jetzt unterbrochen war und wir dem Bericht der Frau lauschen würden, für die ich vor einer knappen halben Stunde noch gebetet hatte.

»Stellen Sie sich vor, Herr Hock, ich wollte gerade nach Hause gehen, wollte mich für heute krankmelden, da ich ja so traurig war, da musste ich vorne an der Kreuzung stehen bleiben. Ich habe so etwas noch nie erlebt. Ich kann Ihnen dies nicht näher beschreiben, aber ich hatte das Gefühl, ich solle nach links in das Gebüsch hineingehen. Ich wollte diesen Gedanken verwerfen und nach Hause gehen. Fragen Sie mich nicht, warum, ich konnte es nicht. Ich bin also mitten in dieses Gestrüpp hineingekrochen und plötzlich hing das Kettchen mit dem Taufring vor mir an einem schmalen Ast. Ich könnte Sie jetzt glatt küssen!«

Die Dame von der Behörde schaute irritiert.

»Sie können richtig gut beten, Herr Hock!«

Eine noch stärkere Irritation formte die Gesichtszüge der Frau vom Amt. Die Finderin verließ mein Büro, schloss die Tür und ich fühlte mich unheimlich ermutigt.

»Interessant, beten hilft also?!«, bemerkte die Frau von der Heimaufsicht etwas süffisant.

»Jawohl! Immer!«, bekannte ich freimütig und fragte: »Nehmen Sie noch einen Kaffee?«

Was für eine Zeit! Was für ein Vorrecht, dass ich meinen gesamten Arbeitstag mit gläubigen Menschen verbringen konnte. Immer wieder wurde ich stark ermutigt, mein Glaube wuchs und Gebet und Fürbitte wurden für mich eine ganz selbstverständliche Handlung. Das Beten für andere kostete mich kaum noch Mut. Schließlich hatte ich mehrfach erleben dürfen, was Gott heute noch alles tut, und ich wollte ja, dass es meinen Mitmenschen gut ging. Hatte ich einst noch bei dem Gebet gegen die Warze von Lukas etwas ungläubig danebengestanden, wagte ich mich einige Wochen später selbst an ein Heilungsgebet. Der Hausarzt der Nachbarin unserer Kita hatte ihr geraten, eine Besprecherin aufzusuchen. Der Grund war eine schwere und heftig schmerzende Gürtelrose.

»Sie beten doch auch?«, fragte mich die Nachbarin. Noch ein kurzer Wortwechsel und dann betete ich im Namen Jesu für Heilung der Gürtelrose. Dies war vielleicht das stärkste Wunder, das ich mit eigenen Augen sehen durfte. Während meines Gebetes verschwand diese Gürtelrose komplett, ohne jegliche Rückstände. Die Nachbarin ging am nächsten Tag zum Arzt und zeigte ihm ihre Haut.

»Oh, waren Sie bei der Besprecherin?!«, fragte der Arzt.

»Nein, der Chef von der Kita neben uns, der macht das mit Jesus«, erwiderte die Frau.

Etwas später wurde der Mann mein Hausarzt und bei seiner Nachfolgerin bin ich heute noch sehr gut aufgehoben.

Wunder geschehn, ich hab's gesehn, ich war dabei!

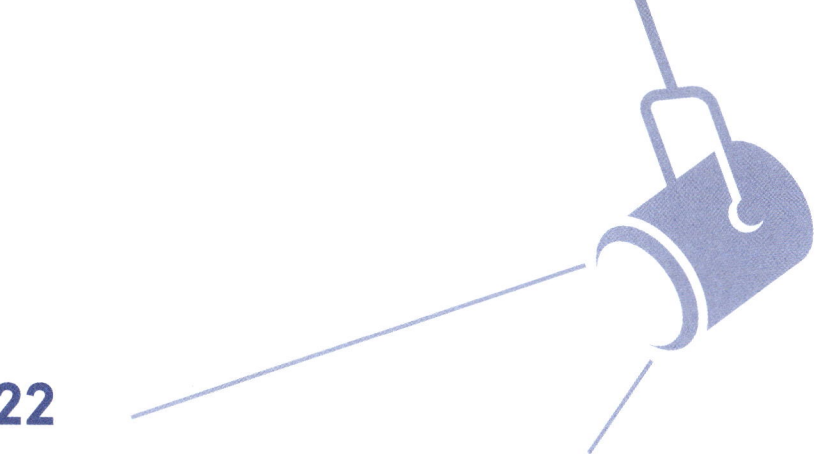

22

WO IST ER DENN, DEIN GOTT?

Ich habe mich gedanklich ganz aus dem Jetzt ausgeklinkt und schwelge in meinen Erinnerungen. Diese erste Lebenszeit als bewusst gläubiger Christ. Diese Zeit, die in christlichen Kreisen gerne mit »die erste Liebe« betitelt wird. Diese Zeit, in der die Flammen so richtig lodern. Die ganzen Erlebnisse mit Gott, die kleinen und großen Wunder, die ich erleben durfte. Die Zeit, in der das geistliche Feuer lichterloh brennt!

Häufig verändert sich mit der Zeit wieder so vieles. Man fällt zurück in alte Muster. Daher ist es so wichtig, dass ich meine Reise fortsetze. Ich will nicht in den alten Mustern bleiben, ich will mehr! Ich will wirklich leben.

Ich bin mir nicht sicher, welche Rolle mein innerer Wächter spielt, aber ich denke, dass er mir nicht guttut, obwohl er in meinem Leben seine Berechtigung hatte. Will ich ihn wirklich rausschmeißen? Oder mache ich mir nur etwas vor und kann gar nicht ohne ihn leben? Brauche ich ihn wie meine Hakenstangen, um ein Defizit auszugleichen? Diese sind wirklich nützlich und ermöglichen mir ein Leben mit mehr Freiheit. Aber innerlich stütze ich mich immer wieder auf Dinge, die im Endeffekt gar nicht hilfreich sind.

Am Anfang hatte ich so viel Feuer für Gott! Wo ist es geblieben? Habe ich es ausgehen lassen? Ich denke an das goldene Herz in meiner Gefühlstruhe und sehe innerlich wieder den Wächter in einer entspannten Pose vor mir sitzen. Das goldene schlagende Herz liegt in meinem Schoß.

»Aus einem richtig guten Feuer wird eine schöne Glut«, philosophiert der Wächter. »Die Glut ist es ja, die lange anhält und die richtig schön wärmt. Ein saftiges Steak oder eine Thüringer Bratwurst werden nur wohlschmeckend, wenn sie über einer ordentlich heißen Glut gegrillt werden.«

Ich nicke, denn ich ahne, worauf er hinauswill.

»Du hast wirklich gebrannt, Bernd! Hast Menschen entzündet! Auch heute gelingt es dir noch mühelos, andere anzustecken, aber oftmals kostet es dich recht viel. Damals hatte alles eine Leichtigkeit. Zum Beispiel im Sommer 1999, als du nachts rausmusstest. Danach konnte ich für lange Zeit komplett in Urlaub gehen und habe schon mit der Frührente gerechnet. Ich hatte zwar auch vorher schon ziemlich wenig zu tun, aber in dieser Nacht, da ist nachhaltig etwas mit dir passiert.«

Wie recht er hat! Ich hatte in dieser Nacht unruhig geschlafen, wurde wach und ging schlaftrunken auf die Toilette. Nichts Ungewöhnliches. Doch auf diesen paar Metern von meinem Bett zur Toilette vernahm ich in meinem Inneren eine kraftvolle Stimme: »Rechne doch nicht immer mit dem Schlechten, Bernd. Rechne bitte mit Gutem. Ich liebe dich doch, Bernd! Ich habe Gutes mit dir vor!«

Ich wusste nicht so recht, wie mir geschah, deshalb ging ich einfach zur Toilette und ganz unspektakulär wieder zurück in mein Bett. Dort kuschelte ich mich mit einem herrlichen Wohlgefühl wieder in mein Kissen.

Auf einen Schlag war ich ab diesem Moment viel positiver, viel zuversichtlicher. Ich wusste plötzlich: »Ja! Gott meint es gut mit mir!« Dies fiel auch Kerstin auf. Ich nahm nichts mehr so richtig schwer, hatte Zuversicht und konnte andere ermutigen, ohne dafür meine eigenen Kraftreserven aufzubrauchen.

»Eine ganze Zeit lang hast du nicht nur *an* Gott geglaubt, sondern deinem Gott wirklich *geglaubt*. Genau so, wie du es der Mutter der Zwillinge im Kindertagesheim geraten hattest. Da warst du absolut authentisch. Aber mit der Zeit hast du mich immer öfter aus meinem Urlaub zurückgeholt und deinen Jesus in die Wüste geschickt. Hast angefangen, wieder deinen Erfahrungen mehr Glauben zu schenken als allem anderen. Hast dich leiten lassen von dem, was du gesehen hast. Hast Enttäuschungen die Regierungserklärung über dein Leben lesen lassen.«

»Nun halte aber bitte mal die Luft an!«, antworte ich verärgert. »Das hatte schließlich einen Grund! Einige Enttäuschungen waren ein schwerer Schlag – für mich und für mein Glaubensleben. Ich habe eindrucksvolle Wunder erlebt, ich habe in meinem Leben aber wesentlich mehr Gebete und Fürbitten gesprochen, die nicht erhört wurden. Für wie viele Menschen habe ich gebetet, Menschen, die schwer erkrankt waren und um dieses Gebet gebeten hatten. Menschen, die trotzdem gestorben sind und denen so oft nicht einmal ein Siechtum erspart geblieben ist.«

»Ach, das ist ja interessant. Weil dein Gott nicht macht, was du willst, stellst du gleich seine Existenz und seine Macht infrage?! Mir kann es ja egal sein. Ich bin nicht umhergezogen und habe regelmäßig in einem Vortrag postuliert, dass es nicht in erster Linie auf körperliche Unversehrtheit ankommt!«

»Halt doch einfach die Klappe!«

Ich atme kurz durch, bevor ich frage: »Was willst du eigentlich?« Doch ich lasse keinen Raum für eine Antwort und rede einfach weiter:»Gibst du erst Ruhe, wenn ich total am Boden liege und mir alles genommen ist? Wenn ich das Gefühl habe, alles falsch gemacht zu haben?«

Es knarzt und der Deckel der Truhe wird leicht von innen heraus angehoben. Einer der Würmer kriecht heraus. Ein besonders ekelhaftes Exemplar. Extrem dick und schleimig. Der ist mir vorher noch gar nicht aufgefallen. Sein Tattoo lautet»Selbstmitleid!«. Das Ungetüm kriecht in meine Richtung.

»Los! Steh auf und zertritt ihm den Kopf!«, fordert mich der Wächter auf.

Doch ich sitze da wie das Kaninchen vor der Schlange und lasse mich vom Selbstmitleid hypnotisieren. Der Wurm kommt immer näher an das goldene Herz heran und sperrt bereits sein Maul auf. Fast panisch beginne ich zu schreien:»Nun mach doch endlich etwas, Wächter! Beschütze mich und befreie mich von diesem ekligen Parasiten.«

Der Wächter antwortet:»Wann begreifst du endlich, dass ich nicht retten kann! Ich bin kein Heiland! Ich bin kein Wunderheiler!«

»Was bist du denn?«, frage ich, ohne den Wurm aus den Augen zu lassen.

»Wenn du so willst, bin ich der Chef-Anästhesist hier.«

»Ein Narkosearzt? Was redest du da?«

»Ich kann nicht heilen! Ich kann nicht retten! Du hast es mir anfänglich schon einmal vorgeworfen und du hast recht: Ich kann nur betäuben!«

Das Selbstmitleid hat sein Maul sperrangelweit aufgerissen und reckt seinen Kopf hoch, ähnlich wie eine Klapperschlange. Es befindet sich nur noch wenige Zentimeter von dem goldenen Herzen entfernt. Nur noch wenige Augenblicke, bevor es zubeißen und dem Herzen eine neue Wunde zufügen wird. Das goldene Herz in meinem Schoß schlägt schneller. Wie ein Wanderfalke, der sich mit hoher

Geschwindigkeit auf die Erde stürzt, um die Maus zu töten, stößt der Wurm seinen Kopf mit dem geöffneten Maul auf das Herz. Ich bin komplett handlungsunfähig.

Ich kann diese Gedanken auch in der Realität kaum aushalten, kaum ertragen und dennoch weiß ich, dass ich weitergehen will. Die starken Bilder aus meiner inneren Vorstellung zeigen mir Dinge, die mir vorher nicht bewusst waren. Bloß jetzt nicht raus aus diesem inneren Film!

Gleichzeitig kann ich nicht hinsehen, wie der Wurm das Herz angreift. Deshalb schaue ich stattdessen zum Wächter, der das Geschehen teilnahmslos beobachtet. Plötzlich zischt es laut, als würde ein Stück Fett durch den Grillrost auf glühende Holzkohlen fallen. Der Wächter zuckt und macht eine erstaunte Miene. Nun schaue auch ich wieder nach unten und kann gerade noch beobachten, wie der letzte Teil dieses Kriechmonsters an der Oberfläche des Herzens verglüht. Keine Wunde! Nichts! Das Selbstmitleid ist einfach an der Liebe verbrannt. Wow!

Nach einer Weile des Schweigens meint der Wächter: »Vielleicht hast du dich mit deinem Gott zu oft auf der Bühne getroffen und zu wenig Zeit mit ihm hinter den Kulissen verbracht. Du hast sehr viele geistliche Zusammenhänge sehr schnell erfasst. Doch du hast diese Erkenntnisse über die Liebe Gottes zu schnell weitergegeben. Wolltest immer zu schnell auch die andern segnen. Hast es zu wenig für dich ganz persönlich in Anspruch genommen. Hinter den Kulissen hatte viel zu oft ich die Hauptrolle. Es wäre besser gewesen, du hättest so manche Tafel Schokolade mit anderen geteilt und dafür Erkenntnisse, die du im Gebet gewonnen hattest, ganz allein für dich behalten.«

An seinen Worten ist viel Wahres dran, doch es fällt mir schwer, dies ehrlich zuzugeben. Stattdessen schreie ich in meinen Vorstellungen meinen Wächter an: »Ich lasse mir von dir meinen Glauben nicht madigmachen. Jesus Christus spielt die erste Geige in meinem Leben!«

Der Wächter lächelt zweifelnd. Entschlossen schiebe ich ein »Basta!« hinterher.

»Wenn es so wäre, dann hättest du jetzt nicht Basta, sondern Amen gesagt.«

Ich will gerade etwas entgegnen, da spricht der Wächter schon weiter: »Wenn es so wäre, Bernd, müsstest du es nicht so vollmundig betonen, dann würde man es erkennen.«

Das will ich nicht so ohne Weiteres auf mir sitzen lassen: »Man muss es aber auch erkennen wollen und erkennen können! Dafür, dass du keine Antennen für Gott hast, kann ich nun wirklich nichts.«

In der Realität spüre ich förmlich, wie schwach meine Argumentation ist, und stelle mir vor, dass der Wächter mit den Fingern schnippt und auf einen Schlag sämtliche Lichter in der Halle meines Lebens wieder angehen. Alles, jeder Winkel, ist ausgeleuchtet.

Erneut erhebt der Wächter seine Stimme: »Schau dich doch bitte einmal hier in der Halle deines Lebens um. Fast alle deine Lebensstationen sind dargestellt. Alles, was dir wichtig ist und dir Freude macht, ist wunderschön hindrapiert und ausgeleuchtet. Siehst du hier irgendetwas, wodurch man darauf schließen könnte, dass dir Gott wichtig ist? Wenigstens ein kleines Symbol, welches man mit Jesus Christus in Verbindung bringen könnte? Hier ist ein Jahrmarkt, ein Zirkus, ein riesiger Süßwarenstand, dein Puppentheater, Tiere, die dir lieb und teuer sind, das Bonanza-Fahrrad, deine Panflöte und, und, und. Aber: Wo ist er denn, dein Gott?!«

Der Wächter wiederholt seine rhetorische Frage, indem er sie unendlich laut in die Halle, also in mein Leben, schreit: »WO IST ER DENN, DEIN GOTT?«

Ich schrecke auf. Kehre zurück in die Wirklichkeit. Ins Jetzt. Ich bin entsetzt. Schließlich ist das kein absurdes Theater, was sich da in meiner Gedankenwelt abspielt. Ich entdecke tatsächlich meine Prägungen. So viel Wahrheit steckt in diesem fast therapeutischen Dialog. Ich habe Gott immer dann besonders bemüht, wenn es mir nicht gut ging. In der Sahnetorte habe ich mich gerne ganz alleine gesuhlt, doch aus dem Dreck sollte Gott mich immer ganz schnell rausziehen:»Gott! Ich kann nichts Negatives und Dramatisches aushalten! Tu was! Sofort!«

Ich bin ein wenig beschämt, weil er tatsächlich immer etwas tat. Ich muss aber auch daran denken, dass es einfach nicht stimmt, dass ich Krisen, schwierige Lebensphasen, nicht aushalten kann.

Mein Herz schlägt schneller. Es stolpert. Dieses Stolpern ist mir durchaus vertraut. Mein Herz als Organ ist mir überhaupt sehr vertraut. Ein halber Laien-Kardiologe bin ich über die Jahre geworden.

Häufig wurde mein Herz untersucht und genau diese meine »Herz-Angelegenheiten« dominierten eine nicht einfache Zeit meines Lebens, in der am 8. März 1992 mein Herz sogar vorübergehend stillgelegt wurde.

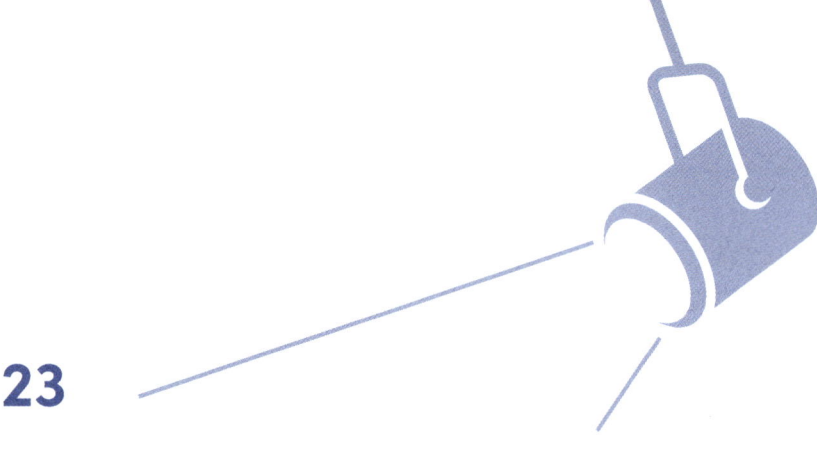

23

HERZSTILLSTAND

Der Nadeldrucker ratterte. Während meines Studiums war am Ende des Geldes öfter noch etwas vom Monat übrig, daher war ich gespannt auf die Kontoauszüge, die der Automat gleich ausspucken würde.

Es waren mehrere Blätter und ich überflog die Positionen, um mein Augenmerk schnell auf die Endsumme zu richten. Mir wurde schwindelig. Nicht im übertragenen Sinne. Nicht wegen der Zahl, die da am Ende ausgewiesen wurde. Diese Zahl war nicht schlecht. Sie war mit einem großen »H« gekennzeichnet und nicht mit einem »S«. Ich war also nicht im »Soll«, sondern im »Haben«. Nein, mir wurde ernsthaft schwindelig und ich musste mich schnell an die Wand lehnen. Alles drehte sich und ich befürchtete, dass ich gleich zu Boden sinken würde.

»Was ist nur los mit mir?«, dachte ich. Vor ein paar Tagen war mir schon einmal etwas Ähnliches im Fahrradkeller des Studentenwohnheims passiert.

Es war im Januar 1992. Mein letztes Semester hatte begonnen und ich hatte mich hoffnungslos übernommen. Völlig unrealistisch zugeballert mit Arbeit. Ich befand mich mitten in meiner Diplomarbeit und gleichzeitig in der Vorbereitung auf die schriftlichen und mündlichen Abschlussprüfungen. Zusätzlich liefen die Vorbereitungen für das große Abschieds-Kabarettprogramm »Die Mentalverhütung! Die Pille für den Geist!« mit meinem Kommilitonen Thomas auf vollen Touren. Und als wäre dies alles nicht genug, arbeitete ich stundenweise in einem Stadtteiltreff in einem Mainzer Brennpunkt. Eine schöne, aber auch sehr anspruchsvolle und emotional herausfordernde Arbeit. Zu dieser Arbeit musste ich nun gleich hinradeln. Doch ich saß wie gelähmt an meinem Schreibtisch. Kalter Schweiß stand auf meiner Stirn.

Mir wurde plötzlich bewusst, dass ich mir viel zu viel vorgenommen hatte. Ganz realistisch betrachtet war es nicht mehr möglich, Diplomarbeit und Prüfungen in der festgesetzten Zeit zu schaffen. Der Greifarm der Verzweiflung umfasste meinen Brustkorb und drückte heftig zu. Was tun? Ich wusste mir keinen Rat. Ich schämte mich. Mir wurde plötzlich bewusst, dass ich meiner lieben Partnerin Kerstin und auch meinen Eltern in Kürze offenbaren musste, dass ich mein Studium nicht wie geplant in diesem Semester erfolgreich abschließen würde. Am liebsten hätte ich mich ins Bett gelegt und mir die Decke über den Kopf gezogen. Doch Rückzug gehörte nicht zu meinem Verhaltensrepertoire. Stattdessen ging ich in den Fahrradkeller, holte mein Rad heraus und machte mich auf den Weg zu meiner knapp zehn Kilometer entfernten studentischen Arbeitsstelle.

Während ich langsam von dem Uni-Campus hinunterradelte, musste ich wieder an das Seminar in Bad Orb denken. Daran, wie von Aufseß berichtet hatte, dass man mit Gott einfach direkt reden konnte. Und zwar über alles! Dies hatte ich bis dato noch nicht so richtig ausprobiert. Ich kannte und betete das Vaterunser oder auch mal das Glaubensbekenntnis oder das Gebet von Dietrich Bonhoeffer »Von guten Mächten wunderbar geborgen«. Freies Gebet, mit Gott quatschen wie mit einem Freund, war mir noch fremd. Nun aber auf dem Fahrrad spürte ich, dass ich nichts mehr zu verlieren hatte. Dass jetzt nur noch ein Wunder half.

Als ich mit meinem Drahtesel über die Feldwege fuhr, begann ich, laut zu beten:»Lieber Gott! Ich habe Scheiße gebaut! Wieder einmal habe ich mich hoffnungslos überschätzt und mir viel zu viel vorgenommen. Weil ich nicht richtig weiß, wie ich dich am besten in meinen Alltag integrieren kann, habe ich dich ziemlich weit aus meinem Alltag herausgelassen. Nun droht alles einzustürzen!«

Ich wurde immer lauter.»Ich bitte dich um Vergebung, lieber Gott, dass ich mich so falsch verhalten habe. Wenn das, was ich bis jetzt über dich gehört habe, nämlich dass du heute noch gerne konkret in unser Leben eingreifst, stimmt, dann hast du jetzt die einmalige Gelegenheit, es mir zu demonstrieren. Ich schreie zu dir und bitte dich um Hilfe!«Ich schrie tatsächlich auf meinem Fahrrad, und zwar unheimlich laut:»Ich brauche deine Hilfe, Gott! Jesus, bitte hol mich raus aus dieser Situation. Ich habe zwar überhaupt keine Vorstellung, wie dies gehen könnte, ich bitte dich aber von ganzem Herzen, dass du dafür sorgst, dass ich mein Studium in diesem Semester erfolgreich abschließen kann. Amen!«

Vielleicht erwartete ich insgeheim, dass ein Donnergrollen ertönen, die Wolken am Himmel aufreißen und ein Engel herniederkommen würde, der mir meine Diplomurkunde überreicht. Dem war leider nicht so. Zunächst passierte überhaupt nichts. Ich absolvierte meinen Dienst und radelte danach wieder nach Hause. Als ich mein Rad im Fahrradkeller an den Fahrradständer anschloss und aus der Hocke wieder aufstehen wollte, wurde mir unsagbar schwindelig. Ich musste mich ganz schnell am Fahrradlenker festhalten, um nicht umzukippen. Ein paar Minuten verweilte ich so, bevor ich zu Kerstin in das Studentenapartment gehen konnte. Als ich ihr später davon berichtete, beruhigte sie mich und riet mir, mal ein wenig kürzerzutreten. Von meinen Ängsten und von meinem Schrei-Gebet auf den Feldern erzählte ich ihr nichts.

Ein paar Tage später klappte ich dann am Kontoauszug-Automaten in Mainz erneut beinahe zusammen. Nun war mir das Ganze nicht mehr geheuer und ich beschloss, direkt zu meinem Hausarzt zu gehen, dessen Praxis sich gegenüber der Sparkasse befand. Am Empfang erzählte ich, was mit mir geschehen war, und kam sofort dran. Ich hatte einen Puls von vierzig Schlägen pro Minute. Nach dem EKG sagte der Arzt:»Das gefällt mir nicht, Herr Hock. Ich möchte, dass Sie sich schnell in der Uniklinik vorstellen.«

Dort hatte ich bereits eine Kontaktperson, einen sehr netten Oberarzt, der mich 1990 einmal gründlich mittels Ultraschall untersucht hatte – aus einem nicht ganz alltäglichen Grund. Nachdem Kerstin und ich ein Liebespaar geworden waren und klar war, dass wir zusammenbleiben wollen, haben wir durch Hinweise in verschiedenen Gesprächen auch über die Möglichkeit nachgedacht, dass es sich unter Umständen bei meiner Behinderung um einen Erbgang handeln könnte.

Ich hatte mir bis dahin überhaupt keine Gedanken über dieses Thema gemacht. Ein Erbgang?! Bei meinen Vorfahren war keine körperliche Behinderung bekannt. Ich wusste wenig über Genetik, außer dass mir die Mendelschen Gesetze im Bio-Leistungskurs ziemlich auf die Erbse gegangen waren. Trotzdem ließ uns das Thema irgendwie nicht los und so ging ich auf die Suche nach Möglichkeiten, sich über dieses Thema fundiert zu informieren. Ich wurde fündig und vereinbarte einen Termin bei der genetischen Beratungsstelle für Rheinland-Pfalz, in Mainz in der Hafenstraße, direkt am schönen Rheinufer. Dass ich diesen Termin buchte, stellte sich sehr schnell als eine goldrichtige Entscheidung heraus, denn so lernte ich eine der für mich beeindruckendsten Ärztinnen kennen: die damalige Leiterin dieser genetischen Beratungsstelle.

Sie nahm sich sehr viel Zeit für mich und selten habe ich eine Kombination aus hohem Fachwissen und sehr starker Empathie so ausgeprägt erlebt wie bei dieser Professorin. Sie erklärte mir alles ganz genau. Es gab eine einzige Diagnose, bei der meine Behinderung vererbbar sein könnte. »Dann müssten Sie aber einen Herzfehler haben, verehrter Herr Hock«, sagte die Ärztin und empfahl mir daher, mich vorsorglich in der Uniklinik zu einer umfangreichen Ultraschalluntersuchung des Herzens vorzustellen.

Seit ich denken konnte, war mein Herz immer mal wieder untersucht worden. Es gab hier und da kleine Auffälligkeiten, sowohl im EKG als auch beim Abhören. Alle Untersuchungen waren aber am Ende ohne Befund gewesen, so auch die umfangreiche Untersuchung in der Universitätsklinik in Mainz. Die sogenannte Schlucksonde, ein Ultraschallgerät, welches man wie bei einer Magenspiegelung schlucken muss, damit das Herz von der Speiseröhre aus betrachtet werden kann, war zwar defekt, aber ich war nicht ganz undankbar darüber, dass mein Herz deshalb nur von außen geschallt wurde. Der Arzt meinte, dass er einen Herzfehler nach dieser Untersuchung zu über achtzig Prozent ausschließen könne. Dies reichte mir absolut, und auch die mich beratende Genetikerin war mit diesem Untersuchungsergebnis zufrieden. Ohne Herzfehler kein Erbgang! Aufatmen!

Bei der erneuten Herzuntersuchung nach meinen Schwindelattacken kam es leider zu einem ganz anderen Ergebnis. Derselbe Arzt führte die Untersuchung durch, diesmal mit der intakten Schluckschallsonde von innen heraus. Gleichzeitig schnallte man mir ein Langzeit-EKG um, das am nächsten Tag ausgewertet werden sollte.

Einen Tag später war der Tag der Wahrheit! Der Arzt bat mich in sein Sprechzimmer und eröffnete das Gespräch mit den Worten: »Herr Hock, ich habe leider nicht so gute Nachrichten für Sie.« Was er mir erzählte, machte mich sprachlos. In der sogenannten Vorhofscheidewand, die die beiden Herzvorhöfe trennt, befand sich ein Loch von mehreren Zentimetern Größe. Ich hatte einen Blutrückfluss, einen sogenannten Shunt, von über sechzig Prozent. Gleichzeitig ergab das Langzeit-EKG, dass ich nachts Phasen hatte, in denen mein Herz nur zwanzigmal pro Minute oder sogar weniger schlug.

Der Arzt entschuldigte sich: »Es tut mir so sehr leid, Herr Hock, dass wir das Ganze damals nicht genauer untersucht haben. Ich will mich nun aber persönlich intensiv um Sie kümmern, wenn Ihnen dies recht ist.«

Ich stand ein wenig unter Schock und besprach mich daraufhin intensiv mit Kerstin und auch mit meinen Eltern. Eine ganz besondere Ratgeberin war weiterhin die Professorin der genetischen Beratungsstelle, die sich sehr viel Zeit nahm und Kerstin und mir den gesamten Befund genauer erklärte. Es folgten mehrere Untersuchungen, auch stationär im Krankenhaus. Eine Herzkatheteruntersuchung wurde durchgeführt, um zu überprüfen, ob ich eventuell einen Herzschrittmacher benötigte.

»Hallo? Ein Herzschrittmacher? Ich bin doch keine siebzig Jahre alt!«

Ich benötigte dennoch einen. Und ich musste dringend operiert werden. Am offenen Herzen. Bei dieser Operation wird der Brustkorb aufgesägt und das Herz angehalten, ein bewusst herbeigeführter Herzstillstand. Der Herzschlag wird von einer externen Herz-Lungen-Maschine übernommen. Danach muss das Herz aufgeschnitten und das Loch in der Vorhofscheidewand zugenäht werden. Damals lag die Sterblichkeit bei einer solchen Operation bei ungefähr einem Prozent. Der Professor, der die Operation durchführen würde, nannte diesen Vorgang jedoch »die Blinddarmoperation unter den Herzoperationen«. Dies beruhigte mich zwar nur mäßig, aber es half nichts.

Am 8. März 1992 wurde ich in den Operationssaal geschoben. Die zwei Anästhesisten hatten zunächst Schwierigkeiten, zu entscheiden, wo sie mir den Zugang für die Narkose legen sollten. Sie entschieden sich schließlich für einen zentralen Zugang am Hals. Dies war etwas schmerzhaft, doch dann verabschiedeten sie mich schon ins Traumland.

Ich erinnere mich noch genau daran, wie ich aus der Narkose aufgewacht bin. Mit meinen Augen überprüfte ich zunächst einmal genau, ob das um mich herum nun der Himmel war. Dort war ich nicht, sondern im Aufwachraum der Intensivstation der Abteilung Herzchirurgie des Universitätsklinikums Mainz, die sich damals noch im Aufbau und daher in der Hautklinik befand. Während ich zu mir kam, bemerkte ich, dass ich keinen Ton von mir geben konnte, denn ich war noch intubiert. Ich hing am Beatmungsgerät. Neben mir zischte der Blasebalg, der in einem gleichmäßigen Rhythmus auf- und zu ging. Auch hier weiß ich noch ganz genau, dass ich intuitiv sofort versuchte, in demselben Rhythmus zu atmen. Dadurch fand ich sehr schnell zur selbstständigen Atmung zurück und der Intensivpfleger rief mitten in der Nacht den diensthabenden Arzt, um mich zu extubieren.

Überglücklich darüber, noch am Leben zu sein, betrat ich wieder eine kleine Bühne. Ich machte irgendeinen Witz und dann kümmerte ich mich um meinen Bettnachbarn Mehmet. Ich bekam mit, dass er Schwierigkeiten hatte, in eine selbstständige Atmung zu kommen. Deshalb ermutigte ich ihn unermüdlich und rief immer wieder: »Mehmet! Eiiinatmeeen und jetzt schön auuusatmeeen!« Ungefähr eine Stunde später wurde auch Mehmet extubiert.

Der Pfleger brachte mir ein schnurloses Telefon und fragte mich, ob ich jemanden anrufen wolle. Und wie ich wollte! Ich rief Kerstin an und wir beide weinten vor Freude. Meinen vierundzwanzigsten Geburtstag feierte ich im Krankenhaus. Kein Problem. Ich wurde wieder komplett gesund und körperlich richtig fit.

Im Juli heirateten Kerstin und ich und unsere Hochzeitsreise führte uns nach Kärnten an den Ossiacher See. Dort unternahmen wir Wanderungen mit echt heftigen Steigungen. Ich war stolz auf mich. In dem liebevoll geführten Familienhotel gab es jeden Tag irgendwelche organisierten Unternehmungen, an denen man teilnehmen konnte. Für die meisten Aktionen waren Kerstin und ich zu verliebt, wir wollten lieber alleine sein. Eines Tages wurde allerdings angeboten, gemeinsam den Ossiacher See quer zu durchschwimmen, begleitet von der See-Rettungswacht. Kerstin wollte da unbedingt mitmachen und ich auch. Ein paar Monate vorher noch am Beatmungsgerät und jetzt wollte ich eintausendeinhundert Meter am Stück schwimmen! Wir waren etwa zwanzig Leute, die gemeinsam ins Wasser gingen. Schnell war ich der Letzte.

Mein Schwimmstil ist ziemlich originell. Ich pflege zu sagen: »Ich habe als Schwimmabzeichen nicht das Seepferdchen, sondern das Nilpferdchen«, denn meine Art, zu schwimmen, ähnelt der eines Flusspferdes. Untertauchen, auftauchen und Luft holen, untertauchen, auftauchen und Luft holen und so weiter.

Da sich die übrige Gruppe weit von mir nach vorne abgesetzt hatte, war es für die See-Rettungswacht nicht einfach, uns alle im Blick zu haben. Immer wenn ich etwas zu lange unter Wasser war, hörte ich das Motorboot heranrauschen. Wenn ich zum Luftholen auftauchte, wurde ich regelmäßig in sehr sympathischem Österreichisch gefragt, ob es mir gut ginge. Oh ja! Es ging mir gut und ich schaffte die Strecke mühelos.

Als ich nach über einer Stunde aus dem See heraus das Ufer betrat, wie könnte es anders sein, klatschte die Gruppe mir zu. Wieder einmal Applaus! Eine Bühne, die ich sehr genoss.

Zur Wahrheit gehörte nun aber auch, dass mit dem Entdecken des Herzfehlers klar war, dass meine Körperbehinderung mit hoher Wahrscheinlichkeit vererbbar war. Somit waren Kerstin und ich immer wieder in engem Kontakt mit der uns nach wie vor sehr zugewandten Medizinerin aus dem Genetik-Institut. An ein Gespräch, welches ich mit ihr alleine führte, erinnere ich mich noch genau. Man hatte uns geraten, wir sollten doch einmal über eine künstliche Befruchtung mit sogenanntem »Fremdsperma« aus einer Samenbank nachdenken. Ziemlich verzweifelt und irritiert erzählte ich dies der Medizinerin. Ihre weise, einfühlsame und mutige Antwort werde ich niemals vergessen und ich bin ihr dafür von ganzem, geflicktem Herzen dankbar: »Herr Hock, Sie werden Ihren Kindern doch nicht Ihre persönlichen Erbanlagen vorenthalten wollen!«

Liebe Frau Professor: Sollten Sie dieses Buch einmal lesen: Danke! Danke! Danke!

Das war alles, was Kerstin und ich zum damaligen Zeitpunkt brauchten. Die Genetikerin hatte mich nicht auf kurze Arme reduziert. Sie hatte die Power gesehen, die ebenfalls in meiner DNA verankert ist.

Der Engel mit der Diplomurkunde war zwar ausgeblieben, aber mein flehentliches Gebet auf dem Fahrrad auf den Feldern in Mainz wurde komplett erhört. All meine Vorhaben und Aufgaben wurden durch die Untersuchungen, die Operation und den Heilungsprozess deutlich entzerrt. Einige Prüfungen machte ich noch vor der Herzoperation, die anderen danach. Man räumte mir einen Sonderzeitraum ein und so konnte ich mein Studium fristgerecht und erfolgreich mit 1,0 abschließen.

Die erste Batterie meines Herzschrittmachers hielt über fünfzehn Jahre, sodass ich das nächste Mal am Uniklinikum in Hamburg-Eppendorf operiert wurde. Wieder mit Vollnarkose, da sich mein Herzschrittmacher nicht wie üblich an der Schulter unter der Haut, sondern im Bauchraum befindet. Ende 2018 stand fest, dass er erneut ausgewechselt werden musste. Eine weitere Operation unter Vollnarkose stand an, vor der ich ein wenig Angst hatte. Schließlich war ich nach wie vor sehr übergewichtig und ja auch nicht jünger geworden. Zudem bergen solche Eingriffe immer ein gewisses Risiko.

Der leitende Kardiologe, der mich im UKE seit 1994 hervorragend betreut hatte, war nun emeritiert und so war ich in ein anderes Krankenhaus und zu einem ambulanten Kardiologen gewechselt, der sich näher an meinem Wohnort befand.

Zwei Abende, bevor eine wichtige Voruntersuchung im Krankenhaus stattfand, betete ich zu Gott: »Lieber Vater, lieber Jesus. Ich weiß, es ist eigentlich nicht möglich, aber dir ist ja alles möglich. Bitte mach doch, dass ich einfach keinen Schrittmacher mehr brauche und nicht operiert werden muss.«

Ich sprach dieses Gebet nicht laut und ehrlich gesagt auch mit wenig, sehr wenig Glauben.

Was soll ich sagen. Die Untersuchungen ergaben, dass mein Herz sich deutlich verbessert hatte und mein sogenannter Eigenpuls stabil war. Mein Herzschrittmacher wurde stillgelegt. Er verbleibt zwar im Bauchraum, da eine Operation ein besonderes Risiko darstellt, aber er hat keinen Saft mehr und jetzt ist Gott allein mein Herzschrittmacher. Einen anderen brauche ich nicht mehr. So unglaublich es klingt, es ist wahr.

Gleichzeitig will ich nicht übertreiben. Kardiologen kennen dieses Phänomen. Immer mal wieder wurden Herzschrittmacher in fraglichen Situationen eingesetzt, obgleich es der Mensch vielleicht auch mit seinem eigenen Herzrhythmus geschafft hätte. Aber keiner kennt mein Leben so genau wie ich. Und ich weiß, Gott hat mich immer geschützt, weil er will, dass ich lebe! Er hat ein weiteres Wunder an mir vollbracht.

Und Gott hat seine ganz eigenen Zeitpläne. Wäre mein Herzfehler früher entdeckt worden, bei der ersten Untersuchung im Universitätsklinikum Mainz, hätte Kerstin vielleicht nicht die Kraft gefunden, bei mir zu bleiben. Sie hätte vielleicht doch den äußeren Einflüssen nachgegeben. Zu dem Zeitpunkt allerdings, als der sogenannte Vorhofseptumdefekt entdeckt wurde, waren Kerstin und ich nicht nur verliebt, sondern Gottes Liebesband hatte uns fest zusammengebunden.

Und es hält bis heute! Danke dafür!

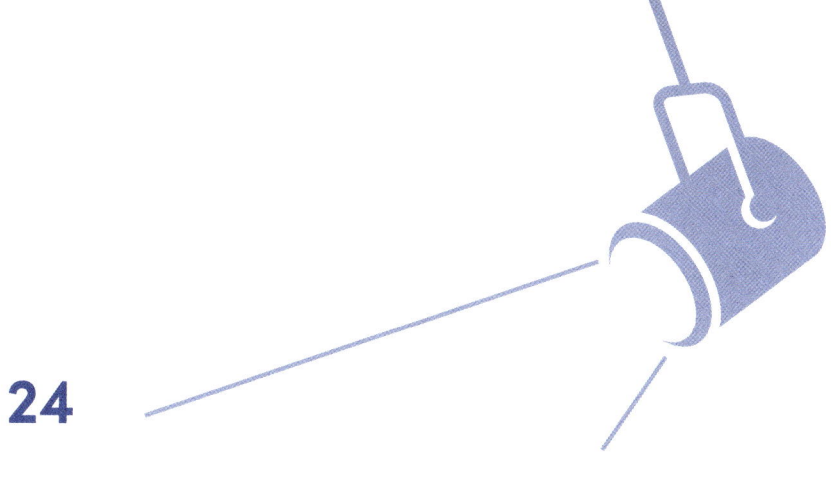

24

WEM VERTRAUE ICH?

»Wo ist er denn, dein Gott?!«

Diese Frage meines inneren Wächters während meiner letzten Selbstreflexion ist mir noch lange nachgegangen und daher will ich noch mal daran anknüpfen. Anknüpfen an die Vorstellung, wie der Wächter mich in der Halle meines Lebens mit dieser Frage provoziert und ins Mark trifft.

Schemenhaft sehe ich ihn wieder vor mir, diesen fiktiven Wächter. Er verkörpert Dinge aus meinem Unterbewusstsein, die ohne diese Vorstellung für mich nicht greifbar sind. Fest verankerte Problemlösungsstrategien, die ich sehr früh erlernt habe. Teilweise haben sie so gut funktioniert, dass ich viel zu spät bemerkt habe, dass sie auf Dauer nicht nachhaltig hilfreich sind.

Ich denke erneut an den weisen Affen Rafiki aus dem Musical »Der König der Löwen«, dem mein innerer Wächter ein wenig ähnelt. Ich erinnere mich daran, wie der Mandrill in einer Szene aufgeregt vor dem Löwen Simba hin und her hüpft, der seine Familie aus Angst und Scham verlassen hat, und versucht, ihn mit verschiedensten Argumenten und Techniken zurück in seine Berufung zu lotsen. So stelle ich mir jetzt meinen Wächter vor. Er springt wie ein wild gewordenes Rumpelstilzchen durch den ganzen Raum. In meinem Puppentheater öffnet er verschiedene Kisten, schaut hinein, schaut wieder heraus und stellt mit ironischem Unterton fest:»Hier ist er nicht, dein Gott! Wo ist er denn, dein Gott?« Dies geht so weiter und das Auftreten und der Tonfall des Wächters werden immer hässlicher. Im Süßwarenstand reißt er kleine Schubladen und Schränke auf, schaut auch dort hinein, guckt wieder heraus und stellt immer wieder die gleiche Frage, die eigentlich eine provozierende Feststellung ist:»So eine große Lebenshalle! So viele bunte Projekte! So viele bunte Lichter! Nirgends eine kleine Nische für Gott.«

Ich bin wütend und fühle mich gleichzeitig ertappt.

Viel zu oft spielt Gott in meinem Leben eine Nischenrolle. Ist mein Leben zu voll? Habe ich mir in der Vergangenheit nicht nur so manchen Essteller zu sehr gefüllt, sondern auch den Teller meines Lebens viel zu voll geladen, sodass ich nicht alles rechtzeitig und gesund verdauen konnte? Das derzeit überall so beliebte Intervallfasten täte mir dauerhaft nicht nur körperlich gut, es wäre auch genau richtig für meine Seele. Mindestens sechzehn Stunden pro Tag kein neues Projekt anleiern, kein schlechtes Gewissen, dass dies oder jenes jetzt aber schnell noch fertig werden müsste. Sechzehn Stunden am Stück kein Druck, dass ich in diesem oder jenem Bereich unbedingt sehr gut, ja perfekt sein muss und etwas abliefere, was meine Umwelt in Erstaunen und Bewunderung versetzt. Und in den übrigen acht Stunden eben das Richtige tun, das Gesunde! Das, was meine Seele auch verdauen kann.

Ich schiebe meine Vorstellungen an die bunte Halle meines Lebens ein wenig auf die Seite. Ein viel schlichterer Raum, quasi hinter den Kulissen, wäre jetzt gut. Ich stelle mir einen wohltemperierten, gemütlichen Raum vor, in dem es angenehm duftet und der durch ein warmes Licht ausgeleuchtet ist. Es gibt keine unnötige Dekoration. Schräg nebeneinander angewinkelt, fast wie in der Vorbereitung auf ein Therapiegespräch, stehen zwei gemütliche und sehr breite Polstersessel. In einer solchen Atmosphäre kann ich einen weiteren Dialog mit meinem inneren Wächter führen.

Ach, da ist ja noch das goldene Herz. Schnell kreiere ich in Gedanken ein schönes rotes Samtkissen neben meinem Sessel und lege das Herz darauf.

»Dann wollen wir mal.« Der Wächter schnippt mit den Fingern.

Ich weiß nicht, warum, aber mit den Fingern hätte ich auch gerne einmal geschnippt. Eigentlich unbedeutend und doch denke ich immer mal wieder daran, dass ich dies gerne können würde.

Als mein Wächter mit den Fingern schnippt, geht schlagartig das Licht aus. Es wird aber nicht richtig dunkel, sondern es gibt einen kleinen Lichtschein. Das goldene Herz links neben mir auf dem roten Samtkissen leuchtet. »Dunkelheit kann Licht niemals ganz auslöschen, aber das kleinste Licht erhellt jede Dunkelheit«, meint der Wächter und schiebt direkt eine Frage hinterher: »Erinnerst du dich noch an die Tätowierung dieses goldenen Herzens?«

»Natürlich«, antworte ich: »Liebe!«

»Wahre Liebe, Bernd, ist immer hell! Immer hell! In der Liebe bist du immer im Licht!«

Nach einer kurzen Stille fährt der Wächter fort: »Und du beschäftigst dich zu wenig mit der Liebe, Bernd. Du vertraust der Liebe nicht.«

Diese Aussage in meinem inneren Dialog trifft mich wie ein Blitz und ich fragte mich selbst: »Wem vertraue ich überhaupt?«

Es macht mich wütend und traurig zugleich, dass ich für die Antwort viel zu lange überlegen muss.

»Kerstin! Kerstin vertraue ich!«, schießt es mir durch den Kopf und rufe ich es aus.

»Weiter? Wem noch?«, will der Wächter wissen, und ich auch. Erst zögerlich, doch dann kommen mir ein paar weitere Personen:

»Meinen Kindern, meinen Kindern vertraue ich. Und natürlich meinen Eltern. Meinem Bruder, Rainer, ihm vertraue ich auch.«

Wie wenn eine Rohrverstopfung gelöst wird und das Wasser wieder zu fließen beginnt, fallen mir nun immer mehr Menschen ein, denen ich vertraue: »Meiner wunderbaren Hausärztin. Oh ja, ihr vertraue ich. Und natürlich ein paar engen Freundinnen und Freunden, die ich schon mal in meine Lebens-Garderobe hinter der Bühne haben blicken lassen.«

So ganz zufrieden ist der Wächter nicht: »Entschuldige bitte, wenn ich noch einmal die rhetorische Frage in den Raum werfe, die dich vorhin so provoziert hat: Wo ist er denn, dein Gott? Du hast ihn eben nicht genannt. Vertraust du ihm?«

»Natürlich!«, antwortet der christliche pawlowsche Hund in mir: »Ihm vertraue ich am allermeisten! Das ist doch selbstverständlich!«

»Ich glaube dir kein Wort. Dem, dem du wirklich am allermeisten vertraust, das bin ich. Besonders dann, wenn ich dich mit Marzipanschokolade füttere oder mit Applaus und anderen seelischen Streicheleinheiten versorge.«

Heftig, welchen gewaltigen Einfluss frühe kindliche Prägungen ein ganzes langes Leben auf die Psyche eines Menschen haben!

»Was soll ich machen, Wächter? Du Klugscheißer!«

»So hilflos bist du nicht, Bernd! Denk an den starken Bären! Es ist gut, dass wir beide jetzt in diesem schlichten Raum, im Halbdunkel, nur im Licht der Liebe zusammensitzen.«

Was für ein schönes und gleichzeitig ausdrucksstarkes Bild!

Doch ich frage weiter: »Was willst du?«

Der Wächter antwortet prompt: »Ich will, dass du dich von mir trennst. Ein für alle Mal und für immer!«

»Kein Problem! Erinnerst du dich noch?! Das war der Grund, warum ich mich überhaupt mit dir treffen wollte. Ich will dich feuern!«, entgegne ich trotzig.

»Purer Aktionismus. Nicht echt genug, um es wirklich durchzuziehen.«

Stille. Nur ganz leise hört man den Schlag des goldenen Herzens.

»Einer von uns beiden muss sterben, Bernd!«

Noch stillere Stille.

»Entweder du oder ich.«

Absolute Stille.

»Du, weil das, was ich für dich tun kann und was du immer wieder von mir forderst, irgendwann unweigerlich zu schweren gesundheitlichen Schäden und dann zum Tod führen wird. Oder eben ich, wenn du wirklich bereit wirst, neu zu vertrauen – und besonders dem Richtigen zu vertrauen.«

Die Klarheit, mit welcher der Wächter zu mir spricht, beeindruckt mich mehr, als mich zu beunruhigen. Diese Unterhaltung ist gut. Sie ist richtig, das spüre ich, und darum öffne ich mich: »Mal angenommen ... Also nur mal angenommen. So hypothetisch ... Nehmen wir einmal an, du hättest recht. Was soll ich genau tun, um neu, um richtig vertrauen zu können?«

»Vielleicht geht es gar nicht darum, etwas zu tun.«

»Kann man Vertrauen lernen?«, frage ich mich und gleichzeitig den Wächter.

»Du hast doch vorhin über deine Herzoperation nachgedacht?!«

»Ja und?!«

»Was hast du denn dort dazu beigetragen, was hast du dazu getan, dass das Loch in deiner Vorhofscheidewand erfolgreich zugenäht werden konnte?«

»Blöde Frage, natürlich nichts! Ich kann mich ja nicht selbst operieren.«

»Wirklich nichts?«

»Ich habe lediglich diese tausend Einwilligungspapiere unterschrieben und der Operation zugestimmt.«

»Genau! Du hast dem Chirurgen erlaubt, dein Herz zu heilen! Er hat das Loch in deinem Herzen erfolgreich zugenäht. Und du hast einen Herzschrittmacher bekommen, den du heute nicht mehr brauchst. Ein Wunder!«

Der Wächter macht eine kleine Pause, spricht dann aber direkt weiter: »Was ist das größte Wunder, das du in deinem Leben erlebt hast?«

»Ich weiß genau, worauf du hinauswillst. Jawohl, es ist das Wunder der Erlösung. Das Wunder, dass Gott sich mich ausgesucht hat, damit ich an ihn glauben kann. Damit ich irgendwann das ewige Leben haben werde.«

Das weiß man als anständiger Christ und das antwortet man auf eine solche Frage.

»Okay. Wenn Gott dir nun morgen auf wunderbare Weise lange Arme schenken würde …«

Ich unterbreche den Wächter: »Dieses Wunder wäre nicht größer als das Wunder der Erlösung durch Jesus Christus!«

»Sehr klares und richtiges Bekenntnis, Bernd. Aber glaubst du es auch? Die Erlösung lässt sich nämlich nicht auf die Zunge legen. Sie schmilzt nicht süßlich dahin und beruhigt auch nicht immer so konkret und so kurzfristig wie Schokolade.«

Ich muss unterbrechen. Muss kurz heraustreten aus dieser Meditation. Dieser innere Dialog, er ist so intensiv, so gehaltvoll, dass ich jetzt erst bemerke, dass Tränen über mein Gesicht laufen.

Oh ja! Als ich damals die Kühlhaustür im städtischen Krankenhaus in Landau in der Pfalz geschlossen habe, war es mein tiefster Herzenswunsch, eine reale Möglichkeit kennenzulernen, wie man den vernichtenden Tod besiegen kann.

Später in Bad Orb habe ich nicht nur irgendeine Möglichkeit, sondern Gott selbst kennengelernt. Habe das Evangelium vom Herzen her verstanden. Dennoch verhalte ich mich heute viel zu oft, als müsste ich ständig Erfolge auf meinem Lebenskonto verbuchen. Ständig Applaus bekommen. Als sei das, was Jesus für mich vollbracht hat, nicht genug.

Ich wische mir die Tränen ab, schnäuze meine Nase und tauche wieder ein in den Dialog mit meinem Wächter, der mir eine weitere Frage stellt: »Wie nennt man diese Operation, die bei dir durchgeführt wurde?«

Ich überlege kurz, dann fällt es mir wieder ein: »Einen solchen Eingriff nennt man eine Operation am offenen Herzen!«

»Noch mal bitte. Wo wird die Operation durchgeführt?«

»Am offenen Herzen!«, sage ich laut, und in dem Moment, in dem ich die drei Worte ausspreche, macht es klick. Wie wenn ich einen übernatürlichen Lichtschalter betätigt hätte.

»AM OFFENEN HERZEN!«

Ich übernehme jetzt die Rolle des Wächters und spreche für uns beide laut weiter: »Das ist alles, was du tun kannst, Bernd. Das ist alles, was du tun solltest, Bernd: Öffne dein Herz! Vertrau! Vertrau dich wieder dem Richtigen an! Vertrau dich dem an, zu dem kein aus noch so intensiven Prägungen heraus geborener Wächter einen Zugang hat. Vertraue dich dem Geist der Liebe an. Dem Geist Gottes. Dem Heiligen Geist! Gott ist die Liebe! Fange an, der Liebe Gottes zu vertrauen! So, wie du es vielleicht noch nie getan hast.«

»Ja aber …«, schießt es mir durch den Kopf, doch ich verbiete mir selbst jeden Hauch eines Zweifels. Ich will dies nicht gleich wieder alles zerdenken. Ich will Vertrauen neu lernen. Immer wieder schenkt Gott mir im Alltag Erlebnisse, in denen ich beobachten kann, wie Vertrauen aussieht. Wie Vertrauen geht.

Ich muss nur mit einem offenen Herzen leben. Und mit offenen Augen durch die Welt gehen. So wie meine Tochter Annika, die mir schon als ganz kleines Mädchen eine Lektion in puncto Vertrauen erteilt hat.

25

ICH KANN VATER!

Annika hatte ein buntes Sommerkleidchen an und ein richtig nied-
liches Sonnenhütchen auf dem Kopf. Sie war knapp zwei Jahre alt,
ging mir bis zur Hüfte und strahlte mich an. Sie war richtig fröhlich,
denn gerade hatte sie den Fahrstuhl per Knopfdruck in Bewegung
setzen dürfen und wir waren auf dem Weg zum Spielplatz. Von ganz
oben, wir wohnten in der vierten Etage, beförderte der Aufzug uns
nun hinunter ins Erdgeschoss: Annika, mich und den Kinderwagen,
der zur Karre umgerüstet war.

Ich weiß nicht, was der Architekt sich dabei gedacht hatte, als
der Wohnblock erbaut worden war. Rollstuhlfahrer, Inklusion oder
Barrierefreiheit hatte ganz bestimmt niemand im Blick gehabt. Das
Mehrparteienwohnhaus verfügte zwar über einen komfortablen
Fahrstuhl, im Erdgeschoss bis zur Haustür galt es aber trotzdem fünf
Treppenstufen zu überwinden. Diese Treppe konnte meine Tochter
noch nicht sicher bewältigen. Gerade treppabwärts war es für sie
schwierig und auch gefährlich. Nun musste ich die Kinderkarre diese
fünf Stufen hinuntertragen und gleichzeitig auf Annika aufpassen.

So wie in den Neunzigerjahren jeder, der etwas auf sich hielt, ein
Surfbrett auf dem Autodach festgeschnallt hatte, auch wenn er noch

so wasserscheu war, hatte damals jedes Eltern-Pärchen die obligatorische Nivea-Wickeltasche am Kinderwagengriff hängen. Deren Schultergurt klemmte ich mir nun zwischen die Zähne und sagte mit geschlossenem Mund – schließlich bin ich ja Bauchredner – zu Annika: »Der Papa trägt jetzt erst den Kinderwagen die Stufen hinunter und dann holt er die Annika!«

Warum man als junger Vater oder junge Mutter mit seinem kleinen Kind häufig in der dritten Person spricht, erschließt sich mir bis heute nicht. Nur in einem Roman von Karl May à la Winnetou wäre dieser Satz noch verschraubter: »Häuptling Großer Rampenbär freut sich, mit Annika seinen Wigwam auf dem Spielplatz aufzuschlagen. Zuerst trägt Großer Rampenbär aber den Planwagen den Hügel hinunter, nach drei Monden kehrt er zurück, um Annika zu holen!«

Wie auch immer, Annika rannte glücklich quietschend den Flur hin und her, zugehört hatte sie mir nicht. Die Wickeltasche im Mund, umklammerte ich nun mit meinen kleinen Ärmchen das seitliche Schiebegestänge der Karre wie eine Poledance-Tänzerin im Nachtklub ihre Tanzstange. Nur mit dem Unterschied, dass ich ganz gewiss nicht darauf aus war, dass mir jemand ein Euroscheinchen hinter den Hosenbund schiebt oder an mir vorbeigeht und mir mit Worten wie diesen verbal auf die Schulter klopft: »Also ich staune wirklich, wie Sie das alles hinkriegen!« Nein, keine Nachbarin, kein Nachbar kam zufällig gerade nach Hause oder verließ die Wohnung. Kein Publikum! Ganz kleine Bühne! Nur meine Tochter und ich.

Mit aller Kraft hievte ich den Kinderwagen mühevoll, aber erfolgreich die fünf Stufen hinunter. Die Wickeltasche mit ihrem vollgesabberten Tragegurt legte ich in den Kinderwagen und drehte mich zu Annika um.

In dem Moment stieß ich ein entschlossenes »So!« aus. Das war ein Fehler. Dieses »So« war für Annika das Startsignal, in die Arme ihres Papas zu rennen. Doch es trennten uns eben diese fünf Stufen und ein Höhenunterschied von einem knappen Meter. Annika rannte also mit ihren kleinen Beinchen los und vor meinem geistigen Auge sah ich uns schon in der notärztlichen Unfallpraxis und nicht auf dem Spielplatz. Ich hatte keine Zeit, zu überlegen, und musste sehr schnell handeln. Wie ein Beachvolleyballer schmiss ich mich nach vorne auf den Boden und traf mit meinen Knien auf der untersten Stufe auf. Annika dagegen landete in meinen Armen – unverletzt und fröhlich!

Während ich das Gesicht verzog und vor Schmerzen kurz aufstöhnte, strahlte Annika über beide Wangen und jauchzte vor Freude über dieses neue Bewegungsspiel. Eine Gefahr hatte sie überhaupt nicht wahrgenommen.

Tochter und Vater hatten die Situation unmerklich und schnell unterbewusst bewertet und beurteilt. Ich sah die Gefahr und die eventuell drohende Katastrophe. Annika sah Papa! Sie verzichtete komplett auf eine präventive Sachanalyse der Situation nach dem Motto: »Okay, mein Vater ist ungefähr drei Meter von mir entfernt und es trennt uns zusätzlich ein Höhenunterschied von einem knappen Meter. Wenn ich schnell auf ihn zurenne, wird er mich eventuell nicht rechtzeitig in Empfang nehmen können, zumal mein Vater keine normalen, starken, langen Arme und großen Hände hat und auch sonst nicht der beweglichste Athlet ist. Wenn ich nun also einfach so auf ihn zulaufe, besteht die akute Gefahr, dass er mich nicht rechtzeitig auffangen kann, ich die Treppe hinunterstürze und mich verletze. Dieses Risiko gilt es unbedingt zu vermeiden. Also bleibe ich artig stehen und warte.«

Annikas unterbewusste Bewertung der Situation war geprägt, durchdrungen und getragen von einer unheimlich starken und positiven Grundhaltung: Vertrauen! »Jetzt geht es auf den Spielplatz! Juhu! Da ist Papa und in seine Arme laufe ich! Da kann mir überhaupt nichts passieren! Papa kann alles! Papa ist stark und bei ihm bin ich absolut sicher!«

Natürlich hätte das ganze Unterfangen auch böse ins Auge gehen können. Dennoch ist es unterm Strich immer besser, vertrauensvoll geleitet durchs Leben zu gehen, als getrieben umherzuirren. Besonders in Bezug auf Gott sind Skepsis und Angst fehl am Platz, denn ihm können wir wirklich bedingungslos vertrauen. Er führt uns nicht in die Irre, handelt immer rechtzeitig und lässt uns nie fallen – auch wenn wir nicht vor allen negativen Erfahrungen bewahrt werden.

Eine Parallele zum Vertrauen in einen guten Leiter – oder eben auch nicht – konnte ich einmal während eines Zoobesuchs entdecken. Eine Stunde bevor der Zoo schloss, wurden die Tiere in ihre Ställe gebracht. Die Tierpflegerin, die das Federvieh in den Stall treiben musste, hatte ihre wahre Not. Die Formulierung »wie aufgescheuchte Hühner« stand mir leibhaftig und in Farbe vor Augen. Mit weit ausgestreckten Armen versuchte die Frau, die Hühner dazu zu bringen, ihren Stall aufzusuchen. Die Vögel ließen sich jedoch nicht leiten. Sie flatterten durcheinander, ließen Federn und waren ziemlich unter Stress, bis sie endlich alle im Stall waren und der Schieber herunterfiel. Im Vergleich dazu war es geradezu erstaunlich und faszinierend, wie die Elefanten in ihre Behausung gebracht wurden. Ein klares Kommando des Pflegers und schon umfassten die Dickhäuter mit den Rüsseln den Schwanz ihres jeweiligen Vorder-Elefanten. Anschließend trotteten die tonnenschweren Riesen dem Pfleger ganz gemächlich und unaufgeregt hinterher. Sie vertrauten ihm so, wie Annika mir vertraute.

Ich war sehr dankbar, dass Annikas Vertrauen in ihren Vater damals im Treppenhaus noch keinen Knacks bekommen hatte. Die Augenblicke, in denen das Vertrauen von Kindern innerhalb zwischenmenschlicher Beziehungen beschädigt wird, kommen unweigerlich und früh genug.

Doch ich habe mich noch über etwas anderes gefreut, als Annika wenig später in der Sandkiste buddelte und Häuptling Rampenbär mit schmerzenden Knien daneben auf der Bank saß: Die Gefahr, mich selbst zu verletzen und mir ernsthaft wehzutun, hatte ich ganz spontan dem unbedingten Willen, Annika vor Blessuren zu bewahren, untergeordnet. Koste es, was es wolle!

Mir wurde wieder einmal bewusst: Ich kann Vater!

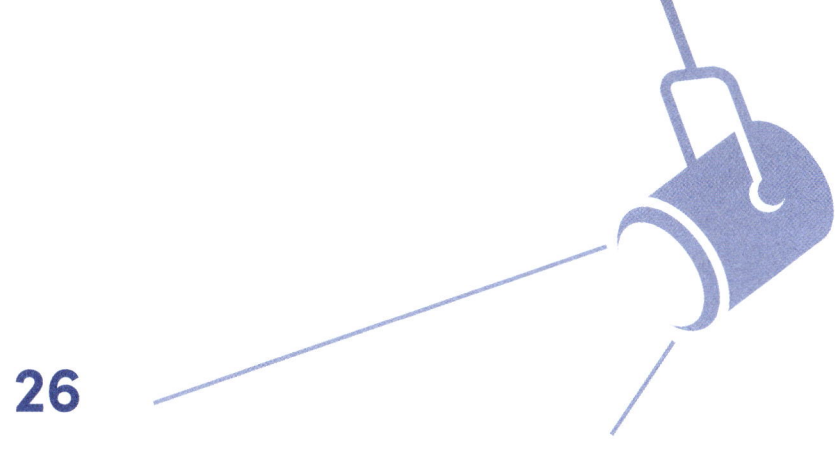

26

ANNIKA – ZWEI STRICHE FÜR EIN HALLELUJA

Der Raum war abgedunkelt, sodass man die schwarz-weißen bewegten Bilder auf dem Computerbildschirm besser erkennen konnte. Wie oft hatte ich in den letzten Monaten auf einen solchen Bildschirm geschaut und das Geschehen mitverfolgt. Ein halber »Laien-Kardiologe« war ich geworden. Konnte EKGs ganz gut lesen, einen Sinusrhythmus von Vorhofflimmern unterscheiden und sogar die Herzklappen richtig benennen, die mittels Ultraschall bildhaft dargestellt wurden.

Nun aber ging es nicht um Herzklappen, Vorhöfe oder Kammern, die medizinische Fachrichtung hatte gewechselt und ausnahmsweise lag nicht ich auf der Untersuchungsliege, sondern saß als Zuschauer daneben. Auf der Liege lag Kerstin und ihr Vater, seinerseits Gynäkologe, fuhr mit einem Ultraschallgerät auf ihrem Bauch herum. Alle drei waren wir recht angespannt, denn wir waren auf der Suche nach Armen.

Keine leichte Entscheidung, vor der Kerstin und ich standen, nachdem mein Herz erfolgreich operiert war und wir die Erkenntnisse bezüglich eines Erbganges hatten. Eines war uns immerhin sonnenklar: Erbanlagen von einem fremden Samenspender? Nein! Niemals!

Dass wir nun gemeinsam auf diesen Monitor blicken konnten, hatte sehr viel mit der Genetikerin aus Mainz zu tun. Sie hatte nämlich noch mehr ermutigende Sachen gesagt. Zum Beispiel betonte sie in einem weiteren Beratungsgespräch: »Fünfzig zu fünfzig bei einem Erbgang bedeutet nicht nur, dass das Risiko, die Körperbehinderung weiterzuvererben, bei fünfzig Prozent liegt, sondern es bedeutet auch fünfzig Prozent Chance, dass die Behinderung *nicht* weitergegeben wird.«

Trotzdem, Kerstin und ich mussten unsere gesamte Lebensplanung neu überdenken. Immerhin hatten wir eine kinderreiche Familie werden wollen.

Auch wenn die genetische Forschung und Beratung sich Anfang der Neunzigerjahre noch weitgehend auf Beobachtungen stützte und Prognosen keine in Stein gemeißelten Wahrheiten waren, so waren uns die wissenschaftlichen Erkenntnisse doch existenziell wichtig, um zu einer verantwortlichen Entscheidung zu kommen.

»Vertraue auf den HERRN mit ganzem Herzen und verlass dich nicht auf eigene Klugheit; denke an ihn auf allen deinen Wegen, so wird er dir die Pfade ebnen«, heißt es in der Bibel in Sprüche 3,5-6 nach der von mir so sehr geschätzten Übersetzung durch Hermann Menge.

Bekannter ist sicher die Lutherübersetzung: »Verlass dich auf den HERRN von ganzem Herzen, und verlass dich nicht auf deinen Verstand, sondern gedenke an ihn in allen deinen Wegen, so wird er dich recht führen.«

Leider habe ich allzu oft erlebt, dass gläubige Menschen aufgrund dieses Verses den Verstand geradezu als bedrohliche, teuflische Macht darstellen, die jeglichen Glauben verhindert. Ich habe mir über all die Jahre meine eigene Meinung gebildet. Anfang der Neunzigerjahre wusste ich nahezu nichts von den Unterschieden zwischen den verschiedenen Glaubensrichtungen im Umgang mit der Bibel, aber eine »Augen-zu-und-durch-Mentalität« war niemals eine Grundhaltung meines Lebens. Für mich ist der Verstand gleichwohl ein Geschenk, eine Gabe meines Schöpfers, und es gehört zu Gottes freilassendem Charakter, dass wir immer die Wahl haben, diesen Verstand in die eine wie in die andere Richtung zu benutzen. Ich brauche nicht mein Herz zu fragen, ob ich bei Rot über eine vierspurige, viel befahrene Straße gehen soll. Was der Verstand hier sagt, genügt: »Wenn du nicht auf Grün wartest und bei Rot hinübergehst, ist dies lebensgefährlich!«

Die Frage ist: Auf was möchte ich mich bei tiefgreifenden Gewissensentscheidungen mit großer Tragweite verlassen? Wem vertraue ich? Meinem Verstand oder einem Gott, der es gut mit mir meint?

So haben Kerstin und ich die medizinisch-wissenschaftlichen Erkenntnisse bezüglich der eventuellen Weitergabe meiner Körperbehinderung an etwaige Kinder sehr ernst genommen und wir haben uns gut informiert und beraten lassen. Eine äußerst wichtige Prognose bezüglich dieses Gendefektes war für uns, dass sich die Körperbehinderung in fast allen Ausprägungen auf eine leichte Veränderung der Daumen beschränkt, die nicht auffällig und kaum einschränkend ist. Auch eventuelle Herzfehler wurden nicht als gravierend beschrieben. Wenn überhaupt, so seien es leichte anatomische Veränderungen, die lediglich einer Beobachtung, aber meist keiner Behandlung bedürfen. So war am Ende das Ergebnis der medizinischen Beurteilung die, dass zwar der Erbgang an sich zu fünfzig Prozent weitergegeben werden könne, dass es sich aber bei meiner Form der Behinderung um eine ungewöhnlich starke Ausprägung handele, deren Weitergabe-Wahrscheinlichkeit auf unter zehn Prozent angenommen wurde. Salopp und deutlich ausgedrückt hieß dies: »Schlimmer, Bernd, als bei dir, kann es nicht kommen! Und dass es so schlimm wie bei dir kommt, ist ziemlich unwahrscheinlich!«

Diese Erkenntnis war für mich sehr bedeutungsvoll, gerade weil das komplette Fehlen von Gliedmaßen ausgeschlossen wurde. Obgleich ich selbstverständlich davon überzeugt bin, dass ein Leben mit langen Armen, gesunden Händen und zehn Fingern viel einfacher und komfortabler ist, beruhigte es mich ungemein, dass ich die »schlimmste Variante« bereits kenne und bestens abschätzen kann, was ein Leben mit dieser Behinderung bedeutet. Ich weiß, welche hohe Lebensqualität ich genießen darf, auch wenn andere, die einfach so an mir vorbeischlendern, dies manchmal anders beurteilen.

Außerdem weiß ich, dass Menschen heutzutage nur so lange als gesund gelten, bis sie genauer untersucht werden. Einen Menschen, bei dem man rein gar nichts Abnormales oder nicht ganz Gesundes feststellt, nachdem man ihn durchs MRT gefahren, sein Blut analysiert, seine Organe geschallt und seinen Darm gespiegelt hat, gibt es meiner Meinung nach nicht.

So weit die medizinische Grundlage, auf der Kerstin und meine Entscheidung bezüglich Kinderwunsch gereift war. Die weitaus bedeutendere Seite war und ist unser Glaube an einen gütigen, barmherzigen und liebenden Gott. Verlassen also wollten wir uns in diesem Entscheidungsprozess nicht auf unseren Verstand. Diesen wollten wir gesund nutzen, aber verlassen wollten wir uns lieber auf den guten und allmächtigen Gott.

Nach einem langen und reiflichen Prozess des Informierens, Überlegens und intensiven Betens entschieden Kerstin und ich uns schließlich für Kinder. Wir wussten nicht, ob es überhaupt klappen würde mit einer Schwangerschaft, aber genau dies legten wir im wahrsten Sinne des Wortes in Gottes Hände.

Im Oktober 1993 besorgte Kerstin einen Schwangerschaftstest. Laut Beschreibung sollte der Kontrollstrich sofort erscheinen, und wenn sich danach ein zweiter Strich zeigte, konnte von einer Schwangerschaft ausgegangen werden. Da saßen wir nun, Kerstin und ich, und starrten auf dieses kleine Kontrollfensterkästchen. Strich Nummer eins war sofort da. Und – Trommelwirbel – auch Strich Nummer zwei stellte sich ein! Halleluja! Kerstin war schwanger – und ich sofort mit! Zumindest fühlte ich mich so. Aus den beiden Strichen wurde ein Punkt auf dem ersten Ultraschallfoto, welches uns vom Gynäkologen ausgedruckt wurde.

Auf einen Schlag ging ich mit einem ganz anderen Selbstbewusstsein durch die Welt, dem Bewusstsein: »Ich kann Vater!« Wenn mich jetzt Menschen länger anstarrten, hätte ich ihnen am liebsten zugerufen: »Ja, schauen Sie ruhig genau her, ich habe ein Kind gezeugt!«

Mein leicht überhebliches Auftreten wurde zwischendurch aber immer wieder geerdet durch die Fragezeichen und die Ängste, ob unser Kind lange und gesunde Arme haben würde. Nachdem mein Schwiegervater uns zunächst den normalen und regelmäßigen Herzschlag unseres Kindes im Ultraschall gezeigt hatte, bot sich uns plötzlich ein wunderbares Bild: Unser Kind winkte uns mit zwei Ärmchen aus dem Bauch heraus zu. Wieder halleluja! Welch eine Freude für uns drei! Oder besser: für uns vier, denn Kerstin hat die Freude in diesem Moment bestimmt über den Blutkreislauf auch auf den Embryo, unser Kind, übertragen. Aufatmen auf ganzer Linie! Nun konnten wir uns entspannt dem ganzen Geburtsvorbereitungsprogramm widmen.

Zum Beispiel dem Geburtsvorbereitungskurs, den wir einmal wöchentlich mit vier weiteren Ehepaaren besuchten. Wir saßen im Halbdunkel bei Kerzenschein und irgendwelchen Räucherstäbchen oder anderen Duftquellen und besprachen Themen, welche die Geburt des Kindes betrafen. Die Hebamme, die diesen Kurs leitete, erschien uns allen sehr kompetent, und was sie erzählte, war ausnahmslos informativ. Dafür, dass die Geburt unseres ersten Kindes letztlich komplett anders verlief und ich viel zu aufgeregt war, um mich auch nur an eine einzige Sache aus dem Kurs zu erinnern oder sie gar anzuwenden, konnte sie ja nichts.

In der Gemeinschaft dieses Kurses habe ich mich aber sehr wohlgefühlt und wir hatten zwischendurch auch immer viel Spaß. Allein bis jeder den medizinischen Fachausdruck für Rückenmarksspritze, also der Periduralanästhesie, richtig aussprechen konnte, gab es viele Lacher. Auch auf dieser Bühne befand ich mich immer ein wenig vorne an der Rampe. Dies ist jetzt über sechsundzwanzig Jahre her und nicht nur unsere Kinder sind gereift, sondern auch eine enge Freundschaft. Mit drei weiteren Ehepaaren aus diesem allerersten Geburtsvorbereitungskurs treffen wir uns heute noch regelmäßig zu Spieleabenden oder wir verreisen zusammen. Welch eine wertvolle Freundschaft!

Jawohl, es gab immer mal wieder irgendwelche abendlichen Kurse, in denen ich mich sauwohl beziehungsweise »rampensauwohl« und noch besser »rampenbärwohl« gefühlt habe. Ich kann nicht anders, ich muss noch einmal abschweifen. In der Vorbereitung auf unsere Hochzeit hatte Kerstin die Idee, wir sollten gemeinsam einen Tanzkurs belegen. Mit dem Wort »Tanzkurs« küsste Kerstin bei mir ein längst tot geglaubtes Trauma-Gespenst wach. Sämtliche Erfahrungen, die ich in meinem bisherigen Leben, hauptsächlich in meiner Teenagerzeit, mit Tanzen gemacht hatte, waren absolut negativ und strikt aus meinen Erinnerungen verbannt worden.

Als ich in das Alter gekommen war, in dem man sich auf das sogenannte Tanzkränzchen vorbereitet, belegte auch ich einen Tanzkurs. Gleich mal vorweg: Aus diesem Tanzkränzchen wurde, um in einem Bild weiterzuschreiben, ein Friedhofskranz mit Schleife und dem Aufdruck: »Hier ruhen Bernds Tanzfähigkeiten und sämtliche blamablen Erfahrungen in Tanzkursen in Unfrieden.«

Ich war viel zu dick und bewegte mich auf der Tanzfläche wie ein Tanzbär im Zirkus. Allerdings war ich nicht sehr oft auf der Tanzfläche, da ich erstens keine feste Tanzpartnerin hatte, zweitens die Mädels gerne vor mir auf die Toilette flüchteten, bevor ich sie auffordern konnte, und drittens bei der sogenannten Damenwahl meistens buchstäblich in der Ecke sitzen gelassen wurde. Außerdem waren die blöden Tanzschuhe beziehungsweise ihre Sohlen viel zu glatt.

So kam es irgendwann, wie es kommen musste. Ich weiß nicht, ob der Tanzlehrer etwas gegen die bildhübsche Eva in der Hand hatte oder ob größere Geldsummen unter der Theke den Besitzer gewechselt hatten, auf jeden Fall wurde ich von diesem Mädchen zum Einstudieren des Wiener Walzers aufgefordert. Ich war aufgeregt, als müsste ich gleich mit Eva einen Fallschirm-Tandemsprung aus 3000 Meter Höhe absolvieren. Schon als wir beide auf die Tanzfläche gingen, war mein Rücken schweißnass. Aufgrund meiner kurzen Arme musste ich die schöne Eva nun so heftig an mich heranziehen, dass sich unsere Brüste – rein äußerlich hatte sie eindeutig die schöneren – fast berührten. Jeder Tanz mit mir ist ein Engtanz! Dann wurde die Schrittfolge einstudiert, die Musik begann zu spielen und los ging's.

Der Tanz wurde zu einer totalen Katastrophe. Die schöne Eva war zu schüchtern, um sich zu beklagen, aber ich bin fast sicher, dass auch sie heute im Besitz eines Behindertenausweises ist und ihre Behinderung in dem Moment sichtbar wird, in welchem sie Schuhe und Strümpfe auszieht. Doch damit nicht genug: Bei einer heftigen Drehung konnte ich das Gleichgewicht nicht mehr halten, rutschte auf meinen glatten Sohlen aus, stürzte auf die Tanzfläche und riss die schöne Eva mit mir in die Tiefe – dies alles im Alter von vierzehn Jahren mit Pickeln im Gesicht. Peinlicher geht es nicht mehr! Dies war für lange Zeit das letzte Mal gewesen, dass ich eine Tanzfläche betreten hatte, und so konnte es von mir aus bleiben.

Bis Kerstin den Vorschlag machte, einen Kurs zu belegen, um das Tanzen aufzufrischen, damit wir uns bei der Hochzeit nicht blamierten. Mit dieser Frau konnte ich mir alles vorstellen. Mit ihr an meiner Seite konnte ich jedes Trauma überwinden, dies wusste ich tief in meinem Herzen. Kurz darauf belegten wir einen Anfängerkurs in einer kleinen, privaten Tanzschule in Mainz. Wir waren nur vier Paare und hatten einen unbändigen Spaß zusammen. Der Rampenbär drehte jeden Montagabend auf bis zum Anschlag. Ich habe mich so wohlgefühlt, dass es mir überhaupt nicht schwerfiel, die ganze Truppe zu lockern und zu erheitern. Besonders erinnere ich mich noch an Karl, der ungefähr so gerne tanzte wie ich und mit dem ich mir die Pointen-Bälle hin und her zuwarf.

Die ganze Sache machte so viel Spaß, dass wir uns alle für den Fortgeschrittenenkurs entschieden. Darüber freute sich auch die Besitzerin der Tanzschule, die gleichzeitig unsere Tanzlehrerin war. Sie schrieb Kerstin und mir eine sehr nette Karte, deren Wortlaut ich nahezu komplett erinnern kann:»Liebe Frau Miersch, lieber Herr Hock, Sie sind eine solche Bereicherung für meine Tanzschule und sorgen für so viel Freude und Leichtigkeit, dass ich Ihnen beiden gerne den Fortgeschrittenenkurs schenken möchte. Herzliche Grüße!«

Mein Tanztrauma war überwunden und geheilt! Ich kann jetzt nicht sagen, dass ich mich heute um ein Tänzchen mit einer fremden Frau prügele, aber ich wage mich seither wieder auf eine Tanzfläche, wenn es sein muss. Gerne wüsste ich, ob Karl sich das Tanzen erhalten hat. Er und seine Frau haben damals ebenfalls eine Tochter bekommen, womit wir wieder bei dem eigentlichen Thema dieses Kapitels angelangt wären: Annika!

Am 13. Juli 1994 wurde unser erstes Kind geboren. Kerstin und ich waren überglücklich. Bezüglich meiner schriftstellerischen Fähigkeiten habe ich in diesem Buch ja bereits vieles in mehr als 64 000 Worte gepackt. Mein Glück und meine Freude über meine wunderbare Tochter Annika kann ich aber tatsächlich nicht in Worte fassen. Ist auch nicht notwendig. Es gibt so vieles, was ich über sie berichten kann.

Annika ist mutig und kühn. Während so mancher sich, wenn er ein kritisches Gespräch mit Bernd R. Hock zu führen hat, im übertragenen Sinne Mut antrinken muss, gehört Annika zu den ganz wenigen Personen, die mir ohne Umschweife, direkt und unverblümt, die Meinung geigen. Genauso deutlich aber, und dies zum Glück viel häufiger, drückt Annika in persönlichen Gesprächen oder auf selbst gebastelten und handgeschriebenen Glückwunschkarten ihre ehrliche Wertschätzung mir gegenüber aus. Keine Überschriften, keine Floskeln, nein, sie beschreibt ganz genau, was sie an mir mag und was sie mir ganz persönlich wünscht. Dabei verblüfft mich ihre Treffsicherheit immer wieder.

Einmal waren wir in einer Talkshow und Annika wurde nach der stärksten Eigenschaft ihres Vaters gefragt. Ich war gespannt, was sie antworten würde. Sie meinte, dass sie sich keinen Menschen auf dieser Welt vorstellen könne, mit dem ihr Vater nicht ein natürliches, gewinnendes Gespräch führen könnte. Sie sei überzeugt, wenn man ihren Vater mit irgendwelchen Menschen in irgendeinem Raum zusammenbringen würde, würde er es in kürzester Zeit schaffen, aus diesen sich fremden Menschen eine Gemeinschaft zu bilden. Wie tief haben mich diese Ausführungen berührt!

Wir haben so viel Schönes gerade auch zu zweit erlebt. Früher geschah dies an den sogenannten »Papa-Annika-Tagen«, an denen nur wir beide etwas Schönes unternommen haben. Mal haben wir den ganzen Nachmittag Playmobil gespielt, mal sind wir auf Fotosafari in einem Wildpark gewesen. Da Annika meine Leidenschaft für Zoobesuche teilt, hat sie mir später immer wieder das Geschenk gemacht, dass wir an einem Wochenende zusammen in eine Stadt gefahren sind und den dortigen Zoo ausgiebig erkundet haben.

Außerdem begleitete mich Annika, wann immer sie Zeit dafür hatte, auf Tournee mit meinem Puppentheater. Keines unserer vielen Gespräche auf diesen Reisen möchte ich missen, genauso wenig wie diese besondere Atmosphäre, wenn wir nach getaner Arbeit und gelungenen Auftritten wieder im Auto saßen und den Heimweg antraten. Meist holten wir uns bei McDrive noch einen Milchshake, dann redeten wir noch ein wenig und anschließend wurde so richtig laut Musik gehört. Alternativ konnte es passieren, dass die Musik nicht aus den Lautsprecherboxen, sondern direkt aus Annikas Mund kam. Was für mich der TV-Vierteiler »Der große Bellheim« ist für Annika das Musical »Der König der Löwen«. Sie kann es komplett auswendig vortragen. So fuhren wir zusammen mit den Theaterkulissen und meinen Handpuppen so manches Mal begleitet von Annikas Interpretation von »Can you feel the love tonight?« chillig, wie Annika sagen würde – auf der Autobahn in den Sonnenuntergang.

Auch Annikas Humor ist wunderbar, sie kriegt mich sehr schnell zum Lachen. Und ihre Fähigkeit, andere, besonders mich, zu parodieren. Echt stark. Dabei braucht sie nicht die Bühnenrampe. Sie hat mir Begebenheiten, die sie beobachtet hat, häufig hinter den Kulissen vorgespielt und wir hatten richtig viel Spaß.

Heute sehen wir uns nicht mehr so oft. Nun hat Annika ihren Walter und das freut mich zutiefst. Sie hat sich erfolgreich von ihrem extrovertierten Vater abgenabelt und wir haben ein vertrauensvolles, liebevolles Vater-Tochter-Verhältnis auf Augenhöhe.

Wie gut, dass damals beim Schwangerschaftstest aus einem Strich zwei Striche wurden und aus den zwei Strichen Annika! Halleluja!

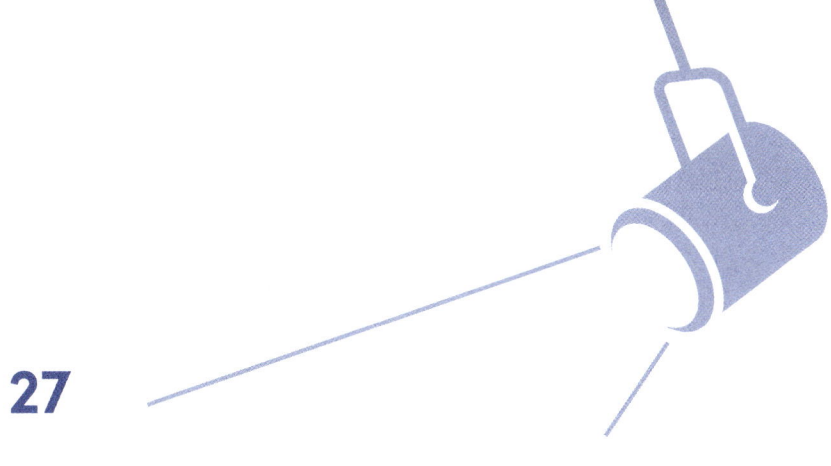

27

DAVID – NUTELLA AM ZEH

Oh wir waren so dankbar für unsere Annika, die sich so prächtig entwickelte. Schnell war Kerstin und mir klar, dass aus den ursprünglich angedachten sechs kleinen Hocks nichts werden würde. Zu groß waren die Anspannung und die Ungewissheit, ob und wie stark eine Körperbehinderung bei unserem ersten Kind ausgeprägt sein würde. Die Entscheidung für ein zweites Kind fiel Kerstin dennoch sehr leicht. Für sie war es ganz selbstverständlich, dass wir noch ein weiteres Kind bekommen sollten. Trotzdem verhielt sie sich mir gegenüber sehr einfühlsam und rücksichtsvoll. Für mich war diese Entscheidung nämlich lange nicht selbstverständlich, denn Annika *hatte* die Behinderung mitbekommen. Das beeinträchtigt sie aber bis heute nicht nennenswert, es handelt sich lediglich um die prognostizierten Veränderungen an den Daumen.

Trotzdem! Ich hatte den Mist weitergegeben und paradoxerweise fühlte ich mich irgendwie schuldig. Mit dem Verstand weiß ich, dass diese Gedanken unsinnig sind, doch immer mal wieder denke ich aus einer Talsohle der Minderwertigkeit heraus so.

Ich war deshalb sehr verwirrt und sehr unsicher, ob Kerstin und ich versuchen sollten, ein zweites Kind zu bekommen. In diesem Zusammenhang suchte ich nicht in erster Linie nach etwaigem menschlichem Zuspruch oder neuen medizinischen Erkenntnissen oder Ratschlägen, sondern ich wollte ein Zeichen von der allerhöchsten Instanz. Ich hatte Gott mittlerweile zu konkret in meinem Leben erlebt, als dass ich eine Entscheidung mit dieser Tragweite abstrakt, alleine und ohne ihn hätte treffen können.

Da ich Gottes Handeln erlebt habe, kann ich wirklich jedem Menschen, sei er auch noch so ungläubig, empfehlen, einmal ganz konkret im eigenen Leben nachzuforschen, ob Gott vielleicht zu ihm redet. In der christlichen Szene gibt es einen Aufkleber mit dem Aufdruck: »Stell dir vor, du betest – und Gott antwortet!« Ich habe dies immer wieder in meinem Leben erfahren und ich bin zutiefst davon überzeugt, dass dies kein Privileg von Bernd Richard Hock ist, sondern dass Gott zu jeder Person sprechen möchte. Es gibt nur eine einzige Voraussetzung für eine Antwort Gottes: eine von Herzen ehrlich gemeinte Kontaktaufnahme.

Eine der letzten eindrucksvollen Wortmeldungen des dreieinigen Gottes in meinem Leben habe ich im Zusammenhang mit der Entstehung dieses Buches erlebt. Während all der Jahre, in denen ich für die IVCG oder andere Organisationen Vorträge gehalten habe, wurde ich immer wieder nach eigenen Büchern oder Publikationen für den Büchertisch gefragt, aber ich hatte diesbezüglich nichts zu bieten. »Herr Hock, Sie müssen unbedingt ein Buch über all Ihre Erlebnisse schreiben. Das wäre so wertvoll!«, hieß es oft.

Nun schreibe ich wirklich sehr gerne … aber ein ganzes Buch?! Dieses Projekt erschien mir viel zu groß. So verwarf ich diesen Gedanken immer wieder. Irgendwann hatte ich mit meinem Puppentheater eine Hörspiel-CD für die ganze Familie aufgenommen, die ich fachfremd auf den Büchertischen drapieren konnte. Der

Gedanke an ein eigenes Buch schien beerdigt – bis er im Oktober 2018 exhumiert wurde.

Ich war als Referent auf einer Tagung der Evangelischen Allianz in Bad Blankenburg engagiert. Dort hielt ich Vorträge, Referate und durfte auch das Unterhaltungsprogramm am Abend aktiv mitprägen. Diese Tagung bereitete mir viel Freude, und meine Beiträge stießen auf eine sehr positive Resonanz. Vielfach wurde nun nach langer Zeit wieder die Bitte an mich herangetragen, ich solle doch unbedingt ein Buch schreiben. Jetzt war ich wieder richtig angespornt, intensiver als je zuvor.

Am letzten Abend dieser Tagung saß ich im Schlafanzug in meinem Zimmer auf der Bettkante und dachte über ein eventuelles Buchprojekt nach. Auch kam mir mein schon erwähntes »Ideen-ADHS« in den Sinn und ich kam eindeutig zu dem Schluss, dass ich kein weiteres Großprojekt aus eigenen Kräften anleiern wollte. So sprach ich mein Nachtgebet und ergänzte dieses sinngemäß um folgende Sätze: »Lieber Gott, Jesus, Heiliger Geist, ich würde wirklich gerne ein Buch schreiben, verspreche dir aber, dass ich dieses Projekt nur angehen werde, wenn du es initiierst. Ich will mir nicht einfach einen weiteren Wunsch erfüllen und eine weitere Bühne schaffen. Wenn ich wirklich ein Buch schreiben soll, gib mir ein ganz eindeutiges Zeichen. Eindeutig! Hörst du? Ich will mich nicht sonderlich anstrengen und einen Verlag suchen müssen oder Ähnliches. Wenn ich meine Erlebnisse aufschreiben soll, dann ebne du mir den Weg und rede. Amen!« Anschließend habe ich nichts mehr unternommen, gar nichts!

Doch am 9. November 2018 erhielt ich um 15:31 Uhr eine E-Mail, deren Betreffzeile mich ziemlich umgehauen hat: »Anfrage für ein Buchprojekt«. Im weiteren Verlauf dieser Mail war unter anderem zu lesen: »Als SCM Verlag sind wir immer auf der Suche nach inspirierenden Persönlichkeiten mit einer starken Botschaft. Haben Sie schon einmal darüber nachgedacht, ein Buch zu schreiben? Vielleicht könnte das Ihre Biografie sein.«

So ist Gott! Er hat die Tür ganz weit geöffnet und nun habe ich tatsächlich ein Buch geschrieben und bin überglücklich darüber. Hinzu kommt, dass das Projekt mir wirklich sehr viel Freude bereitet hat und im Verhältnis zum Ergebnis nicht übermäßig anstrengend war. Das Schreiben fiel mir unter Zuhilfenahme der Diktierfunktion leicht und die Zusammenarbeit mit dem SCM Verlag war von Anfang bis zum Ende gekennzeichnet von Vertrauen, Wohlwollen und gegenseitiger Unterstützung. Danke!

Zurück zu unserem Kinderwunsch: Auch hier bekam ich ein eindrucksvolles Zeichen. Während ich eines Tages früh am Morgen in der Bibel las und betete, glaubte ich wieder einmal, eine ganz deutliche, innere Stimme zu vernehmen: »Bernd! Kerstin und du, ihr werdet noch einen gesunden Sohn bekommen. Nennt ihn David.« Klare Ansage! Nicht mehr und nicht weniger! War hier der Wunsch der Vater des Gedankens? Nein. Der Wunsch nach einem zweiten Kind war bei mir lange nicht so stark ausgeprägt wie bei Kerstin. Okay, den Wunsch nach einem gesunden Kind, den hatte ich, der Name David stand allerdings überhaupt nicht auf Kerstins und meiner gedanklichen Vornamen-Liste.

Als ich Kerstin von meinem Erlebnis erzählte, war sie überglücklich. Nun waren wir beide bereit dafür, dass Annika ein Geschwisterchen, ja einen Bruder bekam, und wir waren überzeugt davon, dass dies genauso ruckzuck klappen würde wie bei der ersten Schwangerschaft. Dem war allerdings nicht so. Kerstin wurde über viele Monate nicht schwanger. Irgendwann besuchte ich deshalb einen Urologen. Aufgrund verschiedener entzündlicher Prozesse und beruflichen Stresses attestierte mir dieser eine derzeitige Nahezu-Unfruchtbarkeit. Ein Schock! Sofort ließ ich zu, dass mir die Monate zurückliegende Verheißung geraubt wurde, und dachte: »Da hast du dich wohl verhört, Bernd! Wird wohl nichts mit einem zweiten Kind.«

Der Arzt schrieb mir ein Medikament auf und übergab mir das Rezept mit den Worten: »In manchen Fällen hilft dieses Präparat, aber machen Sie sich nicht allzu viele Hoffnungen.« Die Apotheke musste das Medikament erst bestellen, es sollte nach dem Wochenende abholbereit sein. Am Montag hörte ich frühmorgens erneut die innere Stimme, wieder kurz und knapp, aber eindeutig: »Bernd! Kerstin ist jetzt schwanger!« Diesmal beeindruckte mich die Stimme jedoch nicht, sondern sie ärgerte mich. Ich verwarf ihre Worte schnell und teilte sie Kerstin nicht mit.

Am späten Nachmittag ging ich nach der Arbeit in die Apotheke. Als ich bezahlen wollte, wurde ich sehr unruhig und musste an die Ansage vom Morgen denken: »Bernd! Kerstin ist jetzt schwanger!«

Anstatt mich nun freundlich von dem Apotheker zu verabschieden, sagte ich: »Ich hätte außerdem gerne noch einen Schwangerschaftstest.« Der Apotheker schaute mich an, als hätte ich mich gerade in ein Einhorn mit kurzen Beinen und blauen Ohren verwandelt. Ich war sicher, dass ich an seinem Gesicht ablesen konnte, was er dachte: »Ich möchte Ihnen ja nicht zu nahe treten, aber dadurch, dass die Medikamentenschachtel in der Plastiktüte steckt, die Sie jetzt in Ihrer Hand halten, geht von der Medizin noch keine Wirkung aus.« So weit meine Interpretation. Gesagt hat der Apotheker lediglich: »Ein Schwangerschaftstest?! – Jawohl.«

»Wissen Sie …«, entlastete ich ihn, »das Ganze muss etwas komisch auf Sie wirken, aber wenn ich ehrlich bin, glaube ich nicht, dass ich das Medikament in dieser Tüte überhaupt einnehmen muss. Ich bin fest davon überzeugt, dass ich es Ihnen noch heute ungeöffnet zurückbringen werde.« Durchaus irritiert, aber dennoch mit einem Lächeln verkaufte der Mann mir einen Schwangerschaftstest.

Zu Hause angekommen erzählte ich Kerstin alles. Von der inneren Stimme am Morgen, von der Mimik des Apothekers und vom Schwangerschaftstest. Etwa eine halbe Stunde später, ganz knapp vor Ladenschluss, brachte ich dem Apotheker die Tabletten zurück.

Im Kontrollfensterchen des Schwangerschaftstests hatten zwei deutlich ausgeprägte Striche unseren wunderbaren Sohn David angekündigt, der am 16. März 1997 geboren wurde.

Die Ultraschalluntersuchung am 9. Oktober 1996 verlief allerdings nicht so fröhlich wie damals, als Annika uns aus der Gebärmutter heraus zugewinkt hatte. David hatte keine Chance, uns zuzuwinken, denn er hatte keine Arme, wie im Ultraschall deutlich zu erkennen war. Die Ärzte hatten sich geirrt. Es gab stärkere Ausprägungen der Behinderung als bei mir.

Ich war verzweifelt, zornig, wütend, traurig, deprimiert und ängstlich zugleich. Spontan waren meine Gedanken zunächst ziemlich zerstörerisch. Ich schimpfte auf all das prophetische Gerede, innere Stimmen und geistliche Eindrücke. Ich war total am Boden! Nicht in erster Linie meinetwegen. Auch nicht so sehr wegen Kerstin, die sich von Gott getragen fühlte und in dieser Situation ungewöhnlich ruhig blieb. Nein, ich kannte ja mein Leben. Das Leben, welches ich in diesem Buch beschrieben habe. Aber was war, wenn David nicht auf all diese Bühnen wollte, auf denen ich herumgeturnt war und herumturne? Bisher hatte ich den Blicken gut standhalten können, aber wie würde es sein, wenn ich einmal mit David in einen Bus einsteigen würde und stumme Blicke uns laut zurufen würden: »Hat man dies im Ultraschall nicht feststellen können?«

Natürlich kam eine Abtreibung für Kerstin und mich niemals infrage. Wir hatten uns ganz deutlich für Kinder entschieden und diese Entscheidung bezog sich nicht auf eine Auswahl unter dem Motto: Ein Kind ohne Behinderung nehmen wir, eines mit Behinderung nicht.

Den Gynäkologen von der Frauenklinik in München hatte ich nach meinem Vortrag zum Umdenken bewogen, nun war ich herausgefordert, ganz praktisch zu leben, was ich so oft proklamiert hatte. Ratschläge, unseren Sohn abzutreiben, haben wir durchaus erhalten, auch aus Ecken, aus denen wir es nicht vermutet hätten. Doch wir bekamen ebenso viel Zuspruch und Anerkennung für unsere Entscheidung, David zu bekommen.

Gerade meine Eltern möchte ich in diesem Zusammenhang erwähnen. Sie sprachen Kerstin und mir viel Mut zu und machten uns ganz ehrlich klar, dass sie jede Entscheidung mittragen würden. Dass wir uns gegen eine Abtreibung entschieden, freute sie sichtbar. Ich war verblüfft, dass meine Mutter später ihren Enkel mit dieser offensichtlichen Körperbehinderung so stolz und glücklich im Kinderwagen umherfuhr. Bei allem, was meine Mutter auch mit mir an Widerständen hatte überwinden müssen, war dies für mich besonders beeindruckend.

Doch noch einmal zurück zum Oktober 1996, als wir die Nachricht von Davids schwerer Körperbehinderung erhielten. Ich konnte nicht beten. Ich konnte aber auch nicht von Gott lassen. Ich weiß nicht, warum, aber seine Existenz und auch seinen liebenden Charakter stellte ich keine Sekunde infrage. Gleichzeitig ließ ich aber auch nicht zu, dass Christen mich mit frommen Weisheiten zudröhnten.

Als ich irgendwann wieder anfing zu beten, bestand mein gesamtes Gebetsleben über Wochen nur aus zwei Worten: »Jesus Christus!« Und ich durfte sehr deutlich erfahren, dass in diesem wunderbaren Namen echte Kraft steckt. Kraft, die auch meinen Geist wieder aufrichtete. Die innere Überzeugung brach sich Bahn, dass wir vier als Familie ein gutes Leben führen würden. Ich war überzeugt, dass David ein lebensbejahender und charakterstarker Mensch werden würde. Ich war überzeugt davon, dass er Kerstin und mir niemals Vorwürfe machen würde, weil wir ihn gezeugt und geboren hatten.

All meine Überzeugungen wurden Wirklichkeit!

Kerstin und ich sind so unendlich dankbar für unsere beiden Kinder. Gerade mit David war vieles nicht einfach, und es galt, unzählige Hürden zu überwinden. Anderes wiederum war viel leichter als gedacht und David entwickelte sich in vielem ganz normal und unkompliziert. Ein ganzes Buch könnte ich über ihn und seine Entwicklung und die verschiedensten Begegnungen und Erlebnisse schreiben. Dies soll er aber lieber selbst tun, wenn er es möchte.

Von meiner Seite aus sei nur so viel gesagt: Ich bin beeindruckt, mit welcher Selbstverständlichkeit David mit seiner Körperbehinderung umgeht. Er braucht keine Bühnen. Während ich mir schnell einmal helfen lasse und Fremde frage, ob sie mir bitte die Jacke zumachen könnten, hat David keine Probleme, im Café seine Jacke auf dem Boden auszubreiten, sie sich mit den Füßen über den Kopf zu schleudern und zwei-, dreimal zu hüpfen, bis alles richtig sitzt.

An dieser Stelle möchte ich auch unbedingt noch einmal Annika erwähnen. Es berührt mich, mit welcher Selbstverständlichkeit sie ihren Bruder von Geburt an bis heute geliebt hat und liebt. Überall hat sie ihn mit hineingenommen. Aus keinem Spiel hat sie ihn ausgeklammert. Selbst als sie einmal mit Freundinnen im Garten Schubkarre spielte und David mitspielen wollte, nahm sie ihn an seinen Füßen und er robbte auf seinen Brustwarzen auf dem Boden entlang.

Wir haben es Annika nicht unbedingt leicht gemacht. Tendenziell stand David immer im Fokus der Bewunderung. Es ist ja auch faszinierend, wie er trotz seiner fehlenden Arme Fahrrad fährt, Tischtennis spielt, eine ganz normale Schule besucht und als Berichterstatter an den Paralympics in Rio de Janeiro und Pyeongchang teilgenommen hat.

Besonders in ihrer Pubertät, eine Zeit, in der man eigentlich überhaupt nicht auffallen möchte, hatte Annika es mit ihrer Familie nicht leicht. Ein stark übergewichtiger, lauter und auffälliger Vater mit kurzen Armen. Ein Bruder ohne Arme. Und ein Familienauto mit einer auffälligen Puppentheater-Beklebung. Annika hat diese Schwierigkeiten mit Gottes Hilfe bewältigt und ihren ganz eigenen Platz im Leben gefunden. Nach wie vor haben wir alle höchstes Vertrauen zueinander. Und es ist auch heute noch für uns alle ganz normal, wenn David beim ausgiebigen Samstagsfrühstück Nutella am Zeh hat.

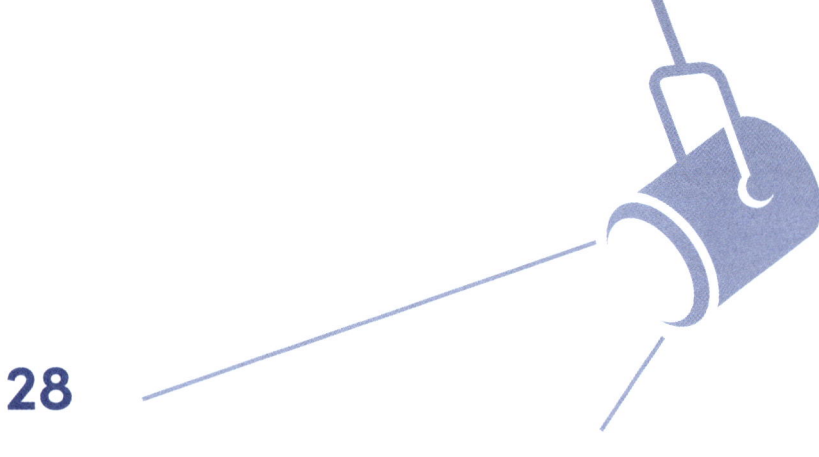

28

ALLES ANDERS

»Irgendwie ist alles anders in unserer Familie«, denke ich, während ich im Wohnzimmer sitze, in mein 350-Liter-Aquarium schaue und meine Barsche aus dem afrikanischen Malawisee beobachte. Sogar Dieter zeigt sich gerade, obwohl er normalerweise hauptsächlich in der Nacht aktiv ist.

Auf dem Hamburger Fischmarkt gibt es eine »Institution«, über die schon häufig in den Medien berichtet wurde: den »Aale Dieter«. Ich habe ihn noch nie live erlebt. Ich habe es überhaupt noch nie geschafft, den Hamburger Fischmarkt zu besuchen. »Aale-Dieter« ist besonders wegen seiner originellen Sprüche und der leckeren Aale bekannt und deshalb habe ich nach ihm meinen Feuerstachelaal benannt, der in großer Harmonie mit meinen Barschen im Aquarium zusammenlebt. Er ist mittlerweile zahm und lässt sich von mir aus der Hand mit Laubwürmern füttern.

Aquarienfische sind meine liebsten Haustiere. Bestimmt hängt dies damit zusammen, dass es die Tierart war, die mein Bruder Rainer und ich als Erstes bekamen. Im Laufe der Zeit folgten noch viele weitere: unsere Griechische Landschildkröte Susi, unser Meerschweinchen Kalle, unser Wellensittich Hansi und meine Wasserschildkröten

Erna und Karl. Erna und Karl hatte ich über dreißig Jahre lang. Als sie für das Aquaterrarium deutlich zu groß wurden, gab ich sie in eine schöne Freianlage zu zahlreichen anderen Wasserschildkröten. Was hatten wir noch für Tiere? Ah ja! Der Feuersalamander Sam! Ein Klassenkamerad rettete ihn im frühen Winter aus einer Kasematte vor dem sicheren Tod. Mein Vater und ich bauten ihm ein Terrarium und er wurde über zwanzig Jahre alt. Unsere Hündin Anka war das größte unserer Haustiere und zwischenzeitlich hatte ich mir die bereits erwähnte Weinbergschneckenzucht mit weit über zweihundert Exemplaren aufgebaut. Später besaßen Kerstin und ich die Nymphensittiche Beppo und Gregor. Beppo war handzahm und trällerte gerne das Liedchen »Im Frühtau zu Berge«!

Wenn ich mich an Beppo erinnere, so kommt mir unweigerlich auch mein Studienfreund Thomas in den Sinn, von dem ich bereits im Zusammenhang mit meinen kabarettistischen Aktivitäten während des Studiums berichtet habe. Thomas und ich waren einst am späten Vormittag in meinem Studentenapartment zum Lernen verabredet. Als er klopfte, rief ich ihm durch die geschlossene Tür zu: »Wenn ich jetzt aufmache, musst du bitte schnell reinkommen, Beppo fliegt nämlich frei.«

So ein Bodybuilder ist zwar sehr stark, aber eben nicht so flink wie ein Nymphensittich. So kam es, dass Beppo entwischte. Wir rannten ihm nach, um schnell im Flur das gekippte Fenster zu schließen, doch auch hier war der Vogel schneller, und zack, war er draußen. Katastrophenalarm! Auf keinen Fall wollte ich akzeptieren, dass mein geliebter Nymphensittich für immer weg sein sollte, zumal ich davon überzeugt war, dass er in freier Wildbahn nicht lange überleben würde. Deshalb machte ich Thomas mit wenigen Worten deutlich, dass das Lernen jetzt erst einmal hintenanstand und wir uns auf dem Campus-Areal als Vogelfänger betätigen mussten. Thomas ergriff den Käfig und wir beide gingen ins Freie.

Dort hörten wir Beppo rufen und entdeckten ihn auf dem Dach des eingeschossigen Gebäudes der Chemischen Fakultät. Ich weiß wirklich nicht mehr, wie, aber Thomas und ich standen innerhalb weniger Minuten ebenfalls auf diesem Dach und näherten uns dem ausgebüxten Vogel auf circa drei Meter. Thomas wollte gerade zu einem Hecht-Fangsprung ansetzen, als mir bewusst wurde, dass Beppo diesen niemals überleben konnte. So stoppte ich Thomas im letzten Augenblick mit einem Ruf, mit dem ich gleichzeitig Beppo aufschreckte, sodass wir sein wunderbares Flugbild nachverfolgen konnten. Diesmal ging es hoch hinaus. Beppo landete auf dem Studentenwohnheim »Inter I« auf einer Fensterbank im neunten Stock.

Sofort eilten mein Kommilitone und ich in das Hochhaus und fuhren mit dem Fahrstuhl in den zehnten Stock. Was für eine glückliche Fügung! Genau über der Fensterbank, auf der Beppo völlig erschöpft saß, befand sich ein Gemeinschaftsbadezimmer. Irgendjemand war dort gerade in der Dusche, aber darauf konnten wir nun keinerlei Rücksicht nehmen. Wir traten ein und öffneten ganz langsam das Fenster. Auf der Fensterbank ein Stockwerk tiefer saß völlig zusammengekauert mein Beppo.

Die Person, die gerade noch geduscht hatte, verließ unter Protest das Bad, was uns sehr entgegenkam, denn so konnten wir kurzerhand die Kordel, auf die der Duschvorhang aufgereiht war, abreißen und an den Käfig knoten. Nun beugte Thomas sich aus dem Fenster und ließ den Käfig wie einen Fahrstuhl nach unten. Gleichzeitig rief ich beruhigend: »Ruhig, Butschi! Gleich ist der feine Beppo wieder beim Papilein.«

In diesem Moment kam der Hausmeister polternd in das Badezimmer und rief entrüstet: »Was ist denn hier los?«

Ich drehte mich um und entgegnete sehr selbstbewusst: »Halten Sie bitte noch einen Moment die Luft an. Ich werde Ihnen gleich alles erklären.«

Meine Schlagfertigkeit hatte ordentlich Schlagkraft und der Hausmeister blieb zunächst stumm. Ich schaute wieder aus dem Fenster und sah, wie Beppo durch das geöffnete Türchen in seinen Käfig sprang. Thomas zog den Käfig nach oben, wir verschlossen die Tür, erklärten dem Hausmeister alles und konnten sogar erkennen, dass er hinter seinem Kopfschütteln auch etwas Verständnis für die Situation hatte. Natürlich reparierten Thomas und ich die Aufhängung des Duschvorhangs und eine halbe Stunde später pfiff Beppo in meiner Wohnung wieder sein Lied »Im Frühtau zu Berge«.

Mein erstes Haustier war aber, wie bereits erwähnt, ein einfacher Goldfisch. Ich war damals so glücklich, dass ich am liebsten Tag und Nacht vor dem Aquarium gesessen hätte. Meine Liebe zu Goldfischen im Speziellen und zu Fischen im Allgemeinen ist bis heute geblieben.

Doch zurück zum Thema: Vieles ist in meinem Leben ganz anders gelaufen, als ich gedacht hatte. Manches ist schlimmer geworden als befürchtet, aber vieles, ja sehr vieles von dem, was ich befürchtet hatte, ist nie eingetreten.

Diese Erkenntnis ist mir im Laufe der Jahre äußerst wichtig geworden. Wir gehen durch die Welt und beurteilen ständig alles und jeden. Dies geschieht manchmal so unterbewusst, dass wir zunächst meinen, dass wir gar nicht so beurteilend sind. Und verurteilen?! Das tun wir erst recht nicht! In Wirklichkeit aber tun wir auch dies, manchmal ohne es bewusst zu registrieren.

»Der is(s)t einfach zu undiszipliniert!«, wird schnell das Urteil gefällt, wenn wir eine Person mit starkem Übergewicht sehen. »Die kann mich sowieso nicht leiden!«, urteilen wir, wenn uns die Nachbarin nicht grüßt. »Ob das mit seiner Firma so mit rechten Dingen zugeht?«, fragen wir uns, wenn ein Bekannter sich in relativ kurzen Abständen immer wieder ein neues Luxus-Auto kauft.

Es wäre so einfach, würde so viel Entspannung mit sich und Licht ins Dunkel bringen, wenn wir nicht vorschnell be- oder gar verurteilen, sondern öfter einmal nachfragen würden.

Selbstverständlich nehme ich mich da nicht aus. Vor einigen Jahren sind mir diesbezüglich vor einer Bäckerei in einer scheinbar unbedeutenden Situation die sprichwörtlichen Schuppen von den Augen gefallen.

An einem Samstagmorgen wollte ich Brötchen für das Frühstück kaufen und stand in einer Bäckerei in der Schlange, hinter mir ein älterer Herr, der mich mit seinen Blicken auf unangenehme Weise fixierte. Als ich ihm daraufhin ebenfalls in die Augen schaute, guckte er schnell zur Seite. Drehte ich mich wieder weg, musterte er mich erneut von oben bis unten. Dies begann mich zu nerven und ich wurde innerlich wütend. »Wenn der jetzt nicht gleich woanders hinguckt, kriegt er von mir einen Spruch gedrückt, der sich gewaschen hat!«, dachte ich.

Jetzt machte der Herr sogar einen Schritt zur Seite, um mich auch im Profil besser anschauen zu können. »Ganz dünnes Eis, mein Lieber!«, dachte ich weiter und befahl meiner inneren Kommandozentrale die Verbal-Raketen aus dem Hangar zur Abschussrampe zu bringen.

In diesem Moment wurden meine Gedanken von der netten Verkäuferin unterbrochen: »Was darf es denn bei Ihnen sein?« Ich war dankbar, kaufte meine Brötchen und der Mann tat dies bei einer anderen Verkäuferin nahezu zeitgleich. Dabei warf er immer wieder ein Seitenblick zu mir. Ich verließ den Laden und ging zu meinem Auto und meinte, den scheinbaren Aufdringling hinter mir gelassen zu haben. Kaum zu glauben, aber der Mann folgte mir und begaffte mich immer hemmungsloser. *»Verbal-Raketen jetzt atomar bestücken und bereit machen zum Abschuss«,* erteilte ich einen inneren Befehl.

Ich drehte mich abrupt zu dem Mann um, schaute ihm in die Augen und wollte gerade auf den roten Knopf drücken, um ihm Sätze mit unheimlicher Sprengkraft vor den Bug zu schleudern, da begann der Mann zu sprechen:»Darf ich Sie etwas fragen?«

»Keiner schießt! Nicht feuern! Kein Feuer! Ich möchte dem Typen noch eine Chance geben«, ermahnte ich mich innerlich.

»Ja bitte?«, antwortete ich.

»Kann es sein, dass ich Sie letzten Sonntag im Fernsehen im Gottesdienst gesehen habe?«

»Sofort die atomaren Sprengköpfe wieder unter Verschluss und die Raketen zurück in den Hangar!«

»Ja«, antwortete ich.»Meine Gemeinde hat zum zweiten Mal einen ZDF-Gottesdienst live übertragen und ich durfte moderieren.«

Der Mann war sichtlich erleichtert:»Ach, da bin ich ja froh, dass ich Sie angesprochen habe. Ich war mir nicht ganz sicher, ob Sie es sind. Und man will ja nicht einfach so jemanden ansprechen und ihn damit unnötig belästigen. Aber da kann ich Ihnen jetzt ja sagen, dass mich dieser Gottesdienst und besonders Ihr Lebenszeugnis sehr berührt haben. Danke dafür. Bringen Sie bitte herzliche Grüße auch an Ihren Pastor.«

Was habe ich mich damals geschämt, glaubte ich doch genau zu wissen, wie vorurteilsbehaftet dieser Mann über mich dachte und dass er nur einem unangenehmen Voyeurismus nachgehen wollte. Ich war überzeugt davon, dass ich ihn stoppen musste, und zwar direkt mit einem verbalen Lucky Punch, so wie ich dies bei der alten Dame im Linienbus in Mainz getan hatte. In diesem Fall schäme ich mich bis heute zwar überhaupt nicht für mein Verhalten, vielleicht hätte es aber auch damals eine Möglichkeit gegeben, die Situation weniger spektakulär und für die alte Frau weniger verletzend zu deeskalieren.

Doch nicht nur ich urteile, auch andere urteilen über mich. Und manchmal ist dies durchaus gut gemeint. Aus Erzählungen weiß ich, dass sich einige Familienmitglieder ziemlich bald nach meiner Geburt zusammengesetzt haben, um darüber zu beraten, wie man mich und mein Leben trotz der schweren Körperbehinderung bis weit in die Zukunft hinein absichern könnte. Man überlegte, mit welchem Geld man mich versorgen und was ich unter Umständen für einen Beruf erlernen könnte. Hier kam man schnell zu dem Beschluss:»Der Bu geht emol genau wie sein Vadder zu de Stadt!« Ich sollte eine Beamtenlaufbahn bei der Stadtverwaltung beginnen. Es wurde sehr viele Jahre vorausgedacht und dabei wurde beurteilt, was ich mal können würde und was nicht, alles in absolut guter und anerkennenswerter Absicht.

Ich stelle mir die damalige Situation gerne so vor: Meine Großeltern, deren Geschwister und andere sitzen um einen runden Wohnzimmertisch und planen die Eckpfeiler meines Lebens. Plötzlich öffnet ein Windstoß das verschlossen geglaubte Fenster und ein Engel flattert herein. Er setzt sich auf den Wohnzimmerschrank, schlägt die Beine übereinander und spricht zu dem Familienrat:»Es ist wirklich sehr lieb von euch und es spricht auch für euch, dass ihr euch so um den frisch geborenen Bernd sorgt. Ihr seid euch sicher, seinen Lebenslauf ziemlich genau vorhersehen und einschätzen zu können. Ich möchte euch aber hier und jetzt mitteilen, dass sein Leben ziemlich anders verlaufen wird, als ihr denkt. Bernd wird ganz normal in den Kindergarten gehen, eine Regel-Grundschule besuchen und am Max-Slevogt-Gymnasium sein Abitur machen. Er wird Schwimmen lernen, Fahrradfahren und sogar den PKW-Führerschein machen. Nach dem Abitur wird er nach Mainz ziehen und dort Diplom-Pädagogik studieren. Dieses Studium wird er hervorragend abschließen. Er wird heiraten und mit seiner Frau in die Nähe von Hamburg ziehen. Er wird Vater werden, zunächst als Heimleiter arbeiten und sich dann selbstständig machen – einerseits als Heilpraktiker für Psychotherapie mit einer eigenen Praxis und andererseits als Kabarettist, Bauchredner und Entertainer. Zwischendurch wird er Vorträge halten, Fernsehsendungen moderieren und im Alter von zweiundfünfzig Jahren wird er ein Buch über sein Leben schreiben. Ihr seht also, ihr müsst euch nicht so viele Gedanken über seine Lebensplanung und Lebensgestaltung machen. Habt Gottvertrauen und lasst es ein wenig mehr auf euch zukommen.«

Hand aufs Herz! Keiner meiner Verwandten, die sich da im Wohnzimmer versammelt hatten, hätte sich bedankt, sich gefreut und wäre erleichtert nach Hause gegangen. Hätte ich bestimmt auch nicht getan. Vielmehr wäre die durchaus nachvollziehbare Reaktion wohl eher wie folgt ausgefallen:»Lieber Engel, herzlichen Dank für diese Informationen, aber nun kannst du bitteschön weiterfliegen, wir haben hier nämlich Wichtigeres zu tun, als irgendwelchen Fantastereien zu vertrauen.«

Es kann sehr gewinnbringend sein, Situationen einfach mal auf sich zukommen zu lassen und ihnen die Chance zu geben, dass sie sich ganz anders gestalten und entwickeln, als die eigenen Überzeugungen festschreiben wollen.

»Weise Worte, lieber Bernd! Wie umfangreich aber hast du dies in deinem Leben beherzigt?«, frage ich mich mit einer gehörigen Portion Selbstironie. Auch ich habe in dieser Hinsicht noch viel Entwicklungspotenzial. Wenn ich in den Rückspiegel meines Lebens blicke, muss ich zugeben, dass ich mir so manches verbaut habe durch vorschnelles Beurteilen und ständiges Kontrollieren. Schaue ich aber durch die Windschutzscheibe meines Lebens nach vorne, so spüre ich deutlich, dass ich mehr einfach auf mich zukommen lassen möchte. Vielleicht sogar Gott wieder mehr glauben möchte.

Dabei habe ich mit blindem, unreflektiertem Gottvertrauen meine größten Bauchlandungen hingelegt. Beispielsweise war ich überzeugt, dass Gott mir einen gesunden Sohn verheißen hatte. Tausende Male habe ich mir die Frage gestellt, was es mit dieser Verheißung auf sich hatte. Genau wie die Frage, ob auch ich für mich ganz persönlich die Aussage zahlreicher christlicher Kinderlieder: »Wunderbar bist du gemacht …« in Anspruch nehmen darf oder gar annehmen muss, dass Gott mich »nur zugelassen« hat.

Auch wenn ich nicht annähernd ein Glaubensheld bin, so habe ich doch in all meinen Vorträgen und Predigten niemals gelogen. Ich möchte gar nicht erst versuchen, Gott naturwissenschaftlich zu beweisen. Tief in mir drinnen weiß ich nämlich, was ich weiß, was ich weiß! Es gibt Dinge zwischen Himmel und Erde, die ich absolut nicht beweisen und noch nicht einmal beurteilen kann. Ich bin aber überzeugt davon, dass ein Gott mit der Schöpferkraft, an die ich glaube, David und mir ruckzuck lange Arme schenken könnte.

Ob er es tun wird? Ich weiß es nicht! Und ich sitze auch nicht Tag und Nacht im Wohnzimmer bei geöffnetem Fenster in Erwartung, dass ein Engel hereingeflogen kommt, sich niedersetzt und es mir erzählt. Mir reicht, was Gottes Geist mir im Herzen offenbart hat: Als erlöste Kinder Gottes sind mein Sohn David und ich gesund!

Es ist nämlich so vieles so oft ganz anders!

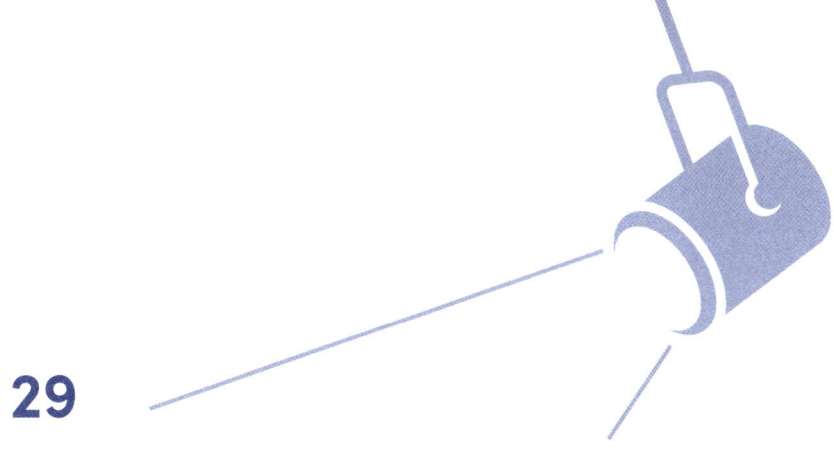

29

WIE IST DAS MIT DEN NICHTBEHINDERTEN?

»Wie gehen denn so die Nichtbehinderten mit Ihnen um?« Diese Frage stellte mir vor ein paar Jahren zu Beginn eines ausführlichen Interviews eine Journalistin, die in einem deutschen Magazin ein Porträt über mich veröffentlichen wollte.

Wie gehen denn so die Nichtbehinderten mit Ihnen um? Was für eine Frage!

Zwanzig bis dreißig Jahre früher hätte ich wohl vor lauter Ehrfurcht darüber, dass ich in einer Zeitschrift porträtiert werden sollte, versucht, mir eine Antwort auf diese eigentlich doch etwas dämliche Frage zu konstruieren. Hätte vielleicht so etwas gesagt wie: »Ganz normal eigentlich«, oder: »Normal gehen die Nichtbehinderten mit mir um. Wenn ich anständig mit meinen Mitmenschen umgehe, dann gehen die auch freundlich mit mir um!«, frei nach dem Motto, dass ich dankbar sein kann, dass die sogenannten »Nichtbehinderten« dafür sorgen, dass auch solche Menschen wie ich mal in die Zeitung kommen.

In jedem Fall wäre meine Antwort ähnlich inhaltsleer ausgefallen wie die Frage, die ja auf den ersten Blick durchaus ihre Berechtigung zu haben scheint, sich aber bei genauerem Hinsehen als ziemlich unsinnig erweist.

Zum Zeitpunkt des Interviews hatte ich mich bereits medial emanzipiert und antwortete nicht mehr aus einem Defizit-Bewusstsein heraus. Ich schaute die wirklich sympathische junge Frau zunächst einfach nur an, was sie dazu veranlasste, die Frage ein wenig zu modifizieren und erneut zu stellen: »Also mich würde interessieren, wie Nichtbehinderte mit Ihnen umgehen, wenn sie das erste Mal mit Ihnen in Kontakt kommen.«

Wenn ich mich richtig erinnere, lief der Dialog ungefähr folgendermaßen weiter:

Hock: »Ernsthaft? Ist dies wirklich Ihre Frage?«

Journalistin: »Ja! Wie gehen die Nichtbehinderten mit Ihnen und Ihrer Behinderung um?«

Hock: »Tut mir leid! Ich kann Ihnen diese Frage nicht beantworten.«

Journalistin: »Wieso? Was ist an dieser Frage so schwierig, so kompliziert?«

Hock: »Ganz einfach: Ich kenne keine Nichtbehinderten!«

Die Aussage »Ich kenne keine Nichtbehinderten!« hat es immerhin zur Überschrift des insgesamt am Ende doch sehr gelungenen Artikels gebracht und nach dem etwas holprigen Start hatte ich mit der kompetenten Journalistin ein richtig gutes Gespräch.

Heute stehe ich mehr denn je zu meiner Aussage und bin der festen Überzeugung, dass es den »Homo sapiens nix beschädigtus!« nicht gibt. Okay! Nicht jeder ist im Besitz eines amtlichen Dokumentes, welches eine Behinderung bescheinigt, wie mein sogenannter Schwerbehindertenausweis. Dieser ist übrigens unbefristet. Meine

Zeit steht in Gottes Hand, mein Leben ist befristet, mein Schwerbehindertenausweis nicht!

Irgendwo hat jeder Mensch seine kurzen Arme. Jeder hat seine Behinderung, seine Einschränkung, auch wenn man sie auf Anhieb nicht sieht. Da ist es wichtig, genau hinzugucken, zu den eigenen Einschränkungen zu stehen, Hilfsmittel zu besorgen wo möglich und auch einfach mal herzlich über sich zu lachen.

Jetzt, wo ich mich mit diesem Buch langsam auf der Zielgeraden befinde, möchte ich auf keinen Fall versäumen, einmal zu betonen, dass ich unheimlich dankbar bin, als ein Mensch mit dieser körperlichen Beeinträchtigung in der Bundesrepublik Deutschland zu leben. Wir verfügen hier über so viele wunderbare technische Hilfsmittel und über so viel Komfort, dass ich mein Leben weitgehend selbstständig bewerkstelligen kann, was in anderen Ländern so vielleicht nicht möglich wäre.

Leider neigt der Mensch im Allgemeinen dazu, die Dinge, die nicht funktionieren oder schlecht laufen, stärker zu betonen als das, was gut klappt und gut ist. Auch der Rampenbär neigt bisweilen zu einer solch einseitigen Sichtweise, besonders deshalb, weil die schönsten Kabarett-Stücke wirklich das reale Leben schreibt.

Ein Beispiel: Als unser Sohn noch ein Kleinkind war, erhielten wir einen Brief von der Behörde, in welchem wir dazu aufgefordert wurden, David in einer bestimmten Frist erneut dem Amtsarzt vorzustellen, da festgestellt werden müsse, ob die Körperbehinderung noch vorliege. Ich rief daraufhin die zuständige Amtsärztin an und es kam zu dem folgenden bühnenreifen Dialog.

Hock: »Entschuldigen Sie bitte, unser Sohn hat keine Arme. Wollen Sie wirklich ernsthaft, dass wir mit ihm nochmals bei Ihnen vorbeikommen, um Ihnen vorzuführen, dass wir Ihnen immer noch keine Arme präsentieren können?«

Amtsärztin: »Also, also das ist ja komisch! Lassen Sie mich mal schauen. Also … äh … das muss der Computer automatisch gemacht haben.«

Hock: »Interessant! Mein Computer macht nur, was ich ihm befehle.«

Amtsärztin: »Wie auch immer, der Brief ist jetzt raus, jetzt müssten Sie bitteschön einmal kurz vorbeikommen, damit ich den Vorgang abschließen kann.«

Den Vorgang abschließen???

Hock: »Sehr geehrte Frau Doktor. Dürfte ich mir bitte Ihre ganz private Telefonnummer notieren?«

Amtsärztin: »Wie bitte? Ich verstehe nicht recht?!«

Hock: »Was ist daran so unverständlich? Ich möchte mir gerne Ihre Telefonnummer aufschreiben. Bitte aber Ihre ganz private, am besten Ihre Handynummer.«

Amtsärztin: »Also, ich muss doch schon sehr bitten. Sie können mich hier im Büro zu den ganz normalen Sprechzeiten erreichen. Meine Privatnummer?! Auf keinen Fall bekommen Sie die! Wo kommen wir denn da hin! Wofür wollen Sie die überhaupt haben?«

Hock: »Ich möchte mir diese Nummer aufschreiben, damit ich Sie Tag und Nacht erreichen kann.«

Amtsärztin: »Das geht mir nun aber doch ein wenig zu weit. Ich weiß nicht, ob ich das Telefonat so mit Ihnen weiterführen möchte.«

Hock: »Nein, nein. Nur keine Sorge. Ich möchte Sie aus einem ganz bestimmten Grund rund um die Uhr erreichen können: Sollte der liebe Gott unserem Sohn David auf wunderbare Weise plötzlich lange Arme machen, das verspreche ich Ihnen hier und jetzt bei allem, was mir heilig ist, dann werden Sie die allererste Person sein, die ich anrufen und über das geschehene Wunder unterrichten werde. Dann treffen wir uns und verbrennen sämtliche Dokumente, die sich mit Davids Körperbehinderung beschäftigen, und machen ein gemeinsames Freudentänzchen.«

Am Ende machten wir folgenden Deal: Die Handynummer der Ärztin blieb ihr Geheimnis, aber wir vereinbarten, dass sie David niemals mehr zu Gesicht bekommen würde.

Ich bin schon ziemlich dankbar für meine Fähigkeiten, mich auszudrücken und entsprechend zu reagieren. Manchmal frage ich mich dabei, was Menschen tun, die ein Schreiben nicht hinterfragen, nur weil es einen behördlichen Briefkopf trägt. Wie demütigend, wie bizarr wäre die Situation geworden, wenn wir der Medizinerin vom Amt David mit dem Kommentar gezeigt hätten: »Schauen Sie! Unser Sohn hat nach wie vor keine Arme.«

Grundsätzlich aber ist der zwischenmenschliche Umgang bezüglich Hilfestellung für Menschen mit Behinderung auch in puncto Behörden viel besser geworden. Ich bin wirklich dankbar für all die Ideen und Hilfsangebote, die ich heutzutage von deren Angestellten erfahre. Man spricht jetzt Deutsch miteinander und nicht mehr »Behördendeutsch«.

Als ich vor über zwanzig Jahren einmal in einem persönlichen Gespräch eine Leistung beantragte, lehnte der Beamte diese sichtlich betrübt mit den Worten ab: »Schade, dass Sie kein Ohnärmer sind! Wären Sie ein Ohnärmer, dann könnte ich etwas für Sie tun!«

Oder als ich als Student die Befreiung von der GEZ beantragte – wieder persönlich, entgegnete die Behördenmitarbeiterin nüchtern: »Es ist zumutbar, Sie an öffentlichen Veranstaltungen im Publikum teilnehmen zu lassen. Daher hat Ihr Antrag wenig Aussicht auf Erfolg!« Wieder einmal war ich spontan und antwortete: »Darf ich Sie einladen, mein öffentliches Kabarettprogramm nächste Woche zu besuchen? Ich schenke Ihnen eine Freikarte und reserviere Ihnen einen Platz in der ersten Reihe. Das würde ich mir durchaus zumuten … äh zutrauen!« Die Dame lehnte dankend ab.

Gut, dass mir solche Begegnungen manchmal doch zu etwas nutze waren. Solche Momente sind es, die sich auf die Bühne bringen lassen, nicht die, in denen alles läuft wie am Schnürchen. Das Besondere, das Skurrile, das Außergewöhnliche ist es, was wir selten lange für uns behalten können und worüber wir rasch berichten müssen.

Mal angenommen, Sie wollen am Sonntag wie jede Woche um zehn Uhr den Gottesdienst in Ihrer Gemeinde besuchen. Der Wecker klingelt, Sie stehen auf, putzen sich die Zähne und duschen. Dann ziehen Sie sich an, trinken Ihren Kaffee, und bevor Sie das Haus verlassen, gehen Sie sicherheitshalber noch einmal zur Toilette. Sie betätigen die Toilettenspülung und: Rohrverstopfung! Es läuft nichts mehr ab! Im Gegenteil, das WC-Becken läuft über! Eine riesige Sauerei! Sie säubern alles notdürftig, da Sie den Gottesdienst trotz allem nicht versäumen wollen, und düsen los. In der Gemeinde angelangt, wird Sie das Erlebte so beschäftigen, dass Sie es zumindest Ihrem Sitznachbarn kurz erzählen müssen: »Stell dir vor, was mir heute Morgen passiert ist! Mein Abwasserrohr ist verstopft und die Toilette fließt nicht mehr ab. Alles ist übergelaufen und ich musste erst einmal putzen, bevor ich mich auf den Weg machen konnte. So eine Schei …!«

Alles, was aus den gewohnten Abläufen ausschert und nicht funktioniert, wird erwähnt und oftmals breitgetreten. All die abertausend Dinge allerdings, die jeden Tag klappen, bleiben meist unerwähnt. Zumindest bei mir. Ist es bei Ihnen anders? Ich zumindest habe mich noch nie dabei ertappt, dass ich kurz vor Beginn des Gottesdienstes zu den Personen, die neben mir sitzen, sage: »Oh wie bin ich dankbar. Ich war heute Morgen auf der Toilette, hatte eine gute Verdauung, habe die Spülung betätigt und alles hat funktioniert. Das ganze schmutzige Wasser ist erfolgreich aus dem Haus heraus in die Kanalisation gelaufen.«

Die Dinge, für die ich dankbar sein kann und die es absolut jeden Tag gibt, werden von mir allzu leicht übersehen. Genau deshalb möchte ich jetzt auf keinen Fall vergessen, mich bei Ihnen zu bedanken. Sie, denen ich in den letzten fünf Jahrzehnten ganz real begegnet bin und die Sie mir geholfen, mich angelächelt oder ermutigt haben. Der überaus große und deutlich überwiegende Teil der Menschen ist mir freundlich, zugewandt, mit Respekt und mit Achtung begegnet. Habe ich um Hilfe gebeten, so habe ich diese in den allermeisten Fällen sehr freundlich erhalten. Ich danke Ihnen von Herzen dafür!

Die Ausnahme bestätigt bekanntlich die Regel. Etwas, das ich absolut nicht kann, ist, bei meiner Jacke den Reißverschluss erfolgreich zu schließen, deshalb bin ich meistens mit offener Jacke unterwegs. Letztes Jahr im Winter hatte ich bis zu meinem nächsten dienstlichen Termin noch etwas Zeit, um einen kleinen Spaziergang in der Fußgängerzone von Hamburg-Bergedorf zu unternehmen. Mit offener Jacke. Es war allerdings so ungemütlich kalt, dass ich kurzerhand einen Passanten ansprach: »Entschuldigen Sie! Würden Sie mir bitte einmal den Reißverschluss meiner Jacke schließen?!« Der Mann blieb kurz stehen, schaute mich an, entgegnete im Stakkato: »Nein! Auf keinen Fall! Das ist nicht mein Problem!«, und ging zügig weiter.

Ich kann nicht erklären, warum, aber ich habe mich in diesem Moment nicht darüber aufgeregt, sondern dachte: »Das ist sein gutes Recht.« Ein befreiender Gedanke, der mir inneren Ärger erspart, mich aber nicht gewärmt hat. Also versuchte ich mein Glück erneut und sprach diesmal eine junge Frau an. Hätte sie das Selbstbewusstsein des Mannes kurz vor ihr gehabt, sie wäre wahrscheinlich nicht so unter Druck gekommen. Ich glaube, sie konnte einfach nicht Nein sagen und versuchte sich nur deshalb an meinem Jackenreißverschluss. Doch dieser verhakte sich und die junge Frau bekam das

Ding einfach nicht zu. Wohlweislich ersparte ich uns beiden einen flotten Spruch à la:»Sie können Reißverschlüsse wohl auch besser aufmachen als zu?!«, denn die Situation war so angespannt genug. Die Frau riss an meiner Jacke, doch es wollte sich partout kein Erfolg einstellen. Plötzlich ließ sie den Reißverschluss los, sah sich aufgeregt um und meinte, ohne mich dabei anzugucken:»Das ist doch versteckte Kamera hier! Nein! Mit mir nicht, Freunde! Mit mir nicht!« Hastig verließ auch sie mich und ich brach meinen Spaziergang ab und wartete stattdessen im Auto.

Doch das musste ich nicht oft tun. Hunderte von Malen haben mir Menschen auf der Straße bereitwillig und häufig auch mit einem Lächeln den Reißverschluss meiner Jacke geschlossen. Vielen Dank!

Das Danken will ich nie vergessen. Eine dankbare Lebenseinstellung ist zwar nicht immer leicht, aber immer von Erfolg gekrönt.

Oftmals begebe ich mich mit meinen Patientinnen und Patienten in meiner Praxis als Heilpraktiker für Psychotherapie auf die Suche nach ganz konkreten Dingen, für die sie wirklich von Herzen dankbar sein können, auch wenn sie sich psychisch in einer sehr leidvollen Situation befinden. Gerade in der Ausübung meiner Tätigkeit als Therapeut, die heute den Löwenanteil meines beruflichen Lebens ausmacht, erkenne ich immer wieder, dass kein Mensch frei von Beeinträchtigungen, von Behinderunge, ist. Jede und jeder hat, wie der Volksmund trefflich ausdrückt,»sein Päckchen zu tragen«! Vieles ist ganz häufig weder auf den ersten noch auf den zweiten und manchmal auch nicht auf den neunzehnten Blick erkennbar.

Darum ist es so wichtig, dass wir einander achtsam begegnen. Ich merke deutlich, dass mir dies viel besser gelingt, wenn ich anfange, zunächst achtsamer mit mir selbst umzugehen. Meine ganzen Selbstreflexionen, während ich dieses Buch geschrieben habe, waren und sind sehr hilfreich dafür, dass mir dies gelingt.

Doch ich merke, dass noch eine weitere Begegnung mit meinem inneren Wächter notwendig ist, denn auch bei mir gibt es Dinge, die mich beeinträchtigen und die man von außen nicht sofort sehen kann. Ich habe bis heute gebraucht, um dies deutlicher zu erkennen.

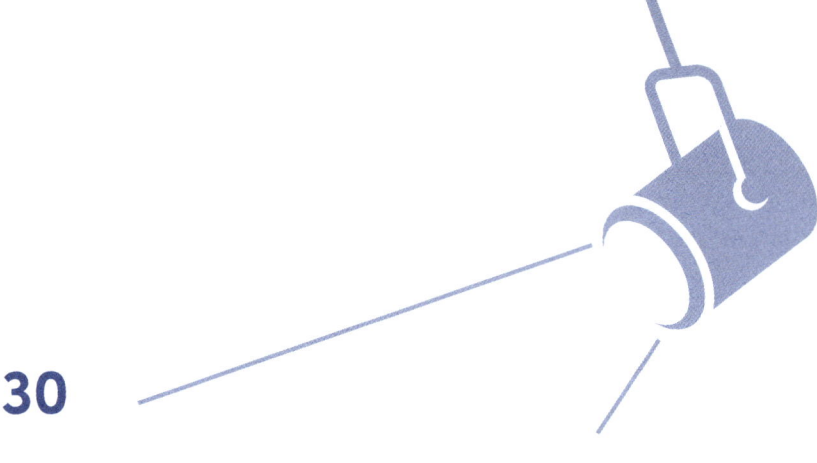

30

KOMMT GUT
NACH HAUSE

Ich sitze in meiner Garderobe, gleich geht es auf die Bühne. Eigentlich hat sich so gut wie nichts verändert in den fast drei Jahrzehnten, seit ich das letzte Mal hier in Koblenz in der Rhein-Mosel-Halle war.

Aber es gibt zwei wichtige Unterschiede:

Erstens: Ich bin heute nicht einfach ein Programmpunkt auf einer bunten Karnevalssitzung, nein ich trete diesmal solo auf. Niemand im Hühnchen-Kostüm rennt herum, auch keine Regieassistentin, die ich beeindrucken muss. Zudem werde ich auf der Bühne keine prominenten Politiker parodieren – das machen die meisten heutzutage selbst –, sondern ich werde versuchen, ich selbst zu sein.

Zweitens: Im Gegensatz zum 13. Februar 1988, als ich ganz real diese große Bühne betrat und ein Publikum von fast eintausendfünfhundert Personen begeisterte, stelle ich mir jetzt dies alles nur vor und sitze in Wirklichkeit im idyllischen Garten meiner Eltern in der schönen Südpfalz.

Die Arbeit an diesem Buch war für mich nicht nur eine einfache Erinnerungsreise, sondern ich habe viel über mein Leben und Han-

244

deln reflektiert. Jetzt bereite ich mich auf eine weitere gedankliche Begegnung mit meinem inneren Wächter vor. Ich unternehme noch einmal eine gedankliche Reise in mein Innerstes, um zu Ende zu bringen, was ich angefangen habe.

Während ich in Gedanken in der Rhein-Mosel-Halle bin, kann ich fast den Muff der alten Garderobe riechen. Ich sehe noch einmal in den mit Glühbirnen umrahmten Spiegel, dann stehe ich auf und gehe den schmalen Gang seitlich zur Bühne entlang, so wie ich dies vor knapp dreißig Jahren ganz real gemacht habe. Wieder schaue ich im Schutz des Seitenvorhangs ins Publikum. Die Halle ist heute nicht voll und im Gegensatz zu 1988 sitzen die Gäste nicht an Tischen und trinken fröhlich Wein und Bier, sondern in Reih und Glied wie im Theater. Obwohl es gemessen an der Größe des Raums nicht viele sind, ist es doch erstaunlich, wie viele es sind. Mein ganzes Inneres Team ist hier versammelt.

Jeder Mensch nimmt unterschiedliche Rollen ein, je nachdem in welcher Situation er sich befindet. Zu Hause hat man eine andere Rolle als im Beruf, als Kind meiner Eltern habe ich nicht die gleiche Rolle wie als Vater. Das ist gut so und gesund. Allerdings kann es auch starke Diskrepanzen zwischen den Rollen geben und darunter leidet die Authentizität. Vielleicht ist jemand bei den Eltern noch immer das brave Kind, seiner Frau und den Kindern gegenüber verhält er sich dagegen autoritär und im Beruf sorgt er »hintenrum« dafür, dass andere Kollegen schlecht wegkommen. Die Charaktereigenschaften passen nicht zusammen, ungute Verhaltensweisen im einen Bereich sorgen für ungute Verhaltensweisen in anderen, die Unterwürfigkeit gegenüber den Eltern wird durch autoritäres Gehabe gegenüber Frau und Kindern »ausgeglichen«. Auch bei meinem inneren Team gibt es Rollen, die mir nicht guttun.

Ganz vorne, ziemlich in der Mitte, ist *Bernd der Übergewichtige*. Er passt kaum in den Theatersitz und ist innerlich noch gar nicht bereit für das, was sich gleich auf der Bühne abspielen wird. Im Moment ist er dabei, mit Geduld und buchstäblicher Spucke einen Schokoladenfleck auf der Brusttasche des weißen Hemdes in die Unsichtbarkeit zu rubbeln, um so den vorangegangenen Fressanfall fürs Licht der Welt ungeschehen zu machen. Gleichzeitig schiebt er ganz nebenbei mit seinem rechten Fuß die leere, glänzend rote Ritter-Sport-Marzipan-Schokoladen-Verpackung, die er absichtlich zu Boden fallen ließ, unter den Nachbarsitz.

Genau dies beobachtet *Bernd der auffällig Laute*, der schräg dahinter sitzt und kaum einen Gedanken für sich behält. Er kommentiert nahezu alles, was er wahrnimmt, so auch jetzt: »Hallo! Hey! Dir ist da ein Schokoladenpapier auf den Boden gefallen. Du hast es gerade aus Versehen mit deinem Fuß unter den anderen Sitz geschoben. Das Papier gehört aber bitteschön in den Müll!«

Ganz am Rand, in derselben Reihe, sitzt *Bernd der Selbstmitleidige*. Er sagt nichts und er macht nichts. Allerdings kann man an seinem Gesicht mühelos seine Gedanken ablesen: »Ich habe hier einen richtig schlechten Platz. Spielt ja aber sowieso keine Rolle! Ob ich hier bin oder nicht, ist vollkommen egal. Mich nimmt eh niemand wahr!« Just in diesem Moment zwängt sich jemand an ihm vorbei, um zu seinem Platz zu gelangen, und tritt dem Selbstmitleidigen heftig auf die Füße. »Aua! Das hat wehgetan! Na ja, mit mir kann man es ja machen! Mich nimmt eh keiner wahr!«, reagiert der Selbstmitleidige. Der, der ihm auf den Fuß getreten hat, ist Bernd der Dominante: »Du bist mir gar nicht aufgefallen. Hättest ja auch aufstehen können, dann wäre ich besser durchgekommen.«

»Dass die, die in der Mitte sitzen, immer auf den letzten Drücker ihre Plätze einnehmen müssen. Unmöglich!«, kommentiert Bernd der auffällig Laute von der Seite.

Bernd der Überpünktliche, der ein paar Reihen dahinter sitzt und das Ganze beobachtet hat, gibt ebenfalls seinen Senf dazu: »Ich kann das auch nicht verstehen. Ich bin schon vor über zwei Stunden zu Hause los. Ich wohne zwar um die Ecke, aber sicher ist sicher. Es kann immer mal was dazwischenkommen und da braucht man einen ordentlichen Puffer.«

Der Dominante, der sich auf seinem Platz nicht wohlzufühlen scheint, steht auf und geht erneut zum Selbstmitleidigen:»Ich möchte bitteschön am Rand sitzen. Ich sitze da einfach bequemer! Rutschst du zwei Plätze rein?«, kleidet er eine klare, unmissverständliche Aufforderung in den Tonfall einer Frage. Der Selbstmitleidige steht sofort auf, fühlt sich angegriffen, murmelt etwas in jämmerlichem Ton vor sich hin und verlässt erst einmal den Theatersaal. Sofort setzt Bernd der Dominante sich sichtlich zufrieden auf den frei gewordenen Platz und ruckelt sich in dem Sitz in eine bequeme Zuschauer-Position:»Wirklich ein guter Platz! Genau richtig für mich!«

Mittlerweile hat Bernd der Übergewichtige, ohne viel Aufsehen zu erregen, seinen rechten Schuh ausgezogen, mit dem Fuß das Schokoladenpapier in diesen hineinbefördert und ihn wieder angezogen. Simsalabim, Schokoladenverpackung ist weg! Und es hat anscheinend niemand mitbekommen. Oder doch?!»Das hast du aber geschickt gemacht!«, kommentiert Bernd der auffällig Laute.

Mittlerweile hat der Selbstmitleidige den Saal verlassen und die Seitentür hinter sich zugedrückt. Direkt vor der Nase von *Bernd dem Chefankläger*, der gerade den Theatersaal betreten möchte und sofort beginnt, ihn vorwurfsvoll anzuklagen:»Siehst du nicht, dass ich sehr, sehr schwerbehindert bin?! Du solltest mir die Tür aufhalten und nicht vor der Nase zuschlagen!«

Bernd der Selbstmitleidige erschrickt und hält Ausschau nach einem Garderobenhaken, an dem er sich unter Umständen aufhängen könnte, ist aber schnell überzeugt davon, dass auch dies niemandem auffallen würde. Keiner würde ihn vermissen.

Gedankenversunken läuft er so Bernd dem Mutmacher in die kurzen Arme: »Na du siehst aber traurig aus.«

»Das fällt dir auf?«

»Aber sicher! Kann ich dir vielleicht irgendwie helfen?«

Die beiden beginnen ein Gespräch und Bernd der Mutmacher überzeugt Bernd den Selbstmitleidigen, mit ihm zurück in den Theatersaal zu gehen. Dort setzen sie sich nebeneinander. Bernd der Selbstmitleidige begrüßt demonstrativ freundlich einen Typen, der zwei Sitze weiter sitzt. Es ist *Bernd der Therapeut*, der diese Begrüßung zunächst nicht mitbekommt. Der Selbstmitleidige, erneut verunsichert, versucht, eine belanglose Konversation zu inszenieren: »Wissen Sie, wann das Ganze hier beginnt?«

»Nein!«, antwortet Bernd der Therapeut. »Wir können aber, wenn du willst, gerne darüber reden.«

Schräg dahinter liest *Bernd der Gläubige* in seiner Bibel-App auf seinem Smartphone. *Bernd der Zweifler* sitzt direkt dahinter, und schüttelt darüber verständnislos den Kopf.

Vorne links, an eine Säule angelehnt, telefoniert *Bernd der Unentbehrliche*. Er tut dies so laut, dass Bernd der Laute eifersüchtig wird und Bernd der Dominante sofort beginnt, so ausdrucksstark mit dem Kopf zu schütteln, dass Bernd der Unentbehrliche ziemlich schnell sein Telefonat beendet. Allerdings vergisst er, sein Handy stummzuschalten.

Bernd der Harmonisch-Verbindende, der ziemlich zentral in der Mitte des Saales sitzt, nimmt die angespannte Stimmung und die unterschwelligen Aggressionen wahr, geht zur Bühne und steigt dort seitlich die Treppe hinauf. »Um die Zeit, bis es losgeht, zu überbrücken, möchte ich euch einen Witz erzählen.«

Bernd der Harmonisch-Verbindende macht das so gut, dass fast alle lachen müssen. Danach beginnen sogar ein paar, sich miteinander zu unterhalten. Die Stimmung wird gelöster, fröhlicher und deutlich harmonischer und Bernd der Harmonisch-Verbindende geht zurück zu seinem Platz. Nur Bernd der Übergewichtige ist nicht ganz bei der Sache, da andere Gedanken ihn ablenken: »Ich hatte doch irgendwo noch gesalzene Erdnüsse?!«

»Was für unterschiedliche Bernds es doch gibt«, denke ich und wandere mit dem Blick zu meinem inneren Wächter, der in der Mitte des Saales Platz genommen hat.

»Meine sehr verehrten Damen und Herren, begrüßen Sie mit einem anerkennenden Applaus den Rampenbär!«, tönt es aus dem Lautsprecher und ein Scheinwerfer geleitet mich zu einem Mikrofonständer, der selbstverständlich an der Bühnen-Rampe aufgestellt ist. Mein Publikum reagiert abwartend, verhalten. Kaum Beifall. Nur Bernd der Selbstmitleidige klatscht wie gestört, was aber niemand so recht wahrnimmt. Es gibt keine großen Lichteffekte, nur eine ganz normale Bühnenbeleuchtung. Jetzt ist nicht die Zeit für eine große Show. Auch wird das Saallicht nur gedimmt und nicht ausgeschaltet, schließlich will ich die Reaktionen meines Publikums, meiner Charaktereigenschaften, erkennen können.

»Guten Abend!«, beginne ich und mein Blick fällt unweigerlich sofort auf den Wächter, der abwartend und zugleich erwartungsvoll dreinschaut. »Danke, dass ihr alle gekommen seid.«

»Keine Ursache. Ich hatte sowieso nichts Besseres vor«, ruft Bernd der Dominante.

»Das wollte ich auch gerade sagen!«, ergänzt Bernd der auffällig Laute.

»Psst! Lasst ihn doch bitte aussprechen«, ermahnt Bernd der Harmonisch-Verbindende und achtet dabei penibel auf die Tonart der gewaltfreien Kommunikation.

Ich setze erneut an: »Was ich euch heute Abend zu sagen habe, fällt mir nicht leicht. Nein! Es kostet mich sogar eine ganz schön große Portion an Überwindung.«

»Hab ich's doch gewusst. Das wird ein Scheiß-Abend«, murmelt Bernd der Selbstmitleidige für seine Verhältnisse recht laut vor sich hin. »Ich gehe. Ist sowieso egal, ob ich hier bin oder nicht.«

Er will aufstehen, wird aber vom Mutmacher zurückgehalten: »Nun warte doch erst einmal ab, was er zu sagen hat. Du bist für ihn ein wertvoller Teil des Publikums.«

»Wenn du meinst«, lässt Bernd der Selbstmitleidige sich überzeugen und setzt sich wieder hin.

Bernd der Therapeut beugt sich über ihn hinweg, um Bernd den Mutmacher anzusprechen: »Du kannst aber nicht sein Leben lang auf ihn aufpassen und ihn vor allem bewahren!«

»Das geht so nicht!«, denke ich und äußere dies auch: »Ich bitte euch nun eindringlich um eure uneingeschränkte Aufmerksamkeit und Konzentration.«

»Vogel der Nacht, flieg hinauf bis zum Mond«, ertönt ein Lied von Stephan Remmler aus dem Jahr 1988 in der Version von Heino von 2013. »Schaue von dort, wo die Liebste jetzt wohnt!«, dudelt der Handy-Klingelton von Bernd dem Unentbehrlichen munter weiter.

Bernd der Übergewichtige nutzt die willkommene Geräuschkulisse, um die wiedergefundene Erdnusstüte aufzubeißen. Unterdessen drückt Bernd der Unentbehrliche hektisch lauter falsche Knöpfe und der Heino-Loop geht weiter. »Mach dein blödes Handy aus, du Vollspacken!«, schreit Bernd der Dominante und wieder wird er von Bernd dem auffällig Lauten ergänzt: »Unverschämtheit! Manche halten sich echt für unentbehrlich!«

»Vogel der Nacht, flieg hinauf bis zum Mond …«

»Mobiltelefone sind hier drin verboten!«, skandiert Bernd der Chefankläger: »VER-BO-TEN!«

»Selig sind die Friedfertigen!«, ruft Bernd der Gläubige dazwischen.

»Wer's glaubt, wird selig!«, kommentiert Bernd der Zweifler.

»Vogel der Nacht …«

»Ich finde die Musik aus dem Mobiltelefon jetzt auch störend«, traut sich Bernd der Selbstmitleidige auszurufen, was allerdings niemand mitbekommt.

»… flieg hinauf bis zum Mo …«

Die Mobilbox übernimmt. Gut so.

Gerade will Bernd der Dominante in die überraschende Stille hineingrätschen, da bläht sich der Wächter auf und räuspert sich so ausdrucksstark, dass keiner mehr wagt, auch nur einen Mucks zu tun. Wie ein Donnergrollen breitet sich sein Räuspern im gesamten Theatersaal aus. Bernd der Übergewichtige müsste eigentlich husten, weil er sich vor Schreck an einer Erdnuss verschluckt und gleichzeitig die fast leere Tüte fallen lässt, unterdrückt diesen Huster aber erfolgreich. Da sein linker Fuß dicker ist als sein rechter, ist im linken Schuh nicht genug Platz, und rechts wurde bereits das Schokoladenpapier deponiert. Diesmal muss das Wegkicken der Erdnuss-Tüte nach hinten unter die Stuhlreihen also unentdeckt bleiben. Es klappt.

Ich spüre deutlich, dass der Wächter mir einen langen Korridor freigeräuspert hat, in dem ich jetzt sprechen kann, ohne unterbrochen zu werden.

»Ihr lieben Charaktereigenschaften. Wenn ich mir einmal so das Größenverhältnis der Bühne im Vergleich zur Größe des Saales ansehe, dann nehmt ihr doch einen erheblichen Raum ein. Seit meiner Geburt gehört ihr alle zu mir. Manche von euch haben sich mit der Zeit intensiver entwickelt und wurden nach und nach sichtbar und aktiv. Ihr habt ständig dafür geackert, dass ich leben und manchmal einfach nur überleben kann. Sogar *Bernd der Ängstliche*, der sich hier bisher noch gar nicht hervorgetan hat und zusammengekauert dort hinten am Notausgang sitzt, war mir manches Mal hilfreich. Viele Hindernisse, die sich in meinen Lebensweg gestellt haben, hat der

Dominante in mir einfach niedergewalzt. Zum Beispiel die alte Dame im Linienbus in Mainz.«

Selbstgefällig und zufrieden schaut sich Bernd der Dominante, Anerkennung erwartend, um.

»Manchmal war das gut, doch manchmal habe ich zu spät bemerkt, dass mich dieses Niedertrampeln viel Kraft gekostet hat. Ich habe andere damit unnötig verletzt und danach sehr rasch Hilfe bei Bernd dem Übergewichtigen, der eigentlich Bernd der Süchtige heißen müsste, gesucht.«

Bernd der Dominante schaut betont beleidigt zu Boden und Bernd der Übergewichtige verschluckt sich erneut, diesmal nicht an irgendeiner Erdnuss, sondern an der Bezeichnung »Bernd der Süchtige«.

»Jeder von euch hat ständig gewirkt und irgendetwas in mir und in meiner Umwelt bewirkt. Vieles, ja sehr vieles davon war richtig gut. Besonders Bernd den Humorvollen habe ich immer mehr schätzen gelernt. Ich denke aber auch an *Bernd den Unerschrockenen*. Gerade er hat mir immer wieder geholfen, ohne Berührungsängste auf Menschen zuzugehen. *Bernd der Herzen-Gewinnende* ist mir immer sehr treu zur Seite gestanden. Er hat dabei geholfen, dass Menschen sich mir gerne zugewandt und mich unterstützt haben, wie zum Beispiel die Genetikerin aus Mainz. Oder auch *Bernd der Spontane*! Was für ein Pfundskerl! Wenn ich nur daran denke, wie er die fünf Röhrchen am Schießstand in Berlin abgeräumt und Kerstin den Plüsch-Storch geschossen hat! Oder *Bernd der Kreative*. Wie habe ich all meine zahlreichen Auftritte auf kleinen und großen Bühnen genossen! Ob mit oder ohne Handpuppe Erwin. Wunderbar! Ein Dank auch an *Bernd den Mutigen*, der mich unter anderem in Marburg bei der Sache mit dem Pornofilm gerettet hat.

Manches aber war grottenschlecht. Ich wusste es nicht besser und ihr auch nicht. Deshalb danke ich euch. Warum? Weil die Absicht, in der ihr gehandelt habt, stets eine gute war. Sogar die von Bernd dem Süchtigen. Ihr habt mein Leben bunt gemacht. Danke!«

Alle werfen sich anerkennende Blicke zu. Nur Bernd der Selbstmitleidige schaut zu Boden und raunt:»Bunt?! Dass ich nicht lache! Da bin ich wohl eher das schmutzige Grau.«

»Oh ja, bunt habt ihr mein Leben gemacht«, fahre ich fort. »Manchmal aber auch unnötig schwer und viel zu schnell. Ich habe nur wenig darüber gelernt, wie man Probleme und Schwierigkeiten etwas länger aushalten kann. Oder wie man sich Zeit lässt, um eine Lösungsstrategie zu entwickeln. Dies hat vor allen Dingen Bernd der *Verdrängungs-Meister*, der hier vorne direkt neben Bernd dem Übergewichtig-Süchtigen sitzt, verhindert.«

Ich gebe der Bühnentechnik ein Zeichen und der Deckenscheinwerfer, der eigentlich die Bühne erhellen soll, dreht sich um seine eigene Achse und leuchtet in den Balkonbereich, wo die meisten Plätze frei sind. Doch in der Mitte der ersten Reihe sitzen tatsächlich noch zwei: *Bernd der Alleskönnen-Müsser* und *Bernd der scheinbar Zu-kurz-Gekommene*, die sich bisher in die Unscheinbarkeit verzogen hatten. Erst bei ganz genauem Hinsehen kann man erkennen, dass die beiden wie siamesische Zwillinge zusammengewachsen sind.

»Bernd der scheinbar Zu-kurz-Gekommene hat Bernd den Alleskönnen-Müsser ununterbrochen auf Trab gehalten. In der Kombination mit so manchen Menschen aus meiner Umwelt habt ihr beiden einen enormen Leistungsdruck und Leistungszwang befriedigt!«

Alle aus dem Theater-Parkett drehen sich um und schauen nach oben zu den beiden auf dem Balkon, nur einer nicht. Der Wächter! Er sieht mich zufrieden an.

Der Scheinwerfer dreht sich nun wieder auf mich und ich setze meine kleine Rede fort: »Hier und heute ist keineswegs der Tag der Abrechnung! Nein! Ich habe mein Leben weitgehend genossen. Ich liebe die bunten Facetten an mir. Ich bin dankbar für all die menschlichen Begegnungen. Die Erfahrungen, die ich sammeln durfte. Dabei wart ihr mir eine Hilfe.«

Ein paar fangen an zu klatschen und Bernd der Dominante steht auf, dreht sich um seine eigene Achse und verbeugt sich mehrfach.

Auch davon lasse ich mich nicht irritieren:»Wie gesagt, ihr wart alle pausenlos sehr aktiv und koordiniert wurden eure Aktivitäten von ihm!«

Spot auf den Wächter!

»Mein innerer Wächter. Irgendwie hat er mich mit euer aller Hilfe immer durchgebracht. Leider habe ich ihm, genau wie euch, viel zu lange viel zu viel Macht eingeräumt. Bitte entschuldigt. Ich habe euch oft überfordert. Habe nicht erkannt, wie hilflos ihr manchmal wart.«

»Das hat er jetzt schön gesagt«, bemerkt Bernd der Selbstmitleidige.

»Ich habe ja nicht einmal den hilflosen *Bernd* in mir erkannt oder erkennen wollen«, fahre ich fort und nicke einer Person in der neunten Reihe am linken Rand zu.

Auch die anderen haben *Bernd den Hilflosen* nicht registriert, obgleich er schon seit geraumer Zeit erfolglos versucht, mit seinen kurzen Armen den Klappsitz so nach unten zu drücken, dass er sich setzen kann.

»Um Bernd den Hilflosen erkennen zu können, hätte ich zunächst Bernd den Süchtigen und Bernd den Verdrängungs-Meister rausschmeißen müssen. Ich habe zwar von Kindesbeinen an gelernt, um Hilfe zu bitten, und dies halte ich auch heute noch für eine wertvolle Eigenschaft, aber dabei habe ich nicht bemerkt, dass die siamesischen Zwillinge vom Balkon umso aktiver wurden, je hilfebedürftiger ich wurde. Nach jeder Phase der Hilflosigkeit habe ich meist ein neues Projekt angeleiert, um auch auf der Habenseite der Leistungsbilanz Pluspunkte zu sammeln. Immer mal wieder hat dann *Bernd der Zornige* die Regie auf meiner Lebensbühne übernommen.«

Unruhiges Gemurmel ertönt, alle sehen sich verwundert um, und ich erkläre:»Ihr braucht euch nicht suchend umzuschauen. Bernd dem Zornigen wurde von allerhöchster Stelle verboten, heute an dieser Veranstaltung teilzunehmen. Das funktioniert tatsächlich: Zorn kann man sich verbieten!«

Nach einer Pause fahre ich fort:»Der Wächter hat mir unlängst alle meine Ablenkungen vor Augen geführt und mit Recht gefragt, wo in meinem Leben denn Gott sei. Damals hat mich diese Frage unter Druck gebracht, heute gebe ich hier überzeugt eine tiefe Herzens-Erkenntnis als Antwort: Gott, lieber Wächter, ist in mir drin! Jesus Christus wohnt in meinem Herzen!«

Erneut geht ein Raunen durch den Saal und nur der Wächter schaut sehr konzentriert zu mir. Ich fühle mich leicht und frei und spreche weiter:»Deshalb, ihr alle da unten, möchte ich so manche von euch ab sofort in den Vorruhestand oder zumindest in die Kurzarbeit befördern. Nur einer, wirklich nur ein Einziger, durfte heute und darf auch in Zukunft hier oben auf die Bühne. Mitten ins Rampenlicht. Ihn will ich euch und der ganzen Welt heute vorstellen. Schaut her und seht, hier steht er:

Bernd der von Gott Geliebte!

Von heute an will ich deutlich mehr Zeit hinter den Kulissen verbringen und mich von Gott lieben lassen. Will nicht mehr so intensiv zwischenmenschliche Beziehungen und Umstände erforschen, sondern die göttliche Liebe neu und immer intensiver kennenlernen. Wenn mir dies gelingt, wird man in keinem Schuh mehr Schokoladenpapier und unter keinem Sitz mehr Erdnusstüten finden.«

Bernd der Übergewichtig-Süchtige fällt fast vom Stuhl.

»Ich weiß nicht, ob es mir gelingen wird, aber ich bin guten Mutes. Dies deshalb, weil ich meinen inneren Regieraum neu hergerichtet habe. Dort sollen ab sofort wieder Vater, Sohn und Heiliger Geist das Kommando übernehmen. Ich will dieser göttlichen Liebe, deren goldenes Herz in mir niemals aufgehört hat zu schlagen, neu glauben und neu vertrauen.«

In dem Moment, als ich dies ausspreche, leuchtet mich der Scheinwerfer komplett aus und ich werde kurz geblendet, spreche aber unbeirrt weiter: »Und beim weiteren Kennenlernen dieser Liebe Gottes will ich mich vom Heiligen Geist leiten lassen. Von göttlichen Wahrheiten, die so oft von weltlichen Umständen zugebaut sind.

Im ersten Johannesbrief (Kapitel 4, Vers 16) heißt es: ›Und wir haben die Liebe, die Gott zu uns hat, erkannt und geglaubt: Gott ist Liebe, und wer in der Liebe bleibt, der bleibt in Gott, und Gott bleibt in ihm.‹ Von dieser Liebe will ich mich leiten lassen und nicht von euch da unten und auch nicht, nimm es mir nicht übel, auch nicht mehr von dir, mein innerer Wächter!«

Ich will ihn anlächeln, meinen inneren Wächter, doch sein Platz ist leer.

Ein Geräusch! Ich drehe meinen Kopf und nehme wahr, wie der Lichtschein, der von draußen hereindringt, von einer zufallenden Seitentür verschluckt wird.

Regungslos verharrt mein Blick in dieser Richtung. Zwei, drei Tränen rinnen über meine Wangen und ich bin ein wenig aufgewühlt.

»Schnell! Beeil dich! Geh ihm nach!«, hallt es aus einigen Ecken im Saal.

Aber ich bleibe. Ich stehe! Ich stehe fest! Ich stehe fest im Licht!

Ich wende mich wieder an mein Auditorium: »Ich danke euch! Kommt gut nach Hause oder dorthin, wo ihr hingehört!«

Einen Moment werde ich still und denke an Gott, der mich gemacht hat. Der mich *wunderbar* gemacht hat, ergänze ich mutig. Dieser Gott, dessen Sohn Jesus ich ganz bewusst als meinen Meister angenommen habe und der seither in meinem Herzen wohnt. Dieser Jesus steckt mit seinem Heiligen Geist in mir drin. Mit ihm stehe ich kraftvoll auf dieser Bühne und auf jeder anderen Bühne meines weiteren Lebens.

Dann fällt der Vorhang. Verbeugen tue ich mich diesmal nicht. Stattdessen verweile ich mit meinem Jesus gemütlich hinter den Kulissen.

EPILOG: VORWORT FÜR DIE ZWEITE HÄLFTE

Und was kommt ganz zum Schluss?! Redensartlich »das Beste« und in der Realität: die Beerdigung, Bestattung, Trauerfeier, Abschiedsfeier oder, oder, oder.

Oh ja, ich will Abschied nehmen. Abschied von einer scheinbaren Kleinigkeit. Eine Kleinigkeit aber, die, wenn sie endgültig zu Grabe getragen wird, mehr Befreiung, mehr Frieden und mehr Entspannung bewirken kann.

Es geht nur um einen einzigen, kleinen Buchstaben, von dem ich mich in einem bestimmten Satz, in einem bestimmten Wort trennen möchte. Hinzugefügte oder weggelassene Buchstaben können Wörtern komplett andere Bedeutungen geben, so ist beispielsweise der Barsch dankbar für sein »b«.

Ich will mich von einem »r« trennen. Dem Buchstaben »r« im Wörtchen »recht«, und zwar in der Redensart: »Jetzt erst recht!«

Befragt man die Suchmaschine Google nach der Bedeutung dieses Ausspruchs, so erhält man folgende Antwort: »*Jetzt erst recht* drückt aus, dass man etwas trotz Widerstand, widriger Umstände oder eines Rückschlags tut bzw. tun will. Wer es äußert, gibt sich kämpferisch.« So ist es. Und jetzt, wo vielleicht gerade die zweite Hälfte meines Lebens angebrochen ist oder vielleicht das letzte Drittel oder gar das letzte Viertel, möchte ich gerne nicht mehr so viel kämpfen. War es mir in der Vergangenheit oft zu wichtig, Kämpfe zu gewinnen und Dinge durchzusetzen, möchte ich jetzt mein Augenmerk mehr auf Achtsamkeit, Entschleunigung und Authentizität legen. Aus »Jetzt erst recht!« wird: »Jetzt erst echt!«

Heißt das, dass ich bis dato weitgehend unecht gelebt habe? Auf keinen Fall! Vielleicht aber habe ich es an manchen Stellen einfach nicht besser gewusst und jemanden dargestellt, der ich gar nicht bin. Oder nicht mehr bin oder jetzt nicht mehr zu sein brauche.

Bis an mein Lebensende möchte ich nicht aufhören, immer wieder Neues kennenzulernen, wie Paulus schreibt: »Wenn also jemand in Christus ist, so ist er neu geschaffen: das Alte ist vergangen, siehe, ein Neues ist entstanden!« (2. Korinther 5,17).

Diesen Vers zu lesen oder auszusprechen dauert ungefähr zehn Sekunden; ihn in der Tiefe zu verstehen, zu verinnerlichen und zu verstoffwechseln, nahezu ein ganzes Leben. Meistens ist es sehr gut, sehr wohltuend, wenn etwas Neues entsteht. Im letzten Jahr haben wir unser Wohnzimmer renovieren lassen. Neuer, heller Boden. Frisch gestrichene Wände. Eine neue Schrankwand und ein richtig schöner, neuer, heller Teppich. Wir freuen uns so sehr darüber. Im Vorfeld musste für diese Renovierung aber recht viel organisiert und koordiniert werden. Mit den Handwerkern wurde geplant, und Kerstin und ich besuchten Möbelgeschäfte.

Wenn Gott etwas Neues schafft, dann geschieht dies dagegen recht einfach. Wenn? Jawohl: wenn ich es zulasse.

Im Gegensatz zu meinen zahlreichen Charaktereigenschaften, die ich im letzten Kapitel bildlich im Zuschauerraum des Theaters angesprochen habe, ist Gottes Charakter durch eine Kraft, durch eine Macht, gekennzeichnet: Liebe! Diese selbstlose, nicht sinnliche, ja eben göttliche Liebe, die im Altgriechischen in dem Wort Agape zusammengefasst ist, ist vollkommen selbstlos, ganz im Gegensatz zu der seelischen Liebe, die sich meist ausschließlich um sich selbst dreht. Mein innerer Wächter hat permanent versucht, dieses »Selbst« in mir zu befriedigen, zu streicheln, zu trösten, bunt anzumalen, zu schmücken, zu füttern und, und, und. Doch Gott will aus dieser ichzentrierten Liebe eine selbstlose Liebe machen. Möchte, dass ich dieses »Selbst« loswerde. Möchte dieses »Selbst« in seiner Liebe, eben in dieser Agape, auflösen.

Das liest sich nun ganz schön kompliziert und ich will unter keinen Umständen versuchen, auf den allerletzten Seiten aus meiner Autobiografie ein theologisches Werk zu machen. Dies würde mir niemals gelingen und ich will es für alle Ewigkeit denen überlassen, die dies können. Ich schreibe einfach nieder, was ich glaube, was Gott mir offenbart hat. Solche Offenbarungen finden bei mir häufig ganz profan in scheinbar unbedeutenden Alltagssituationen statt. Was das Neumachen oder Neuwerden betrifft, hatte ich unlängst ein solches Aha-Erlebnis in einem asiatischen Restaurant bei uns um die Ecke, welches meine Familie und ich gerne besuchen, weil das Essen dort so lecker ist.

In diesem Restaurant kann man bei jedem Gericht wählen, ob man es nicht scharf, leicht scharf oder scharf haben möchte. Hat man die ersten Bissen gegessen, kommt die Chefin jedes Mal an den Tisch und fragt in ihrem sympathisch gebrochenen Deutsch: »Isse su sarf?«

In aller Regel schmeckt es wunderbar und ist genau richtig gewürzt. Zudem gibt man es selten offen zu, wenn es einem tatsächlich nicht so schmeckt. Und wenn doch, dann höchstens in der Hoffnung, dass der Gastwirt etwas vom Preis nachlässt. Was soll auch sonst getan werden, wenn das Essen zu scharf ist?

»Isse su sarf? – Das ist doch eine total rhetorische Frage«, dachte ich lange Zeit. Einmal aber war mein Essen so scharf, dass ich es nicht genießen konnte. Ich glaube, ich hatte ob der Schärfe Tränen in den Augen, welche die Restaurantchefin schnell dazu brachten, an unseren Tisch zu kommen. Diesmal wandelte sie das Fragezeichen in drei Ausrufezeichen um: »Oh! Isse su sarf!!!«

»Jo«, hauchte ich ihr wie »Grisu, der kleine Drache« ehrlich entgegen und war gespannt, was nun passieren würde.

»Isse keine Probleme! Einfach neu macke! Macke alle neu!«, strahlte mich die Asiatin an, nahm meinen Teller und verschwand in der Küche. Nach etwa zehn Minuten kam sie mit einem ganz neuen Gericht und stellte den Teller mit den Worten vor mich: »So! Alle neu gemackt!« Ich bedankte mich sehr und genoss das wunderbare Essen.

So wie ich mir nicht vorstellen konnte, dass mein Essen komplett neu gemacht wird, wenn es mir zu scharf ist, konnte ich mir lange nicht vorstellen, dass Gott mich in Christus neu gemacht hat und dies immer mehr hervorkommen will und auch kann, wenn ich es erlaube und mich entsprechend darauf ausrichte. Auch heute noch habe ich immer wieder Schwierigkeiten, dies zu glauben.

Wenn ich beispielsweise nackt vor dem Spiegel stehe und die Folgen der jahrelangen Völlerei betrachte, muss ich eher denken: »Isse nitte mehr so sarf!« Im Moment allerdings gelingt es mir ganz gut, solche destruktiven und düsteren Gedanken zu stoppen und in die Wüste zu schicken. Stattdessen bekenne ich dann einmal gerne in den Spiegel: »Jesus macke alle neu!«, und weiß dabei, dass sich dies in allererster Linie auf mein Inneres bezieht. Jawohl: »Jesus macke alle neu!«

Unter dem Motto »Jetzt erst recht!« bin ich in der Vergangenheit in meinem Leben mit jedem Versuch, abzunehmen, mit jeder Diät, langfristig total gescheitert. Mit der neuen Lebenseinstellung »Jetzt erst echt!« will ich versuchen, mich so anzunehmen, wie ich bin, weil Gott mich angenommen hat. Wenn ich dieser göttlichen Liebe in meinem Herzen wirklich glaube und vertraue, wird nichts mehr unmöglich sein.

Ich bin also auch am Ende dieses Buches auf dem Weg und werde wohl immer auf dem Weg bleiben. Dabei steht meine Zeit in Gottes Händen.

Ich möchte diesen Weg im Licht gehen.

Es muss aber nicht immer das Rampenlicht sein!

DANK

Mein ganz besonderer Dank gilt …

… meiner geliebten Frau Kerstin. Wenn sie mich im Jahr 2005 nicht ermutigt hätte, mich selbstständig zu machen, hätte ich niemals den Freiraum gehabt, dieses Buchprojekt erfolgreich anzugehen und abzuschließen.

Auch musste sie gerade während der heißen Phase des Schreibens häufig auf mich verzichten. Wenn Sie mir am Wochenende beim Frühstück die Frage stellte: »Was machen wir heute?«, antwortete ich häufig: »Also, ich muss schreiben.«

… Annika, meiner lieben Tochter. Sie hat vielleicht den entscheidendsten Anteil daran, dass ich meinen Schreibstil finden konnte. Sie war meine allererste Lektorin und ich war und bin verblüfft, wie treffend und effektiv sie mir geholfen hat, manches detaillierter zu beschreiben und auch vieles wegzulassen. Ganz gleich, wo wir beide über dieses Buch gesprochen haben – ob im Hotel in Essen oder im Restaurant in Hagenbecks Tierpark, wir beide konnten ohne Probleme sofort eintauchen in die Materie.

… meinem Sohn David. Auch er war ein sehr geduldiger und empathischer Zuhörer und ein kluger Ratgeber, wenn ich wieder etwas Neues zustande gebracht hatte.

… meinen wunderbaren Eltern. Ohne sie gäbe es mich nicht. Ohne ihren ungeheuren Mut, ihr Durchhaltevermögen und ihre Liebe wäre mein Lebensweg bestimmt ganz anders verlaufen.

… dem SCM Verlag. Es war wirklich eine richtig gute Zusammenarbeit!

Im Besonderen möchte ich Silke Gabrisch erwähnen, die zwar inzwischen nicht mehr beim SCM Verlag arbeitet, mich damals aber quasi entdeckt hat. Sie schrieb mir die E-Mail mit der Frage: »Hätten Sie nicht Lust ein Buch zu schreiben?« Dankeschön, Frau Gabrisch!

Markus Beier sprang eine längere Zeit vertretungsweise ein und wir hatten richtig gute und hilfreiche Telefonate.

Tabea Halbmeyer, meine Haupt-Lektorin, habe ich sehr schätzen gelernt. Sie versteht es wirklich großartig, dort nicht mit Lob zu sparen, wo es etwas zu loben gibt, war aber stets kühn genug, dort korrigierend einzugreifen, wo ich mich vergaloppiert hatte. Ich bin wirklich froh, dass wir uns kennengelernt haben.

Meine sogenannte »Außenlektorin« Christiane Kathmann habe ich in der Stadt kennengelernt, in der ich als kleiner Junge im Giraffenhaus eine alte Dame verblüffte: in Karlsruhe. Nicht nur ihre hohe Professionalität beeindruckt mich, auch ihre Echtheit und Authentizität. Ich bin wirklich sehr dankbar für ihre Hilfe, ihre Schnelligkeit, ihre Zuverlässigkeit und ihre Unaufgeregtheit. Natürlich auch für ihre Geduld. Kaum ein Komma saß richtig. Jetzt schon. Dankeschön!

… Tom Pingel, dem Titel-Fotografen, der mich einen halben Tag lang ruhig, besonnen und höchst professionell durch ein Fotoshooting führte, welches uns beiden viel Freude bereitet hat.

In diesem Zusammenhang sei auch das Hotel Cap-Polonio in Pinneberg erwähnt. In dessen Theatersaal ist nämlich das Titelfoto entstanden und nicht, wie manche vielleicht dachten, in der Rhein-Mosel-Halle in Koblenz.

… Herrn Michael Weins. Er nennt mich einen Kollegen und hat mir geholfen, den inneren Wächter zu entdecken.

Außerdem danke ich dem SCM Verlag auch für das Vertrauen, gleich eine Hörbuch-Version von meiner Autobiografie produzieren zu lassen. Ich durfte das Hörbuch selbst einsprechen, was natürlich wieder eine kleine Bühne war, die mir besonders viel Freude bereitet hat.

Herzlichen Dank an Joachim Zinser vom SCM Verlag und seiner ganzen Hörbuch-Crew. Die Zusammenarbeit war von Unkompliziertheit und großer Freude geprägt.

Besonders danken möchte ich in diesem Zusammenhang Hanjo Gäbler von Funkworld-Media. In seinem Studio und mit seiner wunderbaren Unterstützung habe ich das Hörbuch eingelesen. Mit Hanjo zusammenarbeiten zu dürfen ist, wie mitten in der Wüste eine kühle Apfelschorle serviert zu bekommen. Danke, Hanjo!

Und! Ich danke Ihnen, die Sie dieses Buch gelesen haben! Dafür, dass Sie sich in meine Geschichte vertieft und Anteil genommen haben.

Gott segne Sie alle!

Bernd Richard Hock
Im August 2020

Arno Backhaus

Keine Panik, ehrliche Spiegel altern immer mit!

Bunt, humorvoll und mit einer ordentlichen Portion Ernsthaftigkeit: Arno Backhaus erzählt von den Licht- und Schattenseiten seines Lebens. Von seinem Glauben, seiner Kindheit, seiner Ehe, und von einer inneren Unruhe: dem ADHS. Kurzweilig, tiefgründig und facettenreich wie Arno selbst.

Gebunden, 13,5 x 21,5 cm, 256 S.,
4-farbige Innengestaltung
Nr. 395.934, ISBN: 978-3-7751-5934-0

SCM
Hänssler

Johannes Roller, Carmen Bohnacker

Sonnenfarben

Entgegen aller Logik: Der kleine Tobias Roller strahlt
sich durch die Intensivstationen. Seit seiner Geburt leidet er an STAT1, einer sehr seltenen Autoimmunerkran-
kung. Die Behandlungen kosten den kleinen Körper alles, aber Tobis Gemüt bleibt fröhlich. Diese Zuversicht
steckt an. Denn auch seine Eltern sind bis an die Grenzen
des Tragbaren gefordert. Doch wenn sie Tobis bunten
Kinderkunstwerke sehen, dann schöpfen auch sie zar-
te Hoffnung: Gott ist uns Menschen nah, es gibt immer
Grund zur Freude – mitten im Leid und auch über den
Tod hinaus. Ein berührender Nachklang auf das viel zu
kurze Leben des kleinen Tobi, vom Vater ehrlich erzählt.

Gebunden, 13,5 x 21,5 cm, ca. 224 S., inkl. 16 Seiten Bildteil
Nr. 396.018, ISBN: 978-3-7751-6018-6